梁啓超 著

飲冰室合集

專集

第十册

中華書局

飲冰室專集之三十五

老子哲學

一 老子的傳記

研究歷史的人找不到完備正確的史料是件最苦的事像老子恁麼偉大的人物我們要考他的履歷就靠的是史記老莊申韓列傳裏頭幾百字還敍得迷離惝怳其餘別的書講老子言論行事雖也不少但或是寓言或是後人假造都沒有充當史料的價值我們根據史記和別的書可憐僅得著幾條較爲可靠的事實第一老子姓李名耳亦名聃第二他是楚國人或說是陳國人但陳國當時已被楚國滅了或者是他原籍第三他在周朝做過「守藏史」的官用現在名號翻出來就是國立圖書館館長第四他和孔子是見過面的見面不知在那一年清儒閻若璩據禮記曾子問篇說是在魯昭公二十四年（前五一八）孔子三十四歲（四書釋地續）林春溥據莊子天運篇說是在魯定公八年（前五〇一）孔子五十一歲依我看來後說較爲可信因爲孔子五十歲以後思想像很變大概是受了老子的影響我們爲甚麼研究這些年代呢因爲要知道老子是什麼時候的人孔子五十一歲見老子的話若眞老子若是長孔子二十歲那時應該七十多歲若長三十歲應該八十多歲了因此可以推定老子的生年應在周簡王末周靈王初約在西曆紀元前五百七八十年間了第五有一位老萊子一位太史儋和他是一人還是兩人三人連司馬遷也鬧不淸楚可見古代關於老子的傳說很多第六他死在中國莊子養生主篇

是有明文的可見後來說甚麼「西度流沙化胡」咧「昇仙」咧都是謠言第七他有箇兒子名宗曾爲魏將可以知道他離戰國時甚近

在這些材料裏頭有兩點應特別注意第一老子是楚國（或陳國）人當時算是中國的南部北方人性質嚴正保守南方人性質活潑進取這是歷史上普通現象所以老子學術純帶革命的色彩第二他做「守藏史」這官極有關係因爲這地位是從前宗教掌故的總匯漢志所謂『史官歷記成敗存亡禍福古今之道然後知秉要執本』可見得這樣高深的學術雖由哲人創造卻也並不是一無憑藉哩

二　老子的學說

我很感覺困難因爲纔講到正文講的便是老子老子的學說是最高深玄遠的而且驟然看去很像無用恐怕把諸君的興味打斷了所以我先奉勸諸君幾句話頭一件諸君雖然聽得難懂還須越發留心聽下去因爲你的腦有一種神祕力會貯藏識想久後慢慢發芽你現在雖不懂將來要懂起來我的講義總可以給你一箇大幫助像吃橄欖慢慢的會回甘哩第二件諸君別要說這種學問無用因爲我們要做事業要做學問最要緊是把自己神智弄得清明正和做生意的人要有本錢一般像老子莊子乃至後來的佛學都是教我們本錢的方法我第一次講學問分類的時候說那第二類精神生活向上的學問一部分就是指這些這些操練心境的學問恰恰和你們學體育來操練身體一般萬不可以說他無用

如今講到本題了研究老子學說就是研究這部「五千言的老子」這部書有人叫他做道德經雖然是後起

的名稱。但他全部講的不外一箇「道」字。那是無可疑了。這書雖然僅有五千字。但含的義理眞多。我替諸君理出箇眉目。分三大部門來研究。第一部門是說道的本體。第二部門是說道的名相。第三部門是說道的作用。

第一　本體論

什麼叫做本體論。人類思想到稍爲進步的時代。總想求索宇宙萬物從何而來。以何爲體。這是東西古今學術界久懸未決的問題。據我想來。怕是到底不能解決。但雖然不能解決。學者還是喜歡研究他。研究的結果。雖或對於解決本問題枉用工夫。然而引起別方面問題的研究。於學術進步就極有關係了。今爲引起諸君興味起見。要把全世界學術界對於這問題的大勢。用最簡略的語句稍爲說明。

這箇問題最初的爭辯。就是有神論和無神論。有神論一派。說宇宙萬有都是神創造的。然則宇宙無體。神就是他的體。我們不必研究宇宙。只要研究「神」就彀了。但「神」這樣東西。卻是只許信仰不許研究。所以主張有神論的歸根便到學問範圍以外。總要無神論發生。學問纔會成立。所謂「本體論」纔會成個問題。第二步的爭辯。就是一元論。二元論。多元論。——或是唯物論。唯心論。心物並行論。其錯綜關係略如下。

二元——心物對

一元 ╱╲ 唯心、唯物

多元 ╱╲ 唯物、心物雜

既已將神造論打破。則萬有的本體。自然求諸萬有的自身。最初發達的。是從客觀上求。於是有一元的唯物論或多元的唯物論。一元的唯物論。當很幼稚的時代。是在萬物中拈出一物。認他爲萬物之本。如希臘的德黎士 Thales 說水爲萬物之本。波斯教說火爲萬物之本。印度有地宗水宗火宗風宗空宗方宗時宗等。多元的唯物論。如中國陰陽家言「五行化生萬物」印度順世外道言「四大(地火水風)生一切有情」等。還有心物混雜的多元論。如印度勝論宗說萬有由九種事物和合而生。一地二水三火四風五空六時七方八我九意。但多元論總是不能成立。因爲凡研究本體的人。原是要求箇「一以貫之」的道理。這種又麻煩又有罅漏的學說。自然不能滿意。所以主張唯物論的人。結果趨向到一元。印度諸外道所說的「極微」。近世歐美學者說原子的析合電子的振動。算是極精密之一元的唯物論了。以上所說各派的人。都是向客觀的物質。求宇宙本體。但子細研究下去。客觀的物質。是否能獨立存在。卻成了大問題。譬如這裏一張桌子。一塊黑板。拿常識看過去。都說是實有其物。但何以說他是有。是由我的眼看見。由我的心想到。然則桌子黑板。是否能離開了我們意識獨立存在。假如我們一羣人。都像桌子一般沒有意識。是否世界上還能說有這塊黑板。我們一羣人。都像黑板一般沒有意識。是否世界上還能說有這張桌子。再換一方面說。諸君今日聽我說了桌子黑板之後。明天雖然把這桌子黑板撤去。諸君閉眼一想。桌子黑板依然活活現出來。乃至隔了許多年。諸君離開學校。到了外國。一想起今日的情事。桌子黑板。還牢牢在諸君心目中。這樣說來。桌子黑板的存在。不是靠他的自身。是靠我們的意識。簡單說。就是只有主觀的存在。沒有客觀的存在。這一派的主張。就是唯心的一元論。在歐洲哲學史上。唯物唯心兩派的一元論。直鬧了二千多年。始終並未解決。其中還常常有心物對立的二元論來調和折衷。議論越發多了。

再進一步本體到底是「空」呀還是「有」呢又成了大問題主張唯物論的驟看過去好像是說「有」了但由粗的物質推到原子由原子推到電子電子的振動全靠那視而不見聽而不聞的「力」到底是「有」還是「空」就很難說了主張唯心論的驟看過去好像是說「空」了但唯心論總靠我自己做出發點「我」到底有沒有呢若是連我都沒有怎麼能用思想呢所以法國大哲笛卡兒有句很有名的話說『我思故我在』我既不「空」那末宇宙本體自然也都不「空」了所以這「空有」的問題也打了幾千年官司沒有決定這是印度人和歐洲人研究本體論的大略形勢

佛說卻和這些完全不同佛說以爲什麼神咧非神咧物咧心咧空咧有咧都是名相上的話頭一落名相便非本體本體是要離開一切名相纔能證得的大乘起信論說得最好

『依一心法有二種門一者心眞如門二者心生滅門是二種門皆各總攝一切法……以是二門不相離故』

心眞如門是說本體心生滅門是說名相眞如的本體怎麼樣呢他說

『是故一切法從本已來離言說相離名字相離心緣相畢竟平等無有變異不可破壞唯是一心故名眞如以一切言說假名無實但隨妄念不可得故言眞如者亦無有相謂言說之極因言遣言此眞如體無有可遣以一切法悉皆眞故亦無可立以一切法皆同如故當知一切法不可說不可念故名爲眞如』

我們且看老子的本體論怎麼說法他說

『有物混成先天地生寂兮寥兮獨立而不改周行而不殆可以爲天下母吾不知其名字之曰「道」强

名之曰大』

又說.

『天法道.道法自然.』

又說.

『谷神不死.是謂玄牝.玄牝之門.是謂天地根.緜緜若存.用之不勤.』

又說.

『玄之又玄.衆妙之門.』

又說.

『道沖而用之.或不盈.淵兮似萬物之宗.……湛兮似或存.吾不知誰之子.象帝之先.』

又說.

『視之不見名曰夷.聽之不聞名曰希.搏之不得名曰微.此三者不可致詰.故混而爲一.……繩繩不可名.復歸於無物是謂無狀之狀無物之象是謂惚恍迎之不見其首隨之不見其後』

又說.

『道之爲物.惟恍惟惚.惚兮恍兮.其中有象.恍兮惚兮.其中有物.窈兮冥兮.其中有精.其精甚眞.其中有信.』

又說.

『微妙玄通。深不可識。夫唯不可識。故强爲之容。』

我們要把這幾段話細細的研究出箇頭緒來。他說的『先天地生。』說的『是謂天地根。』說的『象帝之先。』這分明說道的本體是要超出「天」的觀念來求他。把古代的「神造說」極力破除。後來子思說『天命之謂性。率性之謂道。』董仲舒說『道之大原出於天。』這都是說顚倒了。老子說的是『天法道。』不說『道法天。』是他見解最高處。

他說。『有物混成。』豈不明明說道體是「有」嗎。他怕人誤會了。所以又說。『視之不見……聽之不聞……搏之不得……繩繩不可名。復歸於無物。』然則道體豈不是「無」嗎。他又怕人誤會了。趕緊說『是謂無狀之狀。無物之象。』又說『惚兮恍兮。其中有象。恍兮惚兮。其中有物。』然則道體到底是有還是無呢。老子的意思以爲有咧無咧。都是名相的邊話。不應該拿來說本體。正如起信論說的。『眞如自性。非有相。非無相。非非有相。非非無相。非有無俱相。』然則爲什麼又說有說無呢。所謂『因言遣言。』既已和我們說這「道。」不能不假定說是有物。你還認他是「有」卻不對了。不得已說是「非有。」你還認他是「非有」又不對了。不得已說是「非非有。」其實有無兩個字都說不上。纔開口便錯。這是老子反覆丁寧的意思。

究竟道的本體是怎麼樣呢。他是『寂兮寥兮』『視之不見。聽之不聞。搏之不得』的東西。像起信論說的「如實空」他是『其中有精。其精甚眞。其中有信』的東西。像起信論說的「如實不空。」他是『獨立而不改。周行而不殆』的東西。像起信論說的「畢竟平等。無有變異。不可破壞。」他是『可以爲天下母』『似萬物之宗』『是謂天地根』的東西。像起信論說的「總攝一切法。」莊子天下篇批評老子學說。說他『以虛空不毀萬物爲實』這句話最好若是毀萬物的虛空．便成了頑空了．如何能爲萬物宗爲天地根呢．老子所說．很合著佛敎所謂「眞空妙有」的道理．

他的名和相．本來是不應該說的．但既已開口說了．只好勉强找些形容詞來．所以說．『微妙玄通深不可識．夫惟不可識．故强爲之容．』試看他怎麼强爲之容．他說了許多『寂兮寥兮』『窈兮冥兮』『惚兮恍兮恍兮惚兮．』又說．『淵兮似……』『湛兮似……』又說．『豫焉若……猶然若……儼兮若……渙兮若……敦兮其若……曠兮其若……混兮其若……』不直說「萬物之宗」．但說『似萬物之宗．』不直說「帝之先．」但說『象帝之先．』不直說「不盈．」但說『或不盈』不直說「存．」但說『緜緜若存．』因爲說一種相．怕人跟着所說誤會了．所以加上種種不定的形容詞．叫你別要認眞．

「名」也是這樣．他說『吾不知其名．字之曰道．强名之曰大．』又說．『是謂玄牝．』又說．『玄之又玄．』又說．『無狀之狀．無象之象．是謂惚恍．』因爲立一箇名．怕人跟著所立誤會了．所以左說一箇右說一箇．好像是迷離惝恍．其實是表示不應該立名的意思．

然則我們怎麼樣纔能領會這本體呢．佛經上常說「不可思議．」尋常當作『不能彀思議』解．是錯了．他說的是「不許思議．」因爲一涉思議．便非本體．所以起信論說．『離念境界．唯證相應．』老子說的．也很有這箇意思．他說．『知者不言．言者不知．』又說．『其出彌遠．其知彌少．』又說．『爲學日益．爲道日損．損之又損．以至於無爲．』因爲要知到道的本體．是要參證得來的．不是靠尋常學問智識得來的．所以他又說．『絕學無憂．』他又說．『上士聞道．勤而行之．中士聞道．若存若亡．下士聞道．大笑之．不笑不足以爲道也．』道的本體．既然是

要離卻尋常學問智識的範圍去求據一般人想來離卻學問智識還求個甚麼呢求起來有甚麼用處呢怪不得要大笑了

第二　名相論

本體既是箇不許思議的東西所以爲一般人說法只得從名相上入手名相剖析得精確也可以從此悟入眞理佛教所以有法相宗就是這箇緣故我們且看老子的名相論是怎麼樣他的書第一章就是說明本體和名相的關係他說道

『道可道非常道名可名非常名無名天地之始有名萬物之母故常無欲以觀其妙常有欲以觀其徼此兩者同出而異名同謂之玄玄之又玄衆妙之門』（斷句有與舊不同處應注意）

這一章本是全書的總綱把體相用三件都提挈起來頭四句是講的本體他說『道本來是不可說的說出來的道已經不是本來常住之道了名本來不應該立的立一箇名也不是眞常的名了』但是既已不得已而立些「名」那「名」應該怎樣分析呢他第五六兩句說道『姑且拿箇無字來名那天地之始拿箇有字來名那萬物之母罷上句說的就是起信論的「心眞如門」下句說的就是那「心生滅門」』然則研究這些名相有什麼用處呢他第七第八兩句說『我們常要做「無」的工夫用來觀察本來的妙處又常要做「有」的工夫用來觀察事物的邊際』他講了這三段話又怕人將有無分爲兩事便錯了所以申明幾句說『這兩件本來是同的不過表現出來名相不同不同的名叫做有無同的名叫做什麼呢可以叫做「玄」』這幾句又

歸結到本體了。

（附言）老子書中許多「無」字最好作「空」字解。「空」者像一面鏡。鏡內空無一物。而能照出一切物象。老子說的「無」正是這個意。

然則名相從那裏來呢。老子以爲從人類「分別心」來。他說道。

『天下皆知美之爲美。斯惡已。皆知善之爲善。斯不善已。故有無相生。難易相成。長短相較。高下相傾。音聲相和。前後相隨。』

他的意思說是。『怎麼能知道有「美」呢。因爲拿個「惡」和他比較出來。所以有「美」的觀念。同時便有「惡」的觀念。怎麼能知道有「善」呢。因爲拿個「不善」和他比較出來。所以有「善」的觀念。同時便有「不善」的觀念。所謂「有無」「難易」「長短」「高下」「前後」等等名詞。都是如此。』他以爲宇宙本體原是絕對的。因這分別心。纔生出種種相對的名。所以他又說。

『自古及今。其名不去。以閱衆甫。（閱同說衆甫謂萬物之始）吾何以知衆甫之然哉。以此。』

意謂『人類既造出種種的名。名一立了。永遠去不掉。就拿名來解說萬有。我們怎麼樣能知道萬有呢。就靠這些名。』楞嚴經說的「無同異中熾然成異」。卽是此意。

既已有名相。那名相的孳生。次第怎麼樣呢。他說。

『道生一。一生二。二生三。三生萬物。』

這段話很有點奇怪。爲甚麼不說「一生萬物」呢。爲甚麼不說「一生二。二生萬物」呢。又爲甚麼不說「二生四。四生萬物」呢。若從表面上文義看來。那演的式是。

一↓二↓三↓萬物

這卻有什麼道理講得通呢。我想老子的意思。以爲一和二是對待的名詞。無「二」則並「一」之名亦不可得。既說個「一」。自然有個「二」和他對待。所以說『一生二』。一二對立成了兩個。由兩個生出個「第三個」來。所以說『二生三』。生出來的「三」成了個獨立體。還等於「一」。隨即有「二」來和他對待。生的「三」不止一個。個個都還等於「一」。無數的一和二對待便衍成萬了。所以說『三生萬物』。今試命一爲甲。命二爲乙。命所生之三爲丙丁戊己等。那演的式應該如下。

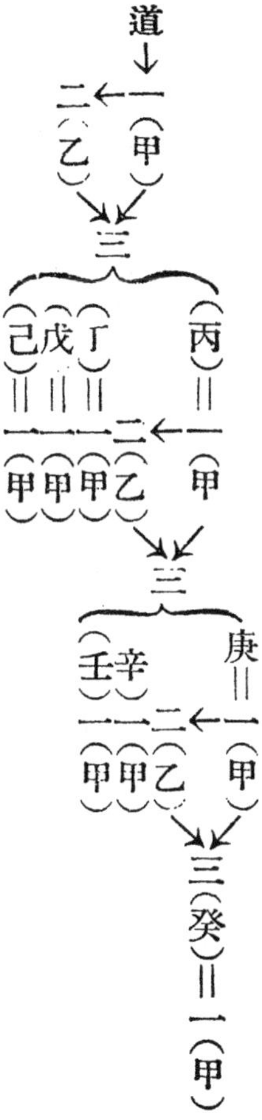

生物的雌雄遞衍。最容易說明此理。其他一切物象事象。都可以說是由正負兩面衍生而來。所以老子說。

『天地之間。其猶槖籥乎。虛而不屈。動而愈出。』

「天地」即是「陰陽」「正負」的代表符號。亦即是「一二」的代表符號。他拿樂器的空管比這陰陽正負相摩相盪的形相。說他本身雖空洞無物。但動起來可以出許多聲音。越出越多。這個「動」字算得是萬有的來源了。

然則這些動相是從那裏來呢.是否另外有個主宰來叫他動.老子說.

『道法自然.』

又說.

『莫之命而常自然.』

「自然」是「自己如此」參不得一毫外界的意識.「自然」兩個字.是老子哲學的根核.貫通體相用三部門.自從老子拈出這兩個字.於是崇拜自然的理想.越發深入人心「自然主義.」成了我國思想的中堅了.

老子以爲宇宙萬物自然而有動相.亦自然而有靜相.所以說.

『萬物並作.吾以觀復.夫物芸芸.各復歸其根.歸根曰靜.』

「復」字是「往」字的對待名詞.「萬物並作.」即所謂「動而愈出.」所謂「出而異名.」都是從「往」的方面觀察的.老子以爲無往不復.從「復」的方面觀察.都歸到他的「根.」根是甚麼呢.就是「玄牝之門緜緜若存」的「天地根.」就是「橐籥.」就是『繩繩不可名.復歸於無物.』所以他又說.

『天下萬物生於有.有生於無.』

這是回復到本體論了.若從純粹的名相論上說.「無」決不能生「有.」老子的意思.以爲萬有的根.實在那「非有非無非非有非非無」的本體.既已一切俱非.所以姑且從俗.說個「無」字.其實這已經不是名相上的話.

老子既把名相的來歷說明.但他以爲這名相的觀念.不是對的.他說.

『民莫之令而自均．始制有名．名亦既有．夫亦將知之．知之所以不治．』從胡適校本

這是說．『既制出種種的名．人都知有名．知有名便不治了．』這話怎麼講呢．

他說．

『唯之與阿．相去幾何．善之與惡．相去何若．』

又說．

『名與身孰親．得與亡孰病．』

又說．

『禍兮福之所倚．福兮禍之所伏．……人之迷．其日固已久．』

老子以為名相都由人類的分別心現出來．這種分別心靠得住嗎．你說這是善．那是惡．其實善惡就沒一定的標準．一定的距離．你想的是得．怕的是失（亡）其實得了有什麼好處．失了有甚麼壞處呢．人人都求福畏禍．殊不知禍就是福．福就是禍．老子全部書中像這類的話很多．都含着極精深的道理．我們試將他『善之與惡相去何若』這兩句來研究一下．譬如歐洲這回大戰．法國人恨不得殺盡德國人．德國人恨不得殺盡英國人．試問他你這種行為是善麼．他說是善呀．為甚麼是善．他說是我愛國．愛國便是善．其實據我們旁觀看起來．或者幾十年以後的人看起來．這算得是善嗎．又如希伯來人殺了長子祭天叫做善．不肯殺的叫做惡．到底誰善誰惡呢．又如中國人百口同居叫做善．弟兄分家叫做惡．到底誰善誰惡呢．老子說．『善之與惡．相去何若．』就是此意．他以為標了一個善的標準．結果反可以生出種種不善來．還不如把這種標準除去．倒好些．他以為這

種善惡的名稱都是人所制的和自然法則不合却可恨的『自古及今其名不去』故說是『人之迷其日已久』懂得這點意思纔知道他爲甚麼說『夫禮者忠信之薄而亂之首』爲甚麼說『大道廢有仁義慧智出有大僞六親不和有孝慈國家昏亂有忠臣』爲什麼說『天下多忌諱而民彌貧民多利器國家滋昏人多伎巧奇物滋起法令滋彰盜賊多有』爲什麼說『絕聖棄智民利百倍絕仁棄義民復孝慈絕巧棄利盜賊無有』這些都不是詭激之談實在含有許多眞理哩。

老子以爲這些都是由分別妄見生出來而種種妄見皆由「我相」起所以說

『吾所以有大患者爲吾有身及吾無身吾有何患』

這是破除「分別心」的第一要著連自己的身都不肯自私那麼一切名相都跟着破了所以他說

『萬物將自化化而欲作吾將鎭之以無名之樸』

所謂無名之樸就是把名相都破除復歸於本體了。

老子這些話對不對我且不下批評讓諸君自由研究但我却要提出一個問題就是「無名之樸」和「自然主義」有無衝突老子既說『莫之命而常自然』那自然的結果是個『動而愈出』『萬物並作』老子對於這所出的所作的都要絕他棄他去他恐怕不是「自然」罷我覺得老子學說有點矛盾不能貫徹之處就在這一點。

第三　作用論

五千言的老子，最少有四千言是講道的作用，但內中有一句話可以包括一切，就是，

『常無爲而無不爲。』

這句話書中凡三見，此外互相發明的話還很多，不必具引。這句話直接的注解，就是卷首那兩句，『常無，欲以觀其妙，常有，欲以觀其徼。』常無就是常無爲，常有就是無不爲。

爲甚麼要常無爲呢。老子說，

『三十輻共一轂，當其無，有車之用。埏埴以爲器，當其無，有器之用。鑿戶牖以爲室，當其無，有室之用。故有之以爲利，無之以爲用。』

上文說過老子書中的無字，許多當作空字解，這處正是如此。尋常人都說空是無用的東西，老子引幾個譬喻，說車輪若沒有中空的圓洞，車便不能轉動，器皿若無空處，便不能裝東西，房子若沒有空的門戶窗牖，便不能出入，不能流通空氣。可見空的用處大着哩，所以說『無之以爲用。』老子主張無爲，那根本的原理就在此。

老子喜歡講無爲，是人人知道的，可惜往往把無不爲這句話忘却，便弄成一種跛腳的學說，失掉老子的精神了。怎麼纔能一面無爲一面又無不爲呢。老子說，

『是以聖人處無爲之事，行不言之敎，萬物作焉而不辭，生而不有，爲而不恃，功成而弗居。夫唯弗居，是以不去。』

又說，

『明白四達，能無知乎。生之畜之，生而不有，爲而不恃，長而不宰，是謂玄德。』

又說。

『萬物恃之以生而不辭。功成而不居。衣養萬物而不爲主。』

作而不辭。生而不有。爲而不恃。長而不宰。（即衣養萬物而不爲主）功成而不居。這幾句話。除上文所引三條外。書中文句大同小異的還有兩三處。老子把這幾句話三翻四覆來講。可見是他的學說最重要之點了。這幾句話的精意在那裏呢。諸君知道現在北京城裏請來一位英國大哲羅素先生。天天在那裏講學嗎。羅素最佩服老子這幾句話。拿他自己研究所得的哲理來證明他。說『人類的本能。有兩種衝動。一是占有的衝動。一是創造的衝動。占有的衝動。是要把某種事物據爲己有。這些事物的性質。是有限的。是不能相容的。例如經濟上的利益。甲多得一部分。乙丙丁就減少得一部分。政治上權力。甲多占一部分。乙丙丁就喪失了一部分。這種衝動發達起來。人類便日日在爭奪相殺中。所以這是不好的衝動。應該裁抑的。創造的衝動正和他相反。是要某種事物創造出來。公之於人。這些事物的性質。是無限的。是能相容的。例如哲學科學文學美術音樂。任憑各人有各人的創造。愈多愈好。絕不相妨。創造的人。並不是爲自己打算甚麼好處。只是將自己所得者傳給衆人。就覺得是無上快樂。許多人得了他的好處。還是莫名其妙。連他自己也莫名其妙。這種衝動發達起來。人類便日日進化。所以這是好的衝動。應該提倡的。』羅素拿這種哲理做根據。說老子的「生而不有。爲而不恃。長而不宰。」是專提倡創造的衝動。所以老子的哲學。是最高尚而且最有益的哲學。

我想羅素的解釋很對。老子還說。

『天之道。損有餘而補不足。人之道則不然。損不足以奉有餘。孰能有餘以奉天下。唯有道者。是以聖人爲而不恃。功成而不處。』

損有餘而補不足。說的是創造的衝動。是把自己所有的來幫助人。損不足以奉有餘。說的是占有的衝動。是搶了別人所有的歸自己。老子說。『什麼人纔能把自己所有的來貢獻給天下人。非有道之士不能了。』老子要想獎厲這種「爲人類貢獻」的精神。所以在全書之末用四句話作結。說道。

『既以爲人己愈有。既以與人己愈多。天之道利而不害。聖人之道爲而不爭。』

這幾句話極精到又極簡明。我們若是專務發展創造的本能。那麼他的結果自然和占有的截然不同。譬如我擁戴別人做總統做督軍。他做了却沒有我的分。這是「既以爲人己便無」了。我把自己的田產房屋送給人。送多少自己就少去多少。這是「既以與人己便少」了。凡屬於「「占有衝動」的物事。那性質都是如此。至於創造的衝動却不然。老子孔子墨子給我們許多名理學問。他自己却沒有損到分毫。諸君若畫出一幅好畫給公衆看。譜出一套好音樂給公衆聽。許多人得了你的好處。你的學問還因此進步。而且自己也快活得很。這不是『既以爲人己愈有。既以與人己愈多』嗎。老子講的「無不爲」就是指這一類。雖是爲實同於無爲。所以又說『爲無爲則無不治。』

篇末一句的『爲而不爭』。和前文講了許多『爲而不有』。意思正一貫。凡人要把一種物事據爲己有。所以有爭「不有」自然是「不爭」了。老子又說。『上仁爲之而無以爲。』韓非子解釋他說是『生於心之所不能已也。非求其報也。』（解老篇）無求報之心。正是「無所爲而爲之」。還有甚麼爭呢。老子看見世間人實在爭得可憐。所以說。

『天之道不爭而善勝。』

『夫唯不爭故無尤。』

『上善若水。水善利萬物而不爭。』

『江海所以能爲百谷王者。以其善下之。……以其不爭。故天下莫與之爭。』

『不自見故明不自是故彰不自伐故有功不自矜故長。夫唯不爭故天下莫能與之爭。』

然則有什麼方法。叫人不爭呢。最要緊是明白「不有」的道理。老子說

『天長地久天地所以能長且久者。以其不自生故能長生是以聖人後其身而身先。外其身而身存。非以其無私耶。』

老子提倡這無私主義。就是教人將「所有」的觀念打破。懂得「後其身外其身」的道理。還有什麼好爭呢。老子所以教人破名除相復歸於無名之樸。就是爲此。

諸君聽了。老子這些話總應該聯想起近世一派學說來。自從達爾文發明生物進化的原理。全世界思想界起一個大革命。他在學問上的功勞。不消說是應該承認的。但後來把那「生存競爭優勝劣敗」的道理。應用在人類社會學上。成了思想的中堅結果鬧出許多流弊。這回歐洲大戰幾乎把人類文明都破滅了。雖然原因很多。達爾文學說不能不說有很大的影響。就是中國近年。全國人爭權奪利像發了狂。這些人雖然不懂什麼學問。口頭還常引嚴又陵譯的天演論來當護符呢。可見學說影響於人心的力量最大。怪不得孟子說。『生於其心害於其政。發於其政。害於其事』了。歐洲人近來所以好研究老子。怕也是這種學說的反動罷。

老子講的『無爲而無不爲』『爲之而無以爲』這些學說是拿他的自然主義做基礎產生出來.老子以爲自然的法則本來是如此.所以常常拿自然界的現象來比方.如說.『天之道利而不害』『天之道不爭而善勝』『天之道損有餘而補不足』又說.『上善若水』都講的是自然狀態和「道」的作用很相合.教人學他.在人類裏頭.老子以爲小孩子和自然狀態比較的相近.我們也應該學他.所以說『專氣致柔.能嬰兒乎.』又說.『常德不離.復歸於嬰兒.』又說.『我獨泊兮其未兆.如嬰兒之未孩.』又說.『聖人皆孩之.』然則小孩子的狀態怎麼樣呢.老子說.

『含德之厚.比於赤子.……骨弱筋柔而握固.……精之至也.……終日號而不嗄.和之至也.』

小孩子的好處.就是天眞爛縵.無所爲而爲.你看他整天張着嘴在那裏哭.像是有多少傷心事.到底有沒有呢.沒有.這就是「無爲」.並沒有傷心.却是哭得如此熱鬧.這就是「無爲而無不爲」.老實講.就是一個「無所爲」.這「無所爲主義」最好.孔子的席不暇煖.墨子的突不得黔.到底所爲何來.孔子墨子若會打算盤.只怕我們今日便沒有這種寶貴的學說來供研究了.所以老子又說.『衆人皆有以.而我獨頑似鄙.』說的是『別人都有所爲而爲之.我却是像頑石一般.甚麼利害得喪的觀念都沒有.』老子的得力處.就在此.所以他說.『以輔萬物之自然而不敢爲.』又說.『功成事遂.百姓皆謂我自然.』

老子以爲自然狀態應該如此.他既主張『道法自然』.所以要效法他.於是拿這種理想推論到政術.說道.

『古之善爲道者.非以明民.將以愚之.民之難治.以其智多.故以智治國.國之賊.不以智治國.國之福.』

又說.

『小國寡民使有什伯之器而不用使民重死而不遠徙雖有舟輿無所乘之雖有甲兵無所陳之使人復結繩而用之甘其食美其服安其居樂其俗鄰國相望鷄犬之聲相聞民至老死不相往來』

我們試評一評這兩段話的價值『非以明民將以愚之』這兩句很爲後人所詬病因爲秦始皇李斯的「愚黔首」都從這句話生出來豈不是老子教人壞心術嗎其實老子何至如此他是個「爲而不有」的人爲甚麼要愚弄別人呢須知他並不是光要愚人連自己也愚在裏頭他不說的『我獨頑似鄙』『我獨如嬰兒之未孩』嗎他以爲從分別心生出來的智識總是害多利少不如捐除了他所以說『以智治國國之賊不以智治國國之福』這分明說不獨被治的人應該愚連治的人也應該愚了然則他這話對不對呢我說對不對暫且不論先要問做得到做不到小孩子可以變成大人大人却不會再變成小孩子想人類由愚變智有辦法想人類由智變愚沒有辦法人類既已有了智識只能從智識方面盡量的濬發盡量的剖析叫他智識不謬誤引到正軌上來這纔算順人性之自然「法自然」的主義纔可以貫徹老子却要把智識封鎖起來這不是違反自然嗎孟子說『大人不失其赤子之心』須知所謂『泊然如嬰兒』這種境界只有像老子這樣偉大人物纔能做到如何能責望於一般人呢像「小國寡民」那一段算得老子理想上之「烏託邦」這種烏托邦好不好是別問題但問有甚麼方法能令他出現則必以人民皆愚爲第一條件這是辦得到的事嗎所以司馬遷引了這一段跟着就駁他說道『神農以前吾不知矣至若詩書所述虞夏以來耳目欲極聲色之好口欲窮芻豢之味身安逸樂而心矜夸勢能之榮使俗之漸民久矣雖戶說以眇論終不能化』史記貨殖列傳這是說老子的理想決然辦不到駁得最爲中肯老子的政術論所以失敗根本就是這一點失敗還不算倒反叫後人盜竊他的

文句、做專制的護符、這却是老子意料不到的了。老子書中許多政術論犯的都是這病、所以後人得不着他用處、但都是「術」的錯誤、不是「理」的錯誤、像「不有」「不爭」這種道理、總是有益社會的、總是應該推行的、但推行的方法、應該拿智識做基礎、智識愈擴充愈精密、眞理自然會實踐、老子要人滅了智識冥合眞理、結果恐怕適得其反哩、

老子教人用功最要緊的兩句話、說是、

『爲學日益、爲道日損、』

他的意思說道、『若是爲求智識起見、應該一日一日的添些東西上去、若是爲修養身心起見、應該把所有外緣逐漸減少他、』這種理論的根據在那裏呢、他說、

『五色令人目盲、五音令人耳聾、五味令人口爽、馳騁畋獵令人心發狂、難得之貨令人行妨、』

這段話對不對呢、我說完全是對的、試舉一個例、我們的祖宗晚上點個油燈兩根燈草、也過了幾千年了、近來漸漸用起煤油燈、漸漸用起電燈、從十幾枝燭光的電燈加到幾十枝幾百枝、漸漸大街上當招牌上的電燈裝起五顏六色來、漸漸又忽燃忽滅的在那裏閃、這些都是我們視覺漸鈍的原因、又是我們視覺既鈍的結果、初時因爲有了亮燈、把目力漫無節制的亂用、漸漸的消耗多了、用慣亮燈之後、非照樣的亮、不能看見、再過些日子照樣的亮也不彀了、還要加亮、加——加——加——加到無了期、總之因爲視覺鈍了之後、非加倍刺激、不能發動他的本能、越刺激越鈍、越鈍越刺激、原因結果相爲循環、若照樣鬧下去、經過幾代遺傳、非「令人目盲」不可、此外五聲五味都同此理、近來歐美人患神經衰弱病的年加一年、煙酒等類麻醉興奮之品日用日廣、

都是靠他的刺激作用。文學美術音樂。都是越帶刺激性的越流行。無非神經疲勞的反響。越刺激疲勞越甚。像吃辣椒吃鴉片的人。越吃量越大。所以有人說這是病的社會狀態。這是文明破滅的徵兆。雖然說得太過。也不能不算含有一面眞理。老子是要預防這種病的狀態。所以提倡「日損」主義。又說。

「治人事天莫若嗇。」

韓非子解這嗇字最好。他說。

『視强則目不明。聽甚則耳不聰。思慮過度則智識亂。……嗇之者。愛其精神。嗇其智識也。……衆人之用神也躁。躁則多費。多費謂之侈。聖人之用神也靜。靜則少費。少費謂之嗇。……神靜而後和多。和多而後計得。計得而後能御萬物。』解老篇

這話很能說明老子的精意。老子說。『去甚去奢去泰。』說『見素抱樸少私寡欲。』說『致虛極守靜篤。』都是敎人要把精神用之於經濟的。節一分官體上的嗜欲。得一分心境上的淸明。所以又說。

禍莫大於不知足。咎莫大於欲得。故知足之足常足矣。』

凡官體上的嗜欲。那動機都起於占有的衝動。就是老子所謂「欲得」。旣已常常欲得。自然常常不會滿足。豈不是自尋煩惱。把精神弄得很昏亂。還能彀替世界上做事嗎。所以老子「少私寡欲」的敎訓。不當專從消極方面看他。還要從積極方面看他。他又說『知人者智。自知者明。勝人者有力。自勝者强。』自知自勝兩義。可算得老子修養論的入門了。

常人多說老子是厭世哲學。我讀了一部老子。就沒有看見一句厭世的語。他若是厭世。也不必著這五千言了。

老子是一位最熱心熱腸的人。說他厭世的。只看見「無爲」兩個字。把底下「無不爲」三個字讀漏了。老子書中最通行的話像那『不敢爲天下先。』『知其雄守其雌爲天下谿。知其白守其黑爲天下谷。』『將欲歙之必固張之將欲弱之。必固强之。』都很像是敎人取巧。就老子本身論像他那種「爲而不有長而不宰」的人還有什麼巧可取。不過這種話不能說他沒有流弊。將人類的機心揭得太破。未免敎猱升木了。

老子的大功德。是在替中國創出一種有統系的哲學。他的哲學雖然草創。但規模很宏大。提出許多問題供後人研究。他的人生觀。是極高尚而極適用。莊子批評他說道。『以本爲精。以末爲粗。以有積爲不足。澹然獨與神明居。……常寬容於物。不削於人。可謂至極。關尹老聃乎古之博大眞人哉。』這幾句話可當得老子的像贊了。

飲冰室專集之三十六

孔子

第一節　孔子事蹟及時代

（一）孔子事蹟

孔子事蹟。流傳甚多。但極須愼擇。如孔子家語孔叢子兩書。其材料像很豐富。卻完全是魏晉人僞作。萬不可輕信。史記算是最靠得住的古書。然而傳聞錯誤處也不少。所以孔子世家。也不能箇箇字據爲事實。只好將他作底本。再拿左傳論語禮記及其他先秦子書來參證。或可以比較的正確。本書並非史傳。所以不必詳考事蹟。但將孔子一生生涯分出幾箇大段落。列一極簡單的表。便彀了。

周靈王二十年即魯襄公二十一年（前五五一）孔子生
孔子本宋國人其曾祖始遷於魯
孔子少孤其母與其父非正式結婚
孔子二十歲左右爲貧而仕嘗爲季氏之委吏乘田等官
孔子二十四歲喪母有門人助葬
孔子三十六歲魯季氏逐昭公孔子避亂適齊
孔子三十八歲自齊反魯門人益進
孔子四十八歲陽虎囚季氏欲用孔子孔子不仕

孔子五十一歲見老子
孔子五十二歲初仕爲中都宰
孔子五十三歲相魯定公會齊侯於夾谷
孔子五十五歲爲魯司寇墮三都
孔子五十六歲去魯適衞
孔子五十六歲至六十九歲歷遊衞曹陳宋蔡鄭楚諸國居衞最久陳次之
孔子六十九歲自衞反魯修詩書定禮樂作易傳
孔子七十二歲作春秋
孔子七十四歲卒時魯哀公十四年周敬王四十一年（前四七九）

綜合各書所記孔子事蹟有應注意的幾點如下。

（一）孔子出身甚微。不過一羈旅之臣並非世族而且是庶孽。

（二）孔子教學甚早。禮記檀弓記孔子葬母門人助葬其時孔子僅二十四歲。

（三）孔子政治生涯甚短。宰中都相夾谷都算不得甚麼事業孔子的政治生涯其實只在五十五歲那一年最大的事實就是墮三都目的在打破貴族政治但是完全失敗了。

（四）孔子遊歷地甚少。後人開口說孔子周遊列國史記也說孔子干七十二君其實他到過的國只有周齊衞陳或者到過楚國屬地的葉那宋曹鄭三國經過沒有住算起來未曾出過現在山東河南兩省境外。

（五）孔子著書甚遲。自衞反魯後始删定六經其時已六十九歲距卒前僅五年。

（二）孔子所處之環境

（一）魯衛在古代文化史上之位置。　魯爲周公封國。具天子禮樂。（禮記明堂位）伯禽初之國。變其俗。革其禮。（史記魯世家）所以文武周公時代的文化。傳在魯國的最多。後來諸姬之國都認他做宗國。（孟子滕文公上）吳季札聘魯。乃盡見各國的詩與樂。（左傳襄二十九年）晉韓宣子聘魯。觀書於太史氏。曰周禮盡在魯矣。（左傳昭二年）孔子生在此國。自然受的感化甚多。一方面爲文獻薈萃。能開出一種集大成的學術。一方面當然含有保守性質。衞爲殷故墟。乃前代文化中心。史稱其多君子。在春秋時程度和魯國不相上下。孔子在衞很久。亦蒙他的影響。而孔子弟子亦衞魯兩國人最多。

（二）霸政之衰息。　其時正值晉楚弭兵之後。晉霸已衰。楚亦不競。而吳越方相繼崛起於南。當霸政時。各國不甚敢互相攻伐。人民尚稍得蘇息。到這時。兼幷之禍又漸起了。前此各國內政往往受盟主干涉。不敢十分橫行。（孟子引齊桓葵丘之會凡有五命多涉各國內政）到這時。益發無復顧忌了。孔子所親見親歷的。周則王子朝攻逐敬王。魯則季氏逐昭公。陽虎囚季氏。衞則蒯聵出公父子爭國。齊則崔杼陳恆先後弒君。楚則平王弒靈王。吳則闔廬弒王僚。此外各國小篡亂尚多。純然是亂臣賊子的時代。孔子生當此時。所以正名分弭禍亂的思想。不得不起。

（三）貴族政治之墮落。　春秋中葉。算是我國貴族政治全盛時代。那時的貴族。實在能做社會的中堅。而且幫助社會發達。到孔子時。漸漸墮落了。如晉的荀韓魏趙范中行。齊的崔慶高陳。都是互相殘殺。觀叔向與晏嬰私語。互相歎息於季世齊國的情狀。是民參其力。二入於公。而衣食其一。公聚朽蠹。而三老凍餒。國之諸市。屨賤踊貴。晉國的情狀。是庶民罷敝。而宮室滋侈。道殣相望。而女富溢尤。民聞公命。如逃寇讎。政在家門。民無所依。君日不悛。以樂慆憂。（左傳昭三年）晉齊是兩箇大國。爲貴族政治的模範。今墮落到如此。其他可以類推。所以改造社會．——破壞貴族政治．實爲當時迫切的要求．

(四)社會思想之展開．　試留心一讀左傳．可以看出上半部和下半部狠有不同．上半部所記名人的議論．多涉空泛．而且都帶點迷信的色彩．下半部差多了．內中有許多極精的名理．如子產叔向蘧伯玉晏子季札萇弘等輩．尤爲精粹．在學術思想史裏頭．都很有價值．那時創立學派的人．老子是不用說了．像關尹莊子拿他與老子並稱．都叫做博大眞人．(見天下篇)像鄧析操兩可之說．設無窮之辭．(見列子)像史鰌邦有道如矢．邦無道如矢．(見論語)忍情性．綦谿利跂．苟以分異人爲高．(見荀子非十二子篇)這些人都是和孔子同時．各人有特別見解．論語記棘子成曰．君子質而已矣．何以文爲．又記或曰以德報怨何如．這棘子成和那或人．都是有一種反抗時勢的主張．還有論語裏頭許多隱姓埋名的人．如荷蕢晨門楚狂接輿丈人長沮桀溺等輩．主張極端的厭世主義．這都是因爲社會變遷．漸漸產出些新宇宙觀新人生觀出來．在這種機運裏頭．所以能產出孔子這樣偉大人物．

第二節　研究孔子學說所根據之資料

研究孔子學說．不像老子那樣簡單了．因爲他的著述和他的言論．流傳下來的狠多．他學問的方面也狠複雜．不容易理出箇頭緒來．所以先要將資料審查一回．再行整理．

孔子有著作沒有呢．據他自己說．述而不作．我們自然不應該說他有著作．然則後人說孔子刪定六經．是造謠言嗎．其實亦不然．六經雖然都是舊日所有．經過孔子的手．便成爲孔子的六經．所以說六經是孔子的著述．亦未爲不可。但這六部經裏頭。添上孔子的分子之多少。各經不同。今以多少爲次序。分別論之。

（一）禮　禮經就是儀禮十七篇。（雖有經禮三百曲禮三千之說。但其書無可考。）這十七篇都是講的儀注。大約是一種官書。像唐的開元禮。清的大清通禮一般。內中未必有孔子手筆。孔子教人大概是一面習這些禮儀。一面講禮的精意。講禮的精意。散在論語禮記等書內。至於這部禮經。不見得有甚麼改訂。

（二）詩與樂　史記稱古者詩三千餘篇。孔子去其重。取可施於禮義。……故曰關雎之亂以爲風始。鹿鳴爲小雅始。文王爲大雅始。淸廟爲頌始。三百五篇。孔子皆弦歌之。以求合韶武雅頌之音。（孔子世家）據此像古詩經孔子刪去的狠多。然左傳所載朝聘燕享皆有賦詩。所賦的詩在今本三百五篇以外的甚少。吳季札聘魯聽樂。所聽亦不出今本國風。此皆在孔子以前。可見當時通行的詩。不外此數。或者孔子把他分一分類。立出風雅頌等名目。或者把次序有些改正。至於詩篇。怕未必有什麼損益。然則孔子對於這部詩經有甚麼功勞呢。我說他的功勞不在刪詩而在正樂。詩書禮樂。古稱四術。（禮記王制）史記稱孔子以詩書禮樂教弟子。而論語雅言。只有詩書執禮。何故不言樂呢。樂與詩相依。離詩無樂。離樂無詩。所以樂經是沒有的。樂就是樂譜。如何能有經呢。論語子曰。吾自衛反魯。然後樂正。雅頌各得其所。可見正樂即是正詩。史記說皆弦歌之。以求合韶武雅頌之音。解說得最明白。大概孔子極好音樂。而且極精。他在齊聞韶。三月不知肉味。論語他從師襄學鼓琴。因曲推到數。因數推到志。因志推到爲人。（史記孔子世家）他能教導老樂官太師摯。（論語）可見他音樂的天才和造詣。不同尋常。從前的詩。是否都能入樂。不敢斷定。但這三百五篇。孔子一定都把他譜出來。或者從前舊譜有不對的。都把他改正。所以說然後樂正。雅頌各得其所。莊子說誦詩三百。歌詩三百。弦詩三百。舞詩三百。可見篇篇詩不惟能誦。而且都能歌能弦能舞。孔子的精力用在這裏頭的。怕著實不少。他把詩樂正定之後。自己狠得意。他說關雎之始。師摯之亂。洋洋乎盈耳哉。（論語）狠有躊躇滿志的口氣。詩樂之教。是孔門最重要的功課。拿現在的話來講。就是文學音樂合爲一體。用作教育基本。所以他的弟子子游做武城宰。就把全城都鬨起絃歌之聲來。（論語）這就是樂教。也就是詩教。可惜後世樂譜失傳。我們只能誦詩。不能絃詩歌詩舞詩了。孔子在詩經上所費的精力。我們連影子都得不著。所以現在這部詩經。只能當作研究古代社會情狀的資料。不能當作研究孔子學說的資料。

（三）書　尚書緯說孔子求得黃帝元孫帝魁之書。迄於秦穆公。凡三千二百四十篇。斷遠而定近。可以爲世法者百二十篇。此說雖不甚可信。但書經總許是孔子從許多古書裏頭刪選出來。因爲子書中常引商志周志商書周書等文。非今本所有。就是現存這部逸周書。也不見得是後人僞造。大概是孔子刪賸下的了。現存尚書二十八篇。是否孔子的足本。尚難斷定。但我們從他分別去取裏頭。也可以推見孔子學說的一部分。即如他拿堯典做第一篇。一定不是毫無意義。司馬遷說學者多稱五帝。尚矣。而尚書獨載堯以來。（史記五帝本紀贊）孔子把古代神話一筆勾消。就是他的特識。此外尚書的文字。或者還有許多經孔子潤色過。所以研究孔子學說。這部書狠應留意。

（四）易　詩書禮樂。都可以說述而不作。易經總算述而作。春秋便作而不述了。現存的易經。除卦辭爻辭爲孔子以前舊本外。其他皆孔子所作。內六十四條彖辭。六十四條卦象辭。三百八十四條爻象辭。完全是孔子親筆做的。毫無疑義。還有一篇文言。兩篇繫辭。一篇說卦。據史記說。都是孔子自著。但文言繫辭裏頭有許多子曰。又像是弟子所記。至於說卦和序卦雜卦這三篇恐怕有點靠不住。要之彖傳象傳繫辭文言。我們總應該認爲孔子的易學。這是孔子哲學的中堅。研究孔子學說最要緊的資料。

(五)春秋　孟子說孔子懼作春秋。現行這部春秋完全是孔子作的。但他的底本仍因魯史。所以說他是述亦得春秋是一部極奇怪的書。孔子的政治理想都在裏頭。自然也是研究孔子學說最要緊的資料。這書的性質。下文再詳。

除六經以外。孔子別無著作。漢人說孝經是孔子所作。孝經開卷兩句是仲尼居曾子侍。即此可見不惟不是孔子所作。並不是曾子所作了。宋人更說大學是孔子所作。那更毫無憑據。不必深辯。除孔子自己著述之外。還有別的書可充研究孔子學說的資料。但狠要分別審擇。

(一)論語　論語的價值。人人共知。不待說明。但有一點應注意。這部書大概是有子曾子的門人共同編輯的。所以書中記別的弟子。雖顏淵子路。也只是呼他的字。惟獨此兩人尊稱曰子。而且第一章是記孔子的話。第二章便是有子的話。第三章是孔子的話。第四章便是曾子的話。可見是淵源有自了。我們爲什麼研究這些呢。因爲孔門派別不同。一派所記。不見得能包舉孔學眞相。荀子說有子游氏之儒子夏氏之儒子張氏之儒。(非十二子篇)韓非子說有八儒。(顯學篇)據孟子說。子夏子游子張以有若似聖人。欲以所事孔子事之。强曾子。曾子不可。則曾子和有子不同派。似無疑義。子夏子游子張。或都是有子一派。也未可知。然而無論如何這兩派都不能完全代表孔學。所以論語這部書。雖然是狠可寶貴的資料。卻不能據他來抹殺別的資料。

(二)禮記　禮記是七十子後學者所記。其中還許有漢人的手筆。平均算起來價值自然比不上論語。但內中亦有比論語還强的。如中庸。如禮運。記許多孔子的話。都可以補論語所不及。其餘各篇。凡引子曰子言之諸文句。我們只好信任他。認爲孔子所說。此外平敍泛論之文。雖或多半祖述孔子。但越發要別擇了。大戴禮記。性質和禮記一樣。但較粗駁。價值又抵一層。

(三)春秋三傳　公穀兩傳爲口說傳授。直接解釋春秋之書。應認他全部爲孔子學說。左傳係記事之書。內中引孔子的話也應絕對信任。

(四)孟子荀子　孟荀爲儒家後起兩大師。兩書中所述孔子言論行事。應絕對信任。

(五)其他先秦子書　儒家以外各子書所述孔子言論行事。可信的程度自然較差。但也不可抹殺。內中如莊子就有許多很有價值的資料。可惜寓言十九。別擇頗難。墨子爲孔學正面的反對派。凡他所引。都是拿來做批評的資料。極當注意。

(六)史記　史記爲古代獨一無二的史書。司馬遷又是宗法孔子的人。他的話自然比較的可信。但他選擇資料並非十分嚴確。也不宜一一盲從。

(七)其他漢以後書　這類書價值越減少了。內中董仲舒的春秋繁露。韓嬰的韓詩外傳。劉向的說苑新序。十成中有二三成可採。至於晚出的孔子家語孔叢子。應該絕對排斥。

第三節　孔學提綱

(一)　學

論語頭一句說學而時習之此外說學字的狠多到底孔子說的學是學箇什麼怎麼個學法胡適之說孔子的學只是讀書只是文字上傳受來的學問（中國哲學史大綱第五章）這話對嗎哀公問弟子孰爲好學孔子就舉了一位顏回還說不幸短命死矣今也則無未聞好學者也我們在易經論語莊子裏頭看見好幾條講顏回的就找不出的他好讀書的痕跡他做的學問是屢空是心齋是克己復禮是不改其樂是不遷怒不貳過是無伐善無施勞是有不善未嘗不知知之未嘗復行是有若無實若虛犯而不校是仰之彌高鑽之彌堅瞻之在前忽焉在後都與讀書無關若說學只是讀書難道顏回死了那三千弟子都是束書不觀的人嗎孔子卻怎說未聞好學呢他自己說吾十有五而志於學難道他老先生十五歲以前連讀書這點志趣都沒有嗎這章書跟著說三十而立⋯⋯等句自然是講歷年學問進步的結果那立不惑知命耳順不踰矩這種境界豈是專靠讀書能得的所以我想孔子所謂學是要學來養成自己的人格那學的門徑大略可分爲二一是內發的二是外助的（這兩種學問的條理下文再詳）孔子覺得外助方面別的弟子都還會用功內發方面除了顏回別人都沒甚成績所以說未聞好學至於外助的學問也有多端讀書不過其一端易象傳所謂多識前言往行以畜其德就是這一類的學問然孔子並不十分重他他說多聞擇其善者而從之多見而識之知之次也是說這類學問爲次等的又說賜也汝以予爲多學而識之者與對曰然非與曰非也予一以貫之這分明說多讀書死記不是做學問的好方法了至於論語裏頭的學字可以當作讀書解的原也不少這是因問而答專明一義不能掇拾三兩句來抹殺別的大抵孔子講外助的學問博之以文約之以禮算是兩箇緊要條件然結果不過得箇亦可以弗畔原非學問的究竟若專做博學於文一句便連外助的學問也成了跛腳所以他又說行有餘力則以學文據此

說來。讀書倒變成了隨意科。不是必要科了。這一段是我解釋學箇甚麼的問題。

（二）一貫　忠恕

今試解釋怎麼學法的問題。方纔引孔子告子貢的話。說自己不是多學而識。是一以貫之。到底一是箇甚麼。怎麼貫法。可惜孔子不曾說明。子貢也不曾追問。幸而孔子又有一天跑到曾子自修室裏頭。忽然說了一句。參乎。吾道一以貫之。曾子答應一箇字唯。他老先生一聲不響就跑了。那些同學摸不著頭腦。圍著問曾子。曾子說出箇夫子之道忠恕而已矣。好了好了。知道一貫就是忠恕了。還有一回子貢問有一言而可以終身行之者乎。孔子答其恕乎。己所不欲。勿施於人。恕字是做學問最要緊的一箇字。更明白了。卻是又生出箇問題。忠恕兩個字怎麼解法呢。拿忠恕怎麼就能貫一切呢。這要從實踐方面智識方面來會通解釋。朱子說盡己之謂忠。推己及人之謂恕。本來解得甚好。可惜專從實踐倫理方面講。未免偏了。大戴禮孔子三朝記孔子說的知忠必知中。知中必知恕。知恕必知外。……內思畢心曰知中。中以應實曰知恕。內恕外度曰知外。章太炎引這段話。下一箇解釋說周以察物曰忠。心能推度曰恕。也解得甚好。可惜專從研求智識方面講。又未免偏了。我想忠恕一貫。是要合這兩方面講。兩方面本來是可以會通的。在文中心為忠。如心為恕。中心為忠。即是拿自己來做中堅的意思。充量的從內面窮盡自己心理的功能。就是內思畢心。就是盡己。中庸說唯天下至誠為能盡其性。又說誠者自成也。誠字就可當忠字的訓詁。畢心盡性自成。拿現在的流行語講。就是發展個性。從實踐方面說發展箇性是必要。從智識方面說。發展箇性也是必要。這是忠的一貫。用自己的心來印證叫做如心。從實踐方面說。是推己及人。從智識方面講。是以心度物。（譬類以心度物曰恕）孟子說。古之人所以大過人者無他焉。善推其所爲而已矣。推字就是恕字的訓詁。從實踐方面講。將自己的心推測別人照樣的來待他。就是最簡易最高尚的道德。消極的推法是施諸己而不願。亦勿施諸人。是所惡於上。毋以使下。所惡於下。毋以事上。所惡於前。毋以先後。所惡於後。毋以從前。所惡於右。毋以交於左。所惡於左。毋以交於右。積極的推法。是己欲立而立人。己欲達而達人。是老吾老以及人之老。幼吾幼以及人之幼。從智識方面講。將已知的事理。推到未知的事理。就是最有系統的學問。演繹的推法。是舉一隅則以三隅反。是聞一以知二。聞一以知十。歸納的推法。（日本高山林次郎著的論理學說歸納法亦是推論）是好問而好察邇言。是察言而觀色。慮以下人。是文理密察。足以有別。是本諸身。徵諸庶民。是能近取譬。如此實踐方面智識方面都拿恕的道理來應用。就是恕的一貫。

有人問據此說來。不是一以貫之。是兩以貫之了。其實不然。因爲人類是同的。所以孟子說。至於心獨無所同然乎。心既有所同然。所以發達自己箇性。自然會尊重別人的箇性。所謂能盡其性則能盡人之性。故卽忠卽恕。又非尊重別人的箇性。不能完成自已的箇性。所謂不明乎善不誠其身。所以卽恕卽忠。忠恕兩字其實是一事。故說一以貫之。後來荀子說的以一持萬。就是這箇意思。

仔細看來。孔子講學問。還是實踐方面看得重。智識方面看得輕。他拿學與思對舉。說道學而不思則罔。思而不學則殆。有人拿康德講的感覺無思想是瞎的。思想無感覺是空的。這兩句話來解釋他。果然如此。那思與學都是用來求智識了。我說不然。孔子說的思。算得是求智識的學問。說的學。只是實行的學問。和智識沒有什麼關係。所以他屢說的學而不厭。誨人不倦。有一回卻說爲之不厭。誨人不倦。可見得學只是爲了。學而不思則罔。是說若只務實行不推求所以要實行之故便是盲從思而不學則殆是說若僅有智識不求實行便同貧子說金終久是空的所以兩樣不可偏廢但他又說吾嘗終日不食終夜不寢以思無益不如學也這分明說實行比智識更重要了所以求智識的學問到墨子荀子之後纔發達孔子學說在這裏頭占不著重要位置

(三) 仁　君子

前文說孔子所謂學只是敎人養成人格什麼是人格呢孔子用一箇抽象的名來表示他叫做仁用一個具體的名來表示他叫做君子

中庸表記都說仁者人也孟子亦說仁也者人也這是仁字最確切的訓詁在文仁從二人是有兩個人纔表示出仁字的意思所以鄭康成解仁者人也他說人人也讀如相人偶之人(禮記中庸注)相人偶的人字漢朝有怎麼別的讀法雖不可考但相人偶三個字卻好極了偶就是耦而耕的耦相人偶是人與人相互的意思人與人相互纔能證現出一個抽象的人格(即仁)曲盡人與人相互之道人格纔算完成纔可以算得一個人論語中許多仁字各人問仁孔子答的都不同若懂得仁字是人格的抽象名詞句句都通了若從舊說只說仁是愛人便到處窒礙仁者不憂爲甚麼愛人的人便無愁呢仁者其言也訒難道愛人的人一定要少講話嗎顏淵問仁孔子答的克己復禮仲弓問仁孔子答的如見大賓如承大祭這又和愛人有什麼關係呢可見孔子說的仁只是敎人怎樣子做人只是敎人能盡其性能盡其性自然能盡人之性論語中說出仁的內容有種種都是完成人格必要的條件

孔子有個理想的人格能合著這種理想的人起個名叫做君子我記得五年前曾在貴校演講過一次題目是孔子之人格教育與君子諒來各位還有聽過記得的今且把他簡單重述一回君子這個名詞和英語的Gentleman 最相類 Gentleman 要想下個恰當的訓詁極不容易因爲他是表示一種崇高優美的人格所以內容包含得狠豐富孔子說的君子正是如此君子小人從前不過爲區別階級地位的名詞（如孟子之君子野人）後來漸變爲區別品格的名詞孔子指出種種標準作爲人格的模楷能合這標準纔許他是君子他的標準是那些呢因爲孔子的話多半是門弟子記述傳下來大都是因人施敎所以沒有個有系統的標準我們想求得他最好是先將易經六十四條的卦象傳君子以自强不息君子以厚德載物君子以……君子以……都錄下來再將論語所說的君子全數錄出再將禮記及他書引孔子講君子的話簡擇錄出然後分類排比列爲綱目或者可以求出個總標準來要之孔子之敎是要人踐履這人格的標準人人有士君子之行公羊傳是孔子最後的理想」孔子講的人格標準凡是人都要遵守的並不因地位的高下生出義務的輕重來常人開口便說孔子之敎是三綱五倫這話狠要子細考究五倫說是孔子所有三綱說是孔子所無諸君不信試將孔子自著的書和七十子後學者記孔子的話一字不漏的翻讀一徧看是否有君爲臣綱父爲子綱夫爲妻綱這種片面的倫理學說我們只聽見孔子說父父子子兄兄弟弟夫夫婦婦而家道正（易經家人卦）我們只聽見孔子說君君臣臣父父子子（論語）還聽見董仲舒解這兩句話說道父不父則子不子君不君則臣不臣耳（春秋繁露玉杯篇）倒像責備臣子反較寬責備君父反較嚴了孔子說的君君臣臣父父子子是從仁者人也人者人也演繹出來既做人便要盡人道在人裏頭做了君便要盡君道做了臣便要盡臣道爲人君止於仁爲人臣止於敬爲人子止於孝爲人父止於慈與

國人交止於信全然是相互的關係如此纔是相人偶所以孔子所說是平等的人格主義

（四）原缺

（五）禮

孔門教的普通學就是禮樂為甚麼如此注重他呢因為認他是涵養人格的利器

禮的起原本甚古但到孔子時意義已經屢變範圍愈擴愈大（參觀胡氏中國哲學大綱一三四—一三八葉）從訓詁上可以考出他的變遷

狹義的禮　禮所以事神致福从示从豊豊亦聲（說文）

廣義的禮　禮者履也（爾雅說文禮記仲尼燕居祭義荀子大略篇）

最廣義的禮　禮者理也（禮記樂記仲尼燕居荀子禮論）

禮字本義不過從祭器出來所以禮運說禮所以儐鬼神又說禮之初始於飲食其燔黍捭豚汙尊而抔飲猶若可以致其敬於鬼神可知最古的禮不過是宗教上一種儀式凡初民種種制度大半從宗教儀式增廣蛻變而來例如印度的摩奴法典本是教規後來變成法律我國的禮也是這樣漸漸把宗教以外一切社會習慣都包含在禮的範圍內禮字成了人人當踐履的意義所以易象傳說非禮弗履祭義說禮者履此者也荀子大略篇說禮者人之所履也爾雅釋言亦說履禮也禮變成一切行為的軌範了古代政教合一宗教上的儀典和國家社會的法制往往合為一爐無甚分別歷代帝王常採集社會上公認的行為軌範編成一代的禮所以說非天

子不議禮不制度。（禮記中庸）說。三王異世不相襲禮。（禮記樂記）所以有夏禮商禮周禮種種不同。（論語）到這時候。禮的性質。和法律差不多成爲社會上一種制裁力。所以左傳裏頭替禮字下了許多解說。

夫禮所以整民也。（莊二十三年曹劌語）

禮國之幹也。禮不行則上下昏。何以長世。（僖十一年內史過語）

禮政之輿也。（襄二十一年叔向語）

禮王之大經也。（昭十五年叔向語）

夫禮天之經也。地之義也。民之行也。（昭二十五年子太叔述子產語）

此皆孔子以前賢士大夫對於禮的觀念。到了孔門。此種觀念。益加發達。如

禮者。君之大柄也。（禮記禮運篇）

禮者。人主之所以爲羣臣寸尺尋丈檢式也。（荀子儒效篇）

禮者。法之大分。羣類之綱紀也。（荀子勸學篇）

據此看來。禮的性質簡直與法無甚差別。雖然。有狠不同的一點。是

禮者禁於將然之前。而法者禁於已然之後。（大戴禮記禮察篇）

所以又說。出於禮者入於刑。當孔子時。法家學派雖未完全成立。然法治與禮治兩種主義之優劣。在士大夫中已成爲問題。觀叔向子產辨論之言可見。（左傳昭六年） 孔子是絕對的主張禮治反對法治的人。所以說

道之以政。齊之以刑。民免而無恥。道之以德。齊之以禮。有恥且格。（論語爲政）

孔子的意思以為(一)法不過事後消極的裁制禮纔是事前積極的裁制直接的效果已經懸殊(二)法的裁制力是他動禮的裁制力是自動間接的效果影響非鉅所以說

禮云禮云貴絕惡於未萌而起敬於微眇使民日徙善遠罪而不自知也(大戴禮記禮察篇)

孔子以為禮的作用可以養成人類自動自治的良習慣實屬改良社會的根本辦法他主張禮治的主要精神在此然則禮為什麼能有這種作用呢他說

禮者因人之情而為之節文以為民坊者也(禮記坊記)

禮所以能發生作用最重的要素是因人之情禮運有幾段說得最好

人情以為田……何謂人情喜怒哀懼愛惡欲七者不學而能

飲食男女人之大欲存焉死亡貧苦人之大惡存焉故欲惡者心之大端也人藏其心不可測度也……欲一以窮之舍禮何以哉

宋以後儒者都說人欲是不好的是應該屏絕的孔門卻不然他的禮教就是從情欲的基礎上建設出來但他以為情欲雖不可無卻是要節樂記說

人生而靜天之性也感於物而動性之欲也物至知知然後好惡形焉好惡無節於內知誘於外不能反躬天理滅矣夫物之感人無窮而人之好惡無節則是物至而人化物也

荀子亦說

禮起於何也曰人生而有欲欲而不得則不能無求求而無度量分界則不能不爭爭則亂亂則窮先王惡其

亂也。故制禮義以分之。以養人之欲給人之求。使欲必不窮乎物。物必不屈於欲。（禮論篇）

這兩段說對於外感的節制。最爲精到。還有對於內發的節制。子游說

有直道而徑行者戎狄之道也。禮道則不然。人喜則斯陶。陶斯咏。咏斯猶。（鄭注猶當爲搖）猶斯舞。慍斯戚。戚斯歎。歎斯辟。（鄭注辟拊心也）辟斯踊矣。品節斯。斯謂禮。

禮的最大作用。就是個節字。所以荀子大略篇說。禮節也。樂記亦說。禮節民心。中庸說。喜怒哀樂發而皆中節。靠的就是這個。韓非子解老篇說。禮者外節之所以諭內也。算得禮字最簡明確切的訓詁了。以上所引。雖不全是孔子親說的。但孔子禮教的精意。確是如此。孔子既已把禮的觀念。擴充得如此其大。自然不是從前的儀式所能限制。所以禮運說。

禮也者。義之實也。協諸義而協。則禮雖先王未之有。可以義起也。

既於儀式之外。別有抽象的禮意。那儀式的禮。倒反不必拘泥了。所以左傳記。

子太叔見趙簡子。簡子問揖讓周旋之禮。對曰。是儀也。非禮也。（昭二十五年）

可見當時講禮。已有棄形式取精神的傾嚮。孔子說。

禮云禮云。玉帛云乎哉。

最可以表現這種精神。子太叔引子產的話。說禮是天之經地之義民之行。禮字的意義。已經不是履也所能包舉了。到樂記更說。

禮也者理之不可易者也。

這算是禮的最廣義了。孔子答顏淵說克己復禮爲仁。這個禮字應從最廣義解。

孔門重禮教的緣故除了以上所述外還有一個重大的理由是拿習禮當作一種體育。禮運說

　禮所以固肌膚之會。筋骸之束也。

這話怎麼講呢。孔子說。

　莊敬日强。安肆日偷。君子不以一日使其躬儳焉如不終日。

孔子以爲人若常常把精神提起。體魄自然强壯。若散散慢慢過日子。便養成偷惰的習慣。整個人變成暮氣了。習禮以莊敬爲主。最能抖擻精神。所以說固肌膚之會筋骸之束。仲弓問仁。孔子告以出門如見大賓使民如承大祭。又告子張說無大小無衆寡無敢慢。都是這個意思。對甚麼人對甚麼事都無敢慢。是修養身心最好的方法。這就叫做約之以禮。（約是約束之意）

孔子既已認禮是一種體育。所以常常要習他。但習的到底是那幾種禮呢。中庸說禮儀三百。威儀三千。這些都是些什麼。如今沒有考據。但就現存的禮經十七篇而論。天子諸侯朝聘燕享那部分當然是不習的。喪禮那部分當然是不習的。冠昏祭那幾部分。怕也不好習。然則孔門習的是甚麼。我想最通行的就是鄉飲酒禮和射禮。史記孔子世家說漢時的儒生。還常常習禮鄉飲大射於孔子冢。禮記射義記孔子射於矍相之圃。觀者如堵牆。大概這兩種禮是孔門常習的。兩種都是團體運動。射禮分耦。還含有團體競爭意味。孔子說君子無所爭。必也射乎。我想孔子生在今日。定然是打球大家。那時若有學校聯合運動會。那些闘黨童子軍怕總要奪標哩。

（六）樂

第二節講孔子正詩正樂.可見孔子原是一位大音樂家了.他不但自己嗜好.還拿來做他學堂裏的必修科目.他如此重樂.有什麼理由呢.樂記一篇.發揮得最透徹.樂記下樂的定義說道.

夫樂者樂也.人情之所不能免也.樂必發於聲音.形於動靜.……性術之變.盡於此矣.

這是說明樂之本質.就是人類好快樂的本性.這種本性發表在聲音動靜上頭.叫做音樂.又說

凡音之起.由人心生也.人心之動.物使之然也.感於物而動.故形於聲.聲相應.故生變.變成方.謂之音.比音而樂之.及干戚羽旄.謂之樂.

這一段說音樂的起原.由於心物交感.是從心理學上尋出音樂的基礎.又說

樂者……其本在人心之感於物也.是故其哀心感者.其聲噍以殺.其樂心感者.其聲嘽以緩.其喜心感者.其聲發以散.其怒心感者.其聲粗以厲.其敬心感者.其聲直以廉.其愛心感者.其聲和以柔.六者非性也.感於物而後動.

夫民有血氣心知之性.而無哀樂喜怒之常.應感起物而動.然後音樂形焉.是故志微噍殺之音作.而民思憂.嘽諧慢易繁文簡節之音作.而民康樂.粗厲猛起奮末廣賁之音作.而民剛毅.廉直勁正莊誠之音作.而民肅敬.寬裕內好順成和動之音作.而民慈愛.流辟邪散狄成滌濫之音作.而民淫亂.

凡音者.生人心者也.……治世之音安以樂.其政和.亂世之音怨以怒.其政乖.亡國之音哀以思.其民困.聲音之道.與政通矣.

這三段.前一段是發明音樂生於人心的道理.後兩段是發明音樂生人心的道理.就一方面看.音樂是由心理

的交感產生出來的。所以某種心感觸。便演出某種音樂。就別方面看。音樂是能轉移人的心理的。所以某種音樂流行。便造成某種心理。而這種心理的感召。不是個人的。是社會的。所以音樂關係到國家治亂民族興亡。所以做社會教育事業的人。非從這裏下工夫不可。這種議論自秦漢以後。竟沒有人懂。若不是近來和歐美接觸。我們還說是謬悠夸大之談哩。

樂記這篇書原是七十子後學者所記。並非孔子親說。荀子裏頭有樂論篇。說得大同小異。但稍爲簡略。或者這篇書竟是荀子作的。亦未可定。但這種學理總是孔門傳授下來的。所以我們可以認他做孔子學說的一部分。正樂是孔子一生大事業。今日樂譜都已失傳。更從何處論起。但我們可以想見孔門禮教樂教。實有相反相成之妙。記中說禮節民心。樂和民性。禮的功用在謹嚴收歛。樂的功用在和悅發舒。兩件合起來。然後陶養人格。日起有功。記又說

> 樂以治心。禮以治躬。心中斯須不和不樂。則鄙詐之心入之矣。外貌斯須不莊不敬。則易慢之心入之矣。

讀此可以知孔門把禮樂當必修科的用意了。就論體育上。樂的功用也不讓於禮。因爲古人樂必兼舞。記又說

> 詩言其志也。歌咏其聲也。舞動其容也。三者本於心。然後樂器從之。是故情深而文明。氣盛而化神。

舞的俯仰疾徐。和歌的抑揚抗墜。不獨涵養性靈。而且於身體極有益。這也是禮樂交相爲用的事。

我想孔子若在今日當教育總長。一定要像法國樣子。將教育部改爲教育美術部。把國立劇場和國立學校看得一樣的重。他若在社會上當個教育家。一定是改良戲曲。到處開音樂會。忙個不了。他的態度如此。所以那位專講實用主義的墨子。看着莫名其妙。說他教人貪頑廢事。做出三篇非樂的大文來罵他。卻那裏懂得孔子人

格教育的精意呢。

（七）名

後人常稱孔教做名教、這話並不錯。但為甚麼叫做名教呢。卻忘其所以然。我們細讀論語。就可以明白。論語有一章記。

子路曰。衛君待子而為政。子將奚先。子曰。必也正名乎、子路曰。有是哉。子之迂也。奚其正。子曰。野哉由也。君子於其所不知蓋闕如也。名不正則言不順。言不順則事不成。事不成則禮樂不興。禮樂不興則刑罰不中。刑罰不中則民無所措手足。故君子名之必可言也。言之必可行也。君子於其言無所苟而已矣。

這一章書驟讀過去很有點難懂。名不正的結果。何至就鬧到禮樂不興刑罰不中民無所措手足呢。怕未免有點張大其詞罷。試看荀子董子的解釋。就可以明白。荀子說。

今聖王沒。名守慢。奇辭起。是非之形不明。則雖守法之吏。誦數之儒。亦皆亂也。……異形離心交喻。異物名實互紐。……如是則志必有不喻之患。而事必有困廢之禍。（荀子正名篇）

董子說。

名生於眞。非其眞弗以為名。名者。聖人之所以眞物也。……欲審曲直。莫如引繩。欲審是非。莫如引名。名之審於是非也。猶繩之審於曲直也。詰其名實。觀其離合。則是非之情。不可以相讕已。（春秋繁露深察名號篇）

欲明白正名的要緊處。最好拿眼前的事實來舉個例。譬如有人說共和是不好的。問他甚麼不好。他說你看中國共和了九年鬧成什麼樣子。這段話驟然聽去。像是有理。其實不然。我們先要知道共和的實質是怎麼樣。再要問這九年來的中國是否和共和實質相符。把這九年來的中國說他是共和。這就是非其眞而以爲名。這就是異物名實互紐。又如現在講聯邦。講自治。若不先把聯邦自治的名實弄到正確。那麼幾位督軍私自勾結的幾省聯盟也要自命爲聯邦。幾位政客也可以設起聯省政府來。那麼官僚運動做本省省長便說是自治。又如講馬克思的共產主義。若不把名實弄得正確。那麼兵大爺組織兵變隊。挨門坐搶。他可以說自己是藍寧。是杜洛茲奇。這就是董子說的相讕。在這種名實混淆的狀態之下。是非是無從論起的。譬如我們說狗是有義氣的動物。若不先定了界說什麼是狗。看見一個狐來。你說這種狗沒有義氣。不是把人鬧糊塗了嗎。所以志必有不喩之患。而事必有困廢之禍。這就是名不正則言不順。言不順則事不成。孔子又說。惡紫之奪朱。惡鄭聲之亂雅樂。又說惡似是而非者。惡莠恐其亂苗。惡鄉愿恐其亂德。（孟子引）都是所以提倡正名的緣故。

老子以爲名者起於人類之分別心。這種分別心是各人不同。各時不同。各地不同。所謂正確不正確。實無從得公共標準。故主張一切廢去。復歸於無名之樸。孔子以爲名是終久廢不掉的。既已廢不掉。若聽他囫圇雜糅。一定鬧到言不順事不成。所以公共標準是必要的。標準怎樣纔能正確纔能公認呢。孔子以爲是政府的責任。所以子路問爲政奚先。孔子答以正名。荀子正名篇說。若有王者起。必將有循於舊名。有作於新名。就是這個意思。孔子若乘時得位。一定先辨此事。後來道既不行。晚年乃著春秋。就是用極謹嚴的名。表示極複雜的義。所以莊子說。春秋以道名分。（天下篇）董子說。春秋辨物之理以正其名。名物如其眞。不失秋毫之末。（春秋繁露深察名號篇）所以孔子正名主義的實行。自然在春秋一書。第五節再詳論。

孔子爲甚麼把正名主義看得如此其重呢。因爲把名正了。然後主觀方面可以顧名思義。客觀方面可以循名責實。例如君君臣臣父父子子。先要知道君臣父子四個名詞裏頭含有什麼意義。然後君要做個眞君。臣要做個眞臣。……那麼社會秩序也跟著正了。像當時子路所問待子爲政的衞君——出公輒是子不子。其父蒯聵也是父不父。孔子以爲正名就可以救這些流弊。

孔子的正名主義。對於改良社會有多少效果。我們不敢說。但在學問知識上卻有狠大影響。因爲名實問題是孔子頭一個提出。此後墨子惠施公孫龍荀卿乃至其他諸子。都從這問題上生出許多學問來。質而言之。當時所謂名學。卽論理學。是孔子最先注意的。雖所說不如後人之精。那創始的功勞。也很大了。（參觀胡著頁九二─一〇〇）孔子因認名有許多功用。所以狠獎厲立名。易文言說不易乎世。不成乎名。論語說君子去仁。惡乎成名。又說君子疾沒世而名不稱焉。宋儒說好名是件不好的事。孔子卻不然。名是不妨好的。不過聲聞過情。君子恥之。因爲過情的聲問已經名實混淆。和正名主義正相反了。

（八）性命

易彖傳乾道變化。各正性命。性命二字成了學問上問題。自此始。但孔子言命較多。（論語稱子罕言命實非甚罕）言性較少。子貢說夫子之言性與天道。不可得而聞。性與天道。殆孔子所自證。不甚拿來敎一般學者。所以不得而聞。論語言性。有性相近也。習相遠也。惟上智與下愚不移兩章。其言既極渾括。遠不如後來孟荀之精密。蓋由孔子不甚以此敎人。至於言命。則所在多有。孔子自言。五十而知天命。又說不知命無以爲君子。又說道之將行也歟。命也。道之將廢也歟。命也。公伯寮其如命何。又說天生德於予。桓魋其如予何。又說天之未喪斯文也。匡人其如予何。諸如此類。正中屢見。可見知命主義。在孔子學說中實占極重要的位置。所以墨子反對孔學。特標非命為一種旗幟。

命是個什麼呢。孔子說命。常與天連舉。像是認命為天所造。其實不然。莊子引孔子的話。很有幾處解釋命字意義。

仲尼曰。子之愛親。命也。不可解於心。（莊子人間世篇）

仲尼曰。死生存亡。窮達貧富。賢與不肖。毀譽。飢渴。寒暑。是事之變。命之行也。日夜相代乎前。而知不能規乎其始者也。（莊子德充符篇）

據此可知孔子所謂命。是指那自然界一定法則。不能拿人力轉變者而言。他有時帶說個天字。不過用來當作自然現象的代名詞。並非像古代所說有意識的天。五十而知天命句。皇侃疏云。天本無言。而云有所命。假之言也。這話最通。若作基督教的上帝默示解。便非孔子之意了。

然則知命主義的價值。怎麼樣呢。我說有好處。亦有壞處。好處是今人心境恬適。壞處是把人類進取的勇氣減少。孔子說。

自事其心者。哀樂不易施乎前。知其不可奈何而安之若命。德之盛也。（莊子人間世篇）

這段話講知命的作用最為精透。自事其心。是自己打疊自己的心境。死生窮達毀譽飢渴等等事變。雖日夜相代乎前。我心的哀樂。卻叫他不易施乎其前。怎樣才能做到呢。最好是安之若命。這若字極要注意。命的有無。且不必深管。只是假定他是有。拿來做自己養心的工具。得了這種訣竅。所以能遯世无悶。不見是而无悶。樂則行之。憂則違之。確乎其不可拔。（易文言傳）所以能不怨天不尤人。（論語）所以能飯疏食飲水。曲肱而枕之。樂亦在其中（論語）這是孔子自己學問得力所在。也常常拿來教人。所以論語首章說。人不知而不慍。不亦君子乎。末章說。不知命無以爲君子。意義正相銜接。實是孔子修養人格的重要學說。

孔子說的知命。本來沒有什麼大流弊。因爲他樂行憂違。還帶著確乎不拔。他遯世无悶。還帶著獨立不懼。（易象傳）可見得並不是做命的奴隸了。雖然。孔子終是崇信自然法太過。覺得天行力絕對不可抗。所以總教人順應自然。不甚教人矯正自然。駕馭自然。征服自然。原來人類對於自然界。一面應該順應他。一面應該駕馭他。非順應不能自存。非駕馭不能創造。中國受了知命主義的感化。順應的本能極發達。所以數千年來經許多災難。民族依然保存。文明依然不墜。這是善於順應的好處。但過於重視天行。不敢反抗。創造力自然衰弱。所以雖能保存。卻不能向上。這是中華民族一種大缺點。不能不說是受知命主義的影響。所以墨子非命。實含精義。至於誤解知命主義的人。一味委心任運。甚至造出種種邪說誣民的術數。那更不是孔子的本意了。

（九）鬼神　祭祀

孔子教人。說的都是世間法。不是出世法。所以季路問事鬼神。子曰。未能事人。焉能事鬼。敢問死。曰。未知生。焉知死。這是對於現世以外的事。純然持消極的態度。然則孔子到底主張有鬼呀。還是主張無鬼。我說。孔子所持是相對的無鬼論。他以爲鬼並不是沒有。但不過由我們的業識造出來。孔子說的鬼神。全是哲學上的意義。沒有宗教上的意義。易繫辭傳說。

精氣爲物。游魂爲變。是故知鬼神之情狀。

這幾句話最精到。精氣爲物。說的是鬼之情狀。游魂爲變。說的是神之情狀。鬼者歸也。精氣是有形的。卽佛法中之色蘊。圓覺經說。骨內歸地。血唾歸水。煖氣歸火。動轉歸風。人之色身。四大合成。死後還歸四大。舉精氣則毛髮骨血等都包在內。地水火風。各有他的原素。據近世科學的理論。知道物質不滅。所以說精氣爲物。游魂是無形的。卽佛法中之受想行識四蘊。常爲業力所持。流轉諸趣。所以說游魂爲變。（參觀章炳麟著菿漢微言）孔子說的鬼神情狀。是如此。直可以謂之絕對的無鬼論。然則他爲甚麼又極重祭禮呢。自來聖哲施教。每因當時習俗而利導之。易彖傳說。

聖人以神道設教。而天下服矣。

當時民智幼稚。而且古代迷信深入人心。一時不易革去。所以孔子利用祭禮爲修養人格改良社會一種手段。但孔子雖祭。並不認定是有神。所以只說祭如在。祭神如神在。又說洋洋乎如在其上。如在其左右。這分明是主觀的鬼神。不是客觀的鬼神了。

爲什麼祭禮可以爲修養人格的手段呢。他的作用。就在齋戒。祭統說。

齊之爲言齊也。齊不齊以致齊者也。是故君子非有大事也。非有恭敬也。則不齊。不齊則於物無防也。耆欲無止也。及其將齊也。防其邪物。訖其耆欲。心不苟慮。必依於道。手足不苟動。必依於禮。是故君子之齊也。專致其精明之德也。……定之之謂齊。齊者精明之至也。然後可以交於神明也。

觀此，可知齋戒實爲養心最妙法門，易繫辭傳說，聖人以此齋戒以神明其德，就是此意，齋戒原不必定要祭祀纔有，凡有大事有恭敬皆須齋戒，（孟子弟子齋宿而後敢言莊子齋吾語汝）但祭禮的齋戒總算最通行，所以孔子很提倡他，譬如每年有幾次大祭祀，祭前都須齋戒一回，齋的時候節省思慮，休養精神，這是和基督清教徒嚴守安息日同一作用，於鍛鍊身心修養人格，實甚有益。

爲甚麼祭禮可以爲改良社會一種手段呢，前次曾經講過，孔子的祭禮，是由祈主義變爲報主義，全是反本報始不忘其初的意思，萬物本乎天所以祭天，人本乎祖所以祭祖，使之必報之，所以有羣祀，孔子說

愼終追遠，民德歸厚矣。

祭禮最大作用，不外是使民德歸厚，所以孔子又說，明乎郊社之禮，禘嘗之義，治國其如示諸掌乎，（中庸）都是說靠祭禮喚起人民報本的觀念，風俗自然淳厚，政治自然易辦，若不明此意，中庸的話便解不通了，所以孔子的祭實含有舉行紀念祝典的意味，有鬼無鬼倒不十分成問題，所以說，敬鬼神而遠之，又說，非其鬼而祭之，諂也。

第四節　孔子之哲理論與易

前節所講，都是從論語禮記中摘出孔子學說，還未研究到他自己所著書，欲知孔學之全，要讀他所著易春秋，易是孔子哲理論的總匯，春秋是孔子政治論的總匯。

孔子以前的易經，僅有六十個卦，帶著那六十四條卦辭，三百八十四條爻辭，內中到底含有多少哲理，無從揣測，易經成爲一種有系統的哲學，自孔子始。

史記孔子世家說。孔子晚而喜易。讀之韋編三絕。曰。假我數年。我於易則彬彬矣。這段話亦見論語。可見孔子治易是在晚年。他所建設易的哲學。是否完成。尚未可知。但我們從他所著的彖傳象傳繫辭傳文言傳中。大略可以尋出他的哲學系統來。今分論如下。

(一)易體

印度歐洲的哲學家以及我國古代的老子後世的宋儒。都喜歡研究宇宙本體是什麼。獨孔子說。

神無方而易無體。繫辭上傳

孔子所謂易。自然是宇宙萬有的代名詞。他卻直截了當下一個斷案。說宇宙萬有是沒有本體的。這種主張。不惟與古代天帝主宰的思想不同。即與老子有物混成。其中有物。其中有精。其精甚眞的思想亦異。眞算得思想界一大革命。宇宙本體有沒有。原是往古來今打不清楚的官司。就算是有也斷不是拿智識判斷得來。那麼便是學問以外的事。所以講學問的人。只好把這第一原因擱下。第一現象說起。孔子說。易无體。怕也是這個意思。然則无體的易從那裏來呢。孔子說

生生之謂易。繫辭上傳

拿現在流行語翻譯他。說的是。生活就是宇宙。宇宙就是生活。這句話怎麼解呢。論語有個譬喻最好。

子在川上曰。逝者如斯夫。不舍晝夜。

譬如我們在京漢鐵路黃河橋上看見滔滔混混的水。叫做他黃河。這黃河有本體沒有呢。照常識論。目前看見

的水。就是他本體。但黃河從崑崙發源。合了幾百條川流纔到這裏。那些川流的水。原只是這水。為什麼不叫他黃河呢。黃河東流入黃海。連著就是太平洋印度洋。為甚麼不都叫做黃河呢。然則想從水所占的空間指出那些水是黃河本體。了不可得。換過來從時間一方面看。現在在橋下的水。像可以叫做黃河了。但甚麼是現在。卻大有問題。李太白有兩句好詩說。前水復後水。古今相續流。時間是相續的東西。細細分析下去。可以說只有過去。只有未來。並無現在。因為纔說這一剎那頃是現在。卻早已過去了。要說這一剎那是現在。卻還屬未來。所以想從時間指出那些水是黃河本體。也了不可得。孔子說的逝者如斯。正是此意。所以說易無體。

然則什麼是黃河。水之相續不斷的動相。就是黃河。好像演電影。無數的影片。連續不斷的在那裏動。若把他的動相停了。光看那斷片。便毫無意義了。現代大哲柏格森常拿這種譬喻來說明他的宇宙觀人生觀。自命為流動哲學。他的立腳點。和孔子狠相類。孔子這部哲學書。名叫做易。易就是變。就是動。一個逝字。一個生字。動的原理都包盡。方生方逝。方逝方生。非逝不生。非生不逝。人身內血輪細胞乃至肌骨毛髮。日日逝日日生。人心中的意識。前念逝後念生。孔子以為宇宙所以成立。就是在此。所以叫做易。易學兩個字翻譯出來。就是流動哲學。易所說既是宇宙的動相。這動相卻從那裏來呢。原來宇宙間有兩種相對待的力。現代科學家名之為正負。或名之為積極消極。易學家則名之為陰陽。或名之為消息。為剛柔。為往復。為闔闢。為屈伸。那正的積極的陽的息的剛的復的闢的伸的。是指生生不已的力。拿一個一符號來代表他。疊起來成個☰卦。名曰乾。那負的消極的陰的消的柔的往的闔的屈的。是指逝者如斯的力。拿一個--符號來代表他。疊起來成個☷卦。名曰坤。這兩個符號。不單是代表正負兩面。還代表全體和部分的觀念。繫辭傳說。立天之道。曰陰與陽。立地之道。曰柔與剛。立人之道。曰仁與義。仁者人也。義者我也。甚麼是人。凡與我同類的這一種動物都叫做人。甚麼是我。在這全體裏頭各人畫出一部分作爲自己。便叫做我。人類一切道德。或是爲增進全體利益之用。或是爲發達個性之用。總不出人我兩途。所以叫做仁義。然而人我兩觀念。亦實由正負而來。人卽我之正。我卽人之負。非將我推驗去現不出人相。非把人的屬性說明。現不出我相。所以人我原只是正負兩面。易經的要旨。說這兩種力互相吸引。互相排拒。宇宙間一切物象事象。都從此發生。所以說闔戶謂之坤。闢戶謂之乾。一闔一闢謂之變。說剛柔相推而生變化。此外還說許多相摩相盪相薄相錯相攻相取相感相得相逮不相射不相悖。都是形容這兩種力的動相。以爲這兩種力對待。宇宙自然成立。若把這兩種力去掉。便連宇宙這個名都沒有了。所以說

　乾坤其易之縕耶。乾坤成列。而易行乎其中矣。乾坤毀則無以見易。

據上所述。可見一部易經。所講全是動的學問。後來宋儒搬了道士的太極圖來說易。造出主靜立人極的話。恰恰和孔子的易相反了。

然則繫辭傳說易有太極。是生兩儀。兩儀生四象。四象生八卦。這幾句話怎麼講呢。說文說極。棟也。棟是屋頂的橫梁。太極就指這一畫的⚊符。無可疑了。怎麼太極生兩儀呢。兩儀是⚊⚋兩個符號。生字意義和老子的一生二正同。並非

　太極——→兩儀

乃是

太極
↓
兩儀

因爲無負的觀念便表不出正的觀念所以有太極自然有兩儀兩儀就是太極的正負兩面怎麼兩儀生四象呢第一個象是全陽第二個象是全陰第三個象是陰多陽少第四個象是陰少陽多從這四個象生出八個卦來易理就從此發生了

（二）卦與象

將一 -- 兩個符號錯綜三疊起來成了八個卦

☰乾　☳震　☵坎　☶艮

☷坤　☴巽　☲離　☱兌

再因而重之更把他相錯起來成了六十四卦卦的作用全在象什麼是象乾天坤地震雷巽風坎水離火艮山兌澤這八種算是主象此外有許多副象——如龍爲乾象馬爲坤象木爲震象之類散見於爻辭及雜卦傳者甚多這類都是表示形體的象可以名之爲物象還有表示性質及意識的象如乾健坤順震動巽入坎陷離麗艮止兌說以及震爲決躁坎爲隱伏爲加憂等都可以名之爲事象這些象如代數的x y b c d如琴譜之c r m f s l t d都是一種代表符號要先明白他纔可以談易理

韓宣子在魯國看的易名曰易象。繫辭傳說。易也者象也。可見易只是象。象外無易。要知道象的作用。重要。須先明白象字的意義。韓非子說。人希見生象也。而案其圖以想其生。故諸人之所以意想者。皆謂之象。（解老篇）人看見種種事物。便有一個印象在心目中。所印的象。是那事物的狀態。由我們主觀的意識看出來。這是象的本義。有了這印象。要把他摹寫表現出來。力求其像。繫辭傳下象字的解釋。說象也者像也。又說。天地變化。聖人效之。天垂象。聖人則之。這是引申義。含有效法的意思。易經的象。兼這兩義。以為一切變動進化之跡。都有各種狀態來表現他。所以說易者象也。（羅素說宇宙萬有都是一種事實Events的結集頗似易說）又以為這種狀態。都根本於自然法則。我們應該效法他。所以說象也者像也。合這兩義。便是易象的作用。

繫辭傳說。以制器者尚其象。象的最初作用。是取象於天然狀態。造出種種器物。繫辭傳舉十三卦作例。

作結繩而為網罟。……蓋取諸離。

斲木為耜。揉木為耒。……蓋取諸益。

日中為市。……蓋取諸噬嗑。

垂衣裳而天下治。蓋取諸乾坤。

刳木為舟。剡木為楫。……蓋取諸渙。

服牛乘馬。引重致遠。……蓋取諸隨。

重門擊柝。以待暴容。……蓋取諸豫。

斲木為杵。掘地為臼。……蓋取諸小過。

弦木爲弧，剡木爲矢，……蓋取諸睽。

上古穴居而野處，……後世聖人易之以宮室，……蓋取諸大壯。

古之葬者厚衣之以薪，葬之中野，……後世聖人易之以棺槨，蓋取諸大過。

上古結繩而治，後世聖人易之以書契，……蓋取諸夬。

這都是看見一種象，從而象（像）之。例如上巽下坎的渙卦䷺，有木在水上流行若風之象，（九家易說）因此效法他製出舟楫來。又如上震下艮的小過卦䷽，有木上動，土下止之象，（朱子說）因此效法他製出杵臼來。孔子舉這幾個例，證明一切器物都由取象而來。不惟如此，種種制度，種種道德觀念，皆從象生。所以六十四條象傳都是發明此理。例如乾卦有天體運行之象，便效法他自强不息。坤卦有地勢持載之象，便效法他厚德載物。豫卦䷏是雷出地奮，表發揚之象，便效法他作樂崇德。復卦䷗是雷在地中，表蟄息之象，便效法他第七日放假，至日閉關，商旅不行，后不省方。既濟卦有成功之象，愈成功愈要謹愼，所以思患而豫防之。（小畜卦孔疏云：凡大象之義，或取二卦之象而法之者，若地中有水師，君子以容民畜衆，取卦象包容之義；若上天下澤履，君子以辨上下，取上下尊卑之義。或直取卦名因其卦義所有，法之，若訟卦云君子以作事謀始，防其所訟之源，不取天與水違行之象。餘皆倣此。案此說甚通。）諸如此類，都是借物象事象的觸發，生出種種制度和道德標準。所以說「夫易開物成務，冒天下之道」。又說「見乃謂之象，形乃謂之器，制而用之謂之法，利用出入，民咸用之謂之神」。（胡適之說：一部易經只是一個象字。這話狠對。他說象也說得狠好。但他說古今說易的人不懂此理，未免失檢。繫辭傳蓋取諸離下孔疏云：諸儒說象卦制器皆取卦之爻象之體。今韓氏康伯直取卦的名。案上繫云以制器者尙其象，則取象不取名也。據此知孔穎達所見從前諸儒之說皆取象爲解，卽孔疏解六十四象傳亦什九皆取上下卦象。若程傳則例尤嚴，無一卦不以象訓釋矣。胡氏所舉之各卦意象亦多前人已言者。）

（三）爻與辭

繫辭傳說。聖人設卦觀象繫辭焉以明吉凶。又說。易有象所以示也。繫辭焉所以告也。又說。聖人立象以盡意。繫辭焉以盡其言。又說。君子居則觀其象而玩其辭。讀此可知辭與象並重了。辭有兩種。一卦辭。如乾元亨利貞。二爻辭。如初九潛龍勿用……。卦辭比較的還簡單。爻辭便複雜到了不得了。要研究爻辭。先要懂得辭的界說。繫辭傳有一句最要緊說道。

辭也者各指其所之。

之。往也。言辭各指示卦爻之所往。左傳記卜筮事所謂遇大有之睽。遇觀之臨等等。就是這個之字。由大有往睽。由觀往臨。卽大有變成睽。觀變成臨也。然則卦爻爲什麼有之呢。之有甚麼公例呢。這卻要狠費周折。纔能說明。

第一。須知每卦六爻有所謂位。最低那一畫叫做初爻。倒數上去。二三四五。到頂上那一畫。叫做上爻。文言傳說。六位時成。就是指這六爻的位。

第二。六位中最主要的是第五位。算是一卦之主。其次第二位。是與五相應的。繫辭傳說。列貴賤者存乎位。每卦五位最貴。二位次之。其他皆賤。繫辭傳所謂。非其中爻不備。二五皆中爻也。

第三。卦爻的之有一定法則。二與五相之。初與四相之。三與上相之。因爲他是同位。繫辭傳說。二與四同功而異位。三與五同功而異位。因是異位。所以二與四。三與五。是不能相之的。像下象棋。各種子各有他的走法。後儒講的卦變飛伏互體等等。隨意亂之。便是馬行田卒回頭了。

第四。爲什麼有之呢。卦中各爻已定位者不之。未定位者纔有之。怎麼叫做定位未定位呢。易經以一陰一陽相間排比成

䷾ 既濟

算是定位。所以他的卦名叫做既濟。既濟卦是六爻都無可之了。反之。未濟卦䷿是六爻皆可之。其餘各卦。最少的有一爻可之。最多的有五爻可之。如乾卦是二四上三爻可之。坤卦是初三五三爻可之。餘仿此。

第五。之的法則。最簡單的是本卦各爻相之。如未濟卦初之四。二之五。三之上。便成了既濟了。若僅二與五相之。就變成上乾下坤的泰卦。這就是未濟之泰。但別的卦。卻不能如此眞捷。例如乾䷀二之五。四之初。上之三。依然是陽爻。不是和沒有變一樣嗎。所以要生出相錯旁通的法則來。

第六。繫辭傳說八卦相錯。文言傳說六爻發揮旁通。這是研究辭的所之一個要緊關鍵。旁通的原則。是拿兩個各爻恰恰相反的卦平列起來。彼此互通。例如

(䷀乾　䷁坤)　(䷜坎　䷝離)

兩兩反對。恰成配偶。但不止此。還要將八卦相錯起來旁通。例如乾坤坎離四卦相錯。成了

(䷌同人　䷆師)　(䷅訟　䷣明夷)　(䷇比　䷍大有)　(䷄需　䷢晉)

八個卦也是兩兩反對。恰成配偶。所以同人與師旁通。訟與明夷旁通。比與大有旁通。需與晉旁通。凡旁通是要各從其偶。萬萬不能亂來的。

第七。旁通也要按著位。二通五。初通四。三通上。不能越位亂通。例如乾的二爻是可動的。和坤旁通。把坤的五

爻通了過來變成☰☲同人。這就是乾之同人。

第八爻的所之分爲當位失道兩大類。二五先動。然後初四或上三和他相應。叫做當位。二五未動。而初四上三先動。叫做失道。二五動了。而初四上三不和他相應。也叫失道。但失道是可以補救的。別爻有變。可以還歸當位。所以繫辭傳說化而裁之存乎變變的法則更複雜了。旁通之中又有旁通。（例如乾坤旁通成同人。同人又與師旁通。）所以繫辭傳說易之爲道也屢遷。變動不居。周流六虛。上下无常。剛柔相易。不可爲典要。唯變所適。

以上把所之兩字大略說明。然後可以講到辭的作用了。辭也者各指其所之。指的甚麼呢。繫辭傳說。辨吉凶者存乎辭。又說。繫辭焉以斷其吉凶。辭的作用。就是察驗所之之當位或失道。指出他的吉凶來下斷案。易辭的斷案有十一種。

元。亨。利。貞。吉。凶。悔。吝。厲。孚。无咎。

所謂辨。就是辨這十一種。所謂斷。就是斷這十一種。而學易的人。最要緊卻在一個悔字。悔必思變。變則通。通則入。故雖遇凶吝結果可以无咎。所以孔子說。假年學易可以無大過。

（附言）以上大抵采用淸儒焦循之說。循著有易通釋易圖略等書。專發明旁通變化之例。對於漢儒的方士易宋儒的道士易。（胡適所命名極有趣）一概排落。專務以經解經。以傳解經。循又深於數學。用數學的頭腦來說易。更覺精密。王引之批評他鑿破混沌。掃除雲霧。足使株守漢學而不求是者爽然自失。這話對極了。依我看。焦氏解爻辭最好。依著他條條差不多都可通。他解卦辭及大象傳都不好。因爲原文講的是卦象。他卻泥著各指其所之來求他．便許多窒礙了．要之古今說易之書．我是推他第一了．他所著易話有一條拿象棋譜來比易的辭極有理致．

原來的卦辭爻辭．大率舉一個象．下一個斷案．例如乾卦．初九．潛龍勿用．上九．亢龍有悔．初九的象是潛龍．給他個斷案說應該勿用．上九的象是亢龍．給他個斷案說這便有悔．孔子作易傳．是因這些辭求出他所以然之故．為甚麼潛龍該勿用呢．因為陽在下也．為甚麼亢龍便有悔呢．因為盈不可久也．若再問為什麼盈不可久呢．這篇傳雖然沒有答．別篇傳卻有之．謙彖傳說．天道虧盈而益謙．……人道惡盈而好謙．若再問為甚麼天道虧盈益謙呢．他跟著答．因為謙尊而光卑而不可踰．繫辭傳說．仰以觀於天文．俯以察於地理．是故知幽明之故．又說．感而遂通天下之故．又說．明於天之道．而察於民之故．又說．明於憂患與故．這四個故字．就是說的所以然之故．一部十翼．就算是發明一個故字．有人說．孔子只說這事應該如此做．不問為甚麼應該如此做．這話未免冤枉孔子了．兩篇彖傳兩篇象傳和文言傳繫辭傳中解經的話．那一句不是解答為甚麼的問題．做學問不問個為甚麼．還要得嗎．孔子雖不肖．何至如此．

若問孔子怎麼樣能求出這故呢．我說他全是用的歸納法．最緊要的法門．就是繫辭傳說的近取諸身．遠取諸物．怎麼取法呢．彖傳說．萬物睽而其事類也．象傳說．君子以類族辨物．繫辭傳說．方以類聚．物以羣分．又說．以類萬物之情．又說．其稱名也雜而不越．於稽其類．這是說宇宙萬有．雖像是各各隔離．卻總有相同之處．要把各種事物分出類來．研究他的共相．又說．參伍以變．錯綜其數．通其變．遂成天地之文．極其數．遂定天下之象．又說．引而伸之．觸類而長之．這是把各種事物參驗比較．研究他的別相．和他的相互關係．又說．夫易彰往而察來．而微顯闡幽．開而當名．辨物正言．斷辭則備矣．這是經排比參較的結果．纔下正確的斷案．正名主義．算是完成了．焦循說．孔子讀易韋編三絕．都是因爲反覆檢驗比較．所以連牛皮繩都斷了三回．易話這話狠有理致．我們看孔子治易的方法．可以推到做一切學問的方法了．

(四) 繁變與易簡

照上兩段講來．一部易經可謂麻煩極了．六十四卦．就有六十四種象．而且一卦不止一象．例如隨卦有嚮晦入宴息的象又有服牛乘馬引重致遠的象卦象就不止百數．三百八十四爻就有三百八十四種象．而且之來之去之一處便變一個象．相錯又相錯．旁通又旁通．而且聽人神而明之．聽人唯變所適．你想這一鬧不是眞鬧到千頭萬緒沒有結束了嗎．孔子說．

言天下之至賾而不可惡也．言天下之至動而不可亂也．

他說．繁賾是繁賾極了．不必嫌他．變動是變動極了．卻不會亂．爲甚麼不可惡不可亂呢．他說．

易曰．憧憧往來．朋從爾思．子曰．天下何思何慮．天下同歸而殊塗．一致而百慮．天下何思何慮．

然則怎樣纔能同歸纔能一致呢．他跟着說．

日往則月來．月往則日來．日月相推而明生焉．寒往則暑來．暑往則寒來．寒暑相推而歲成焉．往者屈也．來者信同伸也．屈信相感而利生焉．

物象事象雖然至賾至動．其實不外兩種對待的力．一正一負．在那裏往來屈伸相推相感．兩種力是什麼．他的

符號。就是乾坤。乾以易知。坤以簡能。天下再沒有比他更簡易的了。所以說

天下之動貞乎一者也夫乾確然示人易矣夫坤隤然示人簡矣爻也者。效此者也。象也者。像此者也

孔子的意思說許多皮帶。許多輪子在那裏動。其實只是一個總的發動機你看那代表一符號的乾。不是給我一個極易的名相嗎那代表‥符號的坤不是給我們一個極簡的名相嗎。無論甚麼象不過是像他無論甚麼爻。不過是效他。這可以證明殊塗而同歸百慮而一致至賾而不可惡。至動而不可亂了。這便是一以貫之的學問。

咸恆兩卦的彖傳。各有兩句話。文義全同。僅換一字。說道

觀其所感。而天地萬物之情可見矣。
觀其所恆。而天地萬物之情可見矣。

所感。是天地萬物的動相。所恆。是他的靜相。這兩句話極精妙。其實亦只是一闔一闢。一往一來。一屈一伸。與乾坤同一理。咸恆列在下經之首。和上經的乾坤相對。確有精意。

最後的卦是未濟。未濟之前是既濟。這也極有道理。到了既濟六爻的位都定了。動相完全停止。所以講旁通的易理。最忌是變成兩既濟。凡各卦各爻的所之。若有變成兩既濟的徵兆。象傳總說他是其道窮。所以拿未濟放在最後頭。未濟便六爻都大變而特變了。彖傳兩言終則有始。就是此意。

這樣看來。易學也可以叫做數理哲學。孔子的思想。全從詩經有物有則這句話生出來。以爲宇宙事物。都有他本身自然法則。好像數學上一定的式。我們依著這式做去。再不會錯。算式千變萬化。至於無窮。所用的法。不外

加減乘除。所得的數。不外正負。看起來。像是極繁。實際乃是極簡。所以鄭康成說。易字有三個意義。一是變易。二是簡易。三是不易。其實三個意義。也可以說只是一個。

孔子以為用這種易學。可以把宇宙自然法則研究出來。應用到人類的生活。所以用許多話來贊美他。說道

與天地相似。故不違。知周乎萬物而道濟天下。故不過。

範圍天地之化而不過。曲成萬物而不遺。

夫易。聖人所以極深而研幾也。唯深也。故能通天地之志。唯幾也。故能成天下之務。

形而上者謂之道。形而下者謂之器。化而裁之謂之變。推而行之謂之通。舉而措之天下之民謂之事業。

然則易學在世界哲學史上有多少價值呢。我學力不彀。不敢妄下批評。但我對於孔子的易有兩點懷疑。第一。易學的立腳點在因果律。他的價值之大小。和因果律價值之大小成比例。到底因果律的權威是否有這種絕對不可抗力。我們還不敢深信。第二。人類的文化。是否由模倣自然產生出來。——例如是否因看見風行水上纔造舟楫。是否因看見木上動土下止纔造杵臼。這種次序是否倒置。認自然法則為盡美盡善。勸人摹仿他。是否適合於人類進化的功用。我們也不敢深信。我想論易學。應該用這兩點來定他價值。但在二千年前有這種繁變而簡易的頭腦。我們是除了敬服之外。更無別話了。

第五節　孔子之政治論與春秋

（一）　大同與小康

孔子政治上根本觀念。在禮記禮運篇的發端。今全錄其文如下。

昔者仲尼與於賓蜡事畢。出遊於觀之上。喟然而歎……言偃在側曰。君子何歎。孔子曰。大道之行也。與三代之英。丘未之逮也。而有志焉。

大道之行也。天下爲公。選賢與能。講信脩睦。故人不獨親其親。不獨子其子。使老有所歸。壯有所用。幼有所長。鰥寡孤獨廢疾者皆有所養。男有分。女有歸。貨惡其棄於地也。不必藏諸己。力惡其不出於身也。不必爲己。是故謀閉而不興。盜竊亂賊而不作。故外戶而不閉。是謂大同。

今大道既隱。天下爲家。各親其親。各子其子。貨力爲己。大人世及以爲禮。城郭溝池以爲固。禮義以爲紀。以正君臣。以篤父子。以睦兄弟。以和夫婦。以設制度。以立田里。以賢勇知。以功爲己。故謀用是作。而兵由此起。禹湯文武成王周公由此其選也。此六君子者。未有不謹於禮者也。以著其義。以考其信。著有過。刑仁講讓。示民有常。如有不由此者。在勢者去。衆以爲殃、是謂小康。

我們從前心目中的孔子。總以爲他是一位專門講究倫常提倡禮教的人。甚者以爲他是主張三綱專制極端的保守黨。你聽他說禮義以爲紀以正君臣……等等。都是大道既隱的現象。因爲這些。故謀用是作而兵由此起。這不是和老子的大道廢有仁義。失德而後禮。同一見解嗎。因此可知孔子講的倫常禮教。都不過因勢利導補偏救敝之談。並非他的根本主義。

孔子心目中理想的社會。就是頭一段所講的大同。大同社會怎樣呢。天下爲公。選賢與能。自然是絕對的德謨克拉西了。講信脩睦。自然是絕對的平和主義非軍國主義了。大同社會。是要以人爲單位不以家族爲單位的。

所以不獨親其親不獨子其子．兒童是要公育．老弱廢疾是要公養．壯丁卻要人人執一項職業．男女是平等的．男有男的職分．女有女的歸宿．生產是要提倡的．總不使貨棄於地．但私有財產制度是不好的．所以不必藏諸己．勞作是神聖．力不出於身的人最可惡．但勞作的目的是爲公益不是爲私利．所以不必爲己．這幾項便是孔子對於政治上經濟上的根本主義．他本來希望自己握政權．隨便用那一國都可以做個模範國．但始終不得這機會．所以偶然參觀鄉下人年底的燕會．觸動他的平民主義．就發這段感慨．後來作春秋．也許是因這個動機．

大同小康不同之點．第一．小康是階級主義．大同是平等主義．第二．小康是私有主義．大同是互助主義．第三．小康是國家家族主義．大同是世界主義．把禮運兩段比勘．意義甚明．

論語這部書像是有子曾子的門人記的．有子重形式．曾子狠拘謹．所以孔子許多微言大義．沒有記在裏頭．但內中也有一兩處可以與大同主義相發明．如

不患寡而患不均．不患貧而患不安．均無貧．和無寡．安無傾．

董仲舒解這幾句最好．他說．有所積重則所空虛矣．大富則驕．大貧則憂．……（春秋繁露調均篇）經濟論注重分配．怕算孔子最古了．

論語還有一章．和大同主義狠有關係．

顏淵季路侍．子曰．盍各言爾志．子路曰．願車馬衣輕裘．與朋友共敝之而無憾．顏淵曰．願無伐善．無施勞．子路曰．願聞子之志．子曰．老者安之．朋友信之．少者懷之．

子路講的、就是貨惡其棄於地也、不必藏諸己、顏淵講的、就是力惡其不出於身也、不必爲己、孔子講的、就是不獨親其親、不獨子其子、使老有所歸、壯有所用、幼有所長、這都是大同主義、質言之、都是把私有的觀念根本打破、我這解釋、敢信絕非附會、因爲孔門兩位大弟子和老先生言志、當然所講都是最勝義諦、

小康在春秋書中叫做升平、大同叫做太平、要明白這兩種分別、然後春秋可讀、後來儒家兩大師孟子所說、比較的多言大同主義、荀子所說、比較的多言小康主義、這是後世孔學消長一個關鍵、

（二）春秋的性質

要研究春秋、須明白這部書的性質、今將重要的幾點說明、

第一　春秋非史　自漢以後、最通行的誤解、都說春秋是記事的史書、如果春秋是史書、那麼最拙劣誣罔的史家、就莫過於孔子、王安石罵春秋是斷爛朝報、還太恭惟了、例如天王狩于河陽、明明是晉文公傳見周天子、他卻說天子出來行獵、如甲戌己丑陳侯鮑卒、一個人怎會死兩回呢、史家天職在記實事、這樣做法、還能算信史嗎、認春秋是史、是把春秋學也毀了、把史學也毀了、

第二　春秋是孔子改制明義之書　然則春秋到底是一部甚麼書呢、春秋是孔子政治理想借記述史事的形式來現出來、孟子說

王者之迹熄而詩亡、詩亡然後春秋作、晉之乘、楚之檮杌、魯之春秋、一也、其事則齊桓晉文、其文則史；孔子曰、其義則丘竊取之矣、

這是說魯國本來有一部春秋和晉乘楚檮杌一樣。孔子的春秋。表面上的事與文也是和他一樣。至於義。卻是孔子所特有了。義怎麼特有呢。孟子又說

春秋。天子之事也。是故孔子曰知我者其惟春秋乎。罪我者其惟春秋乎。

春秋不過一位學者的著述。爲甚麼說是天子之事。後人讀春秋。知孔子罷了。爲甚麼又會罪孔子呢。因爲春秋是一部含有革命性的政治書。要借他來建設一個孔子的理想國。所以說是天子之事。一位學者做這種事業。已是駭人聽聞。況且其中還有許多非常異義可怪之論。（何休公羊解詁序）所以知我罪我。都由此起。細讀孟子這兩段話。春秋性質。大略可明了。但孔子改制。是普爲後世立法。並不專爲那一朝代。後來漢的春秋家說孔子爲漢制作。雜引緯書中許多矯誣之說。卻非本來的經義。

第三。治春秋當宗公羊傳　現在所稱春秋三傳。謂公羊穀梁左氏。然而漢一代傳者獨有公羊穀梁傳授。已不甚可信。若左傳者其著書之人姓左丘。其書名國語。與春秋無涉。故司馬遷但言左丘失明厥有國語。（報任安書）西漢末諸博士皆言左氏不傳春秋。（劉歆移書讓太常博士）因劉歆欲佐王莽篡漢。惡春秋之義不便於己。乃將分國記事之左傳割裂增竄。變爲編年解經之書。名曰左氏傳。說孔子這部春秋。專據史官舊文。憑各國赴告。自是春秋眞成了斷爛朝報了。所以欲明春秋。惟當以公羊傳爲主。再拿穀梁傳和春秋繁露參證。何休的公羊傳解詁。傳自胡毋生。也多半可信據。

第四。春秋之微言大義傳在口說。司馬遷說。孔子次春秋……制義法。王道備。人事浹。七十子之徒。口受其傳指。（史記十二諸侯年表序）所以治春秋非求他的口說不可。爲甚麼專用口說呢。公羊傳說。定哀之間多微辭。（定元年）董生說。

義不訕上。智不危身。（繁露楚莊王篇）太史公說。為有所刺譏褒諱挹損。不可書見。（十二諸侯年表）據此或因在專制政治之下。有許多非常異義可怪之論。不便寫出來也未可知。但據我看。不專為此。實因當時未有紙墨。專恃刻簡。傳寫不便。故著書務求其簡。老子將許多道理。縮為五千言。也就為此。孔子春秋之義。如此其複雜。全寫出來。倒不便傳授。所以一切意義。都拿字句的體例表示他。春秋口授傳指。想是為此。既已代代口授。難保無漏失。無附增。無誤謬。所以現在的公羊傳。我們不敢說他個個字都是孔子口說。也許有戰國西漢的儒者。把自己意思添入。孔子的微言大義。也不見得都收在裏頭。但除了他。更無可據。只得以他為主。參以孟子董子等書。總可以見春秋學說的大概了。

第五。未修春秋與既脩春秋　莊七年公羊傳云。不脩春秋曰。雨星不及地尺而復。君子脩之曰。星霣如雨。……所謂不修春秋者。就是孟子說的晉之乘。楚之檮杌。魯之春秋。亦即墨子說的周之春秋。鄭之春秋。燕之春秋。宋之春秋。（何氏解詁云不脩春秋謂史記也古者謂史記為春秋）孔子作春秋。是拿魯史原本來脩改一編。所脩改之處。微言大義。便寄記在裏頭。作傳的人。還及見魯史原本。故引來作證。現在原文是沒有了。但據傳及解詁。還可推測一二。例如第一條。

元年春王正月。

不脩春秋疑當作。

一年春一月公即位。

何以見得呢。據傳發問元年者何……。解詁說明變一為元者。……知魯史本作一年。孔子脩之。將一字變為元字．表示甚麼意思呢．解詁說明王者當繼天奉元養成萬物、表以天道節制君權的意思．據傳發問．曷爲先言王而後言正月．……知魯史本無王字．孔子加入加入表什麼意思呢．解詁說．春秋託新王受命於魯．春秋是孔子理想國的制度．標一王字明新王之義．據傳發問．何言乎王正月．……知魯史作一月．孔子修一爲正．又是甚麼意思呢．傳說．大一統也．解詁說．政敎之始．因爲孔子常說政者正也．一年中初施政敎．那個月．改他做正月．據傳發問．公何以不言卽位．……知魯史本有公卽位三字．孔子刪去．刪去甚麼意思呢．傳說．成公意也．因魯隱公讓國．君子成人之美．故從其意不書卽位．就這一條推勘．孔子修春秋怎麼修法．修了何以能寄託微言大義．口說何以如此重要．都可以略見了．

（三）春秋與正名主義

春秋既專用字句體例來表示義法．所以用字最謹嚴．第一步講的就是正名主義．董子的春秋繁露有深察名號篇．專發明此理．他說

　春秋辨物之理．以正其名．名物如其眞．不失秋毫之末．故名霣石．則後其五．言退鷁．則先其六．聖人之謹於正名如此．君子於其言．無所苟而已矣．

所舉石鷁的例證．見於春秋僖十六年．

　經文．春王正月戊申朔隕石於宋五．是月．六鷁退飛．過宋都．

　傳文．　曷爲先言霣而後言石．霣石記聞．聞其磌然．視之則石．察之則五．……曷爲先言六而後言鷁．六鷁退

飛。見也。視之則六。察之則鷁。徐而察之則退飛。

觀此可知春秋用字異常謹嚴。不惟字不亂下。乃至排字成句。先後位置。都極斟酌。將此條與前文所舉星霣如雨條合觀。可知所謂名物如其眞。確費苦心。

春秋正名之義。全書皆是。今更舉個顯著的例。

經文。　桓公二年。夏四月。取郜大鼎于宋。

傳文。　此取之宋。其謂之郜鼎何。器從名。地從主人。器何以從名。地何以從主人。器之與人。非有即爾。至乎地之與人則不然。俄而可以爲其有矣。然則爲取可以爲其有乎。曰否。……

這一段說器物的名和地名性質不同。故記載當各有格式。與荀子正名篇所說名的品類。互相發明。都是論理學的重要基礎。又說。取不可以爲其有。是借動詞應用的法則。表明所有權正確不正確的觀念。凡讀春秋。皆須如此。

春秋將種種名字詳細剖析。而且規定他應用的法則。令人察名可以求義。就名詞論。如時月日之或記或不記。或記春夏秋冬等或否月日仿此　如或稱名。或稱字。或稱爵位。或否。或稱國。或稱人。就動詞論。如兩君相見通稱曰會。春秋分出會、盟、遇、來、如等名。盟之中又有殊盟莅盟尋盟。胥命等名。會之中又有殊會離會等名。皆將一名內容外包之大小。剖析精嚴。又如同一返國得立之諸侯。而有入、納、立、隱四年解詁立納入皆爲篡莊六年解詁國人立之曰立他國立之曰納從外曰入歸、復歸、復入。桓十五年傳復歸者出惡歸無惡復入者出無惡入有惡入者出入惡歸者出入無惡　種種異辭。乃至介詞連詞之屬。如及。桓二年傳及者何累也隱元年傳何以不言及仲子仲子微也　如以桓十四年傳以者何行其意也　如遂年傳遂者何生事也　如乃。年傳乃者何難之也　凡各種詞。用之都有義例。這就是春秋嚴格的正名主義。」

欲知正名主義的應用．最好將春秋所記各事分類研究．今舉弑君爲例．

例一 隱四年三月戊申 衞州吁弑其君完．

例二 隱四年九月 衞人殺州吁于濮．

例三 隱十一年冬十有一月壬辰 公薨．桓元年春正月 公卽位．

例四 桓二年春王正月戊申 宋督弑其君與夷及其大夫孔父．

例五 文元年十月丁未 楚世子商臣弑其君髡．

例六 僖九年冬 晉里克弑其君之子奚齊．十年秋 晉里克弑其君卓及其大夫荀息．

例七 文十六年 宋人弑其君處臼．

例八 文十八年冬 莒弑其君庶其．

例九 宣二年秋九月乙丑 晉趙盾弑其君夷獋．

例十 成十八年春王正月戊申 晉弑其君州蒲．

例十一 襄二十九年 閽弑吳子餘祭．

例十二 昭十三年 楚公子比自晉歸于楚．弑其君虔于乾谿．楚公子棄疾弑公子比．

例十三 昭十九年夏五月 許世子止弑其君買．冬 葬許悼公．

例十四 哀四年三月 盜殺蔡侯申．冬十有二月 葬蔡昭公．

右所舉十四例．就主詞 Subject 方面研究．凡殺君之賊書其名．以明罪有所歸．這是原則．如例一以下例四例五例六例九例十二例十三。皆同。但其中卻有分別。如例五之楚世子商臣加世子兩字。以見不惟弒君。且是殺父。更罪大惡極了。例十三之許世子止表面與例五全同。但內中情節不同。世子止是進藥誤殺。自己痛心認爲弒君。春秋許他認罪。然則怎樣能表出他和商臣不同呢。下文有葬許悼公一條。春秋之例。君弒。賊不討。不書葬。爲其無臣子也。（隱十一年傳文）今書葬。便見止之罪可從末減了。（傳云曰許世子止弒其君買是君子之聽止也葬許悼公是君子之赦止也）這是許人懺悔的意思。例九雖與例一同式。但弒君的人是趙穿不是趙盾。因爲盾力能討賊而不討。故把罪名加他。例十二之楚公子比。亦像與世子商臣同式。但情節又不同。這回弒君的實是棄疾。不是比。爲甚麼書比呢。因爲棄疾立比。虔便自殺。故把罪名加於比。這都是說弒君的人罪有應得。及之有弒君的人無主名的。是認被弒之君罪有應得。其例有三。（一）稱人以弒。如例二例七。說有些人弒他。這些人並非有罪。如例二的衞人。便是石碏主謀。碏是有功無罪。所以傳引公羊子曰。稱人者何。討賊之辭也。可見凡稱人的。都含有討賊意味。（二）稱國以弒。如例九例十一。文十八年傳。稱國以弒者。衆弒君之辭解詁。一人弒君。國中人人盡喜。故舉國以明失衆當坐絕也。（成十八年）（解詁義略同）這明是說暴君該死。弒他是國民公意了。（三）稱閽或稱盜以弒。如例十一例十四。被弒的雖未必得罪國民。然狎近小人。亦屬咎由自取。稱人稱國。皆明弒者無罪。被弒者反有罪。稱閽稱盜。明弒者罪不足責。而被弒者亦與有罪。還有例十二之主詞。亦表示被弒者有罪。言公子比歸于楚。春秋之例。歸無惡。（見上）所以加這一句。便反證楚靈王虔之該弒了。參合以上各條的義例。有一半是正弒君的罪名。使亂臣賊子懼。有一半是正被弒之人的罪名。使暴君凶父懼。眞算得非常異義可怪之論了。可見孔子並不主張片面倫理。後人說君雖不君。臣不可以不臣。這些話決非孔子之意。

更就賓詞Object方面研究。被弒者稱其君某。這是通例。但亦有分別。如例六書弒其君之子奚齊。因其未踰年未卽位。未成乎爲君。如例十一書楚公子棄疾弒公子比。明是兩公子相殺。因棄疾脅比立之。已認爲君。故加以弒名。如例四例六皆連書及其大夫。所以表章死難之臣。如例二書衞人殺州吁。明衞人並未認州吁爲君。故不言弒而言殺。如例十一之吳子餘祭。例十四之蔡侯申。皆不稱其君。見被弒者與弒者並非有君臣之分。如例二書于濮。例十二書于乾谿。明其在國外。凡此皆因一二字之異同。定案情之差別。都是正名主義的作用。

春秋有一件最奇怪的事。凡魯國篡弒之禍。他都不肯直書。但明白他的義例。推勘起來。案情依然分明。例如隱公爲桓公所弒。據例二所舉。在隱十一年書公薨二字。在桓元年書公卽位三字。表面上一點看不出來。但須知春秋有兩個例。一是君弒賊不討不書葬。一是繼弒君不言卽位。別的公薨之後。都有葬我君某公一條。隱公底下沒有。就知道他一定被弒。而且是賊不討了。繼弒君本不該卽位。桓公自行卽位。春秋直書他。可見弒君的賊就是他了。（繁露玉英篇云桓之志無王故不書王其志欲立故書卽位書卽位者言其弒君兄也）像這些在經文上是狠簡單。都靠口受其指的傳來說明。只要參伍錯綜研究一番。大義還是炳然。

以上所舉。專論弒君一例。（還未詳盡）其實全部春秋。都該如此讀法。董仲舒曰。春秋愼辭。謹於名倫等物者也。（繁露精華篇）又曰。春秋無通辭。從變而移。（竹林篇）又曰。是故爲春秋者。得一端而多連之。見一空而博貫之。（精華篇）又曰。論春秋者合而通之。緣而求之。五其比。（五卽參伍錯綜之伍）偶其類。覽其緒。屠其贅。（玉杯篇）又曰。貫比而論是非。（玉杯篇）所謂愼辭。卽是正名。名指單字。當論理學上所謂詞。Term 辭指連屬成句。當論理學上所謂命題。Proposition 春秋的辭和易的辭。性質狠有點相同。都是用極嚴正極複雜的論理學組織出來。必要知孔子論理學的應用。纔能讀這兩部書。

(四) 春秋之微言大義

司馬遷說。春秋文成數萬。其指數千。(史記太史公自序)若要把他一一羅列。非別成專書不可。但其中大半是爲當時社會補偏救敝。在今日已無研究之必要。今僅剌取數條以見其概。

第一張三世　春秋二百四十年。歷十二公。分爲三世。隱桓莊閔僖五公。名據亂世。內其國而外諸夏。文宣成襄四公名升平世。內諸夏而外夷狄。昭定哀三公名太平世。天下遠近大小若一。夷狄進至于爵(隱元年解詁)升平世當禮運之小康。太平世禮運之大同。但禮運大同。懸想古代大道之行。小康乃指後世大道既隱。像是希圖復古。春秋則由據亂而升平而太平。純是進化的軌道。孔子蓋深信人類。若肯努力。世運必日日向上。所以拿春秋作個影子。太平世的微言。可惜傳中所存甚少。內中最顯明的。就是拋棄褊狹的國家主義種族主義。專提倡世界主義。這確是對於當時封建制度一種革命思想。

第二以元統天。以天正君。　春秋發端之元年春王正月。謂之五始。繁露說。春秋變一謂之元。元猶原也。元爲萬物之本。乃在乎天地之前。(重政篇)又說。以元之深正天之端。以天之端正王之政。(二端篇隱元年解詁同)這個元字就是易傳大哉乾元萬物資始乃統天的元字。就是無方無體之易。就是自然法。天是指自然界的現象。以元統天。是說自然法支配自然現象。以天正君者。謂人君當察自然現象之變遷。以求合於自然法。原來古代迷信思想甚多。以爲自然界的災變。都與人事有關。孔子是否仍有這種迷信。不敢斷定。但他以爲利用這種觀念。叫時主有所忌憚。也是一種救濟良法。所以全部春秋。記災異甚多。都含有警告人的意味。這種用意本甚好。但後來漢儒附會太過便成妖誣了。

第三重人　子夏說春秋重人。諸譏皆本此。（繁露俞序篇引）這句話可謂得春秋綱領。春秋對於當時天子諸侯大夫。凡有勞民傷民多取予之事。一一譏刺。無假借。（傳及繁露引證極多不具列）不外欲裁抑強有力者之私欲。擁護多數人之幸福。對於違反民意之君主。概予誅絕。如前所舉弒君諸條是其明證。僖十九年書梁亡。傳云自亡也。其自亡奈何。魚爛而亡也。解詁云明百姓得去之君當絕者。據春秋例滅國罪極重。梁本為秦所滅。乃春秋不著秦滅國之罪。而言梁自亡。是專明違反民意的暴君理宜滅絕。隱四年書衛人立晉。傳云孰立之。石碏立之。石碏立之則其稱人何。衆之所欲立也。凡此之類。皆表絕對尊重民意之義。

第四無義戰　孟子說春秋無義戰。董仲舒說春秋重民。……是故戰攻侵伐雖數百起。必一二書。傷其害所重也。……會同之事。大者主小。戰伐之事。後者主先。……使起之者居下。是其惡戰伐之辭。（繁露竹林篇）可見春秋是絕對主張平和之義。和墨子非攻之旨正同。

第五譏世卿　春秋全書大精神。在反對當時貴族政治。所以世襲執政的制度。認為最不好。隱三年書尹氏卒。宣十年書齊崔氏出奔衛。就字面讀去很像不通。為甚麼不書尹某崔某。難道姓尹的同一日都死絕嗎。難道姓崔的都跑完嗎。兩處的傳都說。其稱尹崔氏何。貶。曷為貶。譏世卿。（昭三十一年傳大夫之義不得世亦同此意）所以昭二十三年書尹氏立王子朝。是說明後一百多年亂國的尹氏。與前一百多年死的尹氏。是同一族人。若從前死了不世襲。何至有後來之禍呢。（襄二十五年齊崔杼弒其君光與前文崔氏出奔相應）這就是春秋微言大義。此外大夫無遂事。（桓八年莊十九年僖三十年襄二年十二年傳文）譏父老子代從政（桓五年九年傳文）都是這個意思。

第六貴讓　禮運說爭奪相殺。謂之人患。孔子以爲一切禍害都起於爭奪。所以最獎厲讓德。春秋記讓國之人有八（一）魯隱公（二）（三）宋宣公繆公（四）宋公子目夷（五）衞叔武（六）曹公子喜時（七）吳季札（八）邾叔術文中都備極獎厲雖有別的罪惡都爲之諱意思是拿來和當時篡弒之禍做反對的比照是一種救世苦心。

第七惡詐　詐是詐僞。孔子所最惡。文三年襄十四年二十六年哀六年十三年。傳文皆特別發明此義。例如戰爭本已是罪惡。詐戰則罪惡尤重。繁露說春秋惡詐擊而善偏戰。（偏戰謂約日定地各居一面鳴鼓而戰不相詐見解詁）又說春秋之於偏戰也。比之詐戰則謂之義。比之不戰則謂之不義。（俱竹林篇孟子所謂彼善於此即指偏戰）所以兵家兵不厭詐之說。儒家是極反對的。用兵尚且如此。其他可知。

第八重志　繁露說春秋之論事。莫重於志。（玉杯篇）志是指行爲的動機。孔子最重動機。拿來做善惡最高標準。所以論語說苟志於仁矣無惡也。春秋傳中有許多成其志如其志等文。後世所謂誅心之論。就指此類。（多不具引）這是鞭辟近裏的意思。原來是極要的。但專論動機。不問成績的好壞。也是不對。所以春秋有些地方特別矯正。例如宋宣公讓國給兄弟繆公。繆公又讓還給姪兒與夷。兩位的志自然都是極好。但因此釀起爭端。繆公的兒子馮到底弒了與夷。結果是不好了。春秋雖然嘉許宣繆之讓。卻說宋之禍宣公爲之也。（隱三年）可見孔子論善惡。原不專偏於動機一面。

以上八條。不過我個人認爲重要的。隨手舉來。此外春秋的大義。不下百條。限於篇幅。恕不多述。就一方面看。春秋不算得孔子的法典。所以漢轅固生在竇太后前毀老子書。太后翻臉罵他。說安得司空城旦書乎。（司空城旦漢刑律名）

但孔子本是主張禮治主義的人．說春秋全是法典性質．也有點不對．

董仲舒說春秋有十指前三指最爲握要．他說舉事變見有重焉．一指也．見事變之所至者．二指也．因其所以至者而治之．三指也．（繁露十指篇）事變之所至是結果．所以至者是原因．既知原因．想方法對治他．以求免於惡結果．便是作春秋的本意．

第六節　結論

（一）時中的孔子

孔子說．中庸其至矣夫．民鮮能久矣．（論語）又說．君子之中庸也．君子而時中．（禮記中庸）時中兩個字．確是孔子學術的特色．

中是就空間言．不偏走於兩極端．常常取折衷的態度．加上一個庸字．是歸於適用的意思．孔子贊美大舜說．執其兩端．用其中於民．（禮記中庸）這兩句是中庸最好的注脚．又說．我叩其兩端而竭焉．（論語）是說從兩極端推尋出眞理．又說．攻乎異端．斯害也已．（論語）異端卽兩端．攻卽詩經可以攻玉之攻．是修治的意思．已止也．孔子的意思說．凡兩極端所主張．都含有一面眞理．但都各有各毛病．若像攻玉的樣子來修治他一番．他的毛病就去掉了．孔子一切學說．都含有這種精神．

例如楊朱的爲我．極端的主張自己本位說．墨子的兼愛．極端的主張犧牲自己．專務利他．孔子的人格說主張相人偶的仁。用恕的方格從兩端推驗出來。所以己欲立而立人己欲達而達人。這便是執楊墨兩端求得中庸。又如道家說法令滋彰盜賊多有極端的反對法治。法家說以法治國國之福。不以法治國國之賊。極端的崇拜法治孔子卻從中間尋出個禮治主義來。又說出於禮者入於刑。他的春秋。便一半含有禮制的性質。一半含有法律的性質。這便是執道法兩端求得中庸。又如老子說其鬼不神。墨子說明鬼。孔子卻說個體物不遺如在其左右的鬼神之德。說鬼神有主觀的存在。沒有客觀的存在。這又是執老墨兩端求得的中庸。又如老子極端的主張絕欲。慎到鬧到非生人之行而至死人之理。陳仲子鬧到必蚓而後可。楊朱和他相反。極端的主張樂生逸身。孔子講的禮。卻是因人之情而爲之節文。飲食男女的情欲是應該尊重的。但須加以品節。所以他自己一面是食不厭精。膾不厭細。一面是飯蔬食飲水曲肱而枕之。樂亦在中。這又是執老楊的兩端求得的中庸。又如棘子成反對當時文勝的流弊。說君子質而已矣。何以文爲。本也含一面眞理。孔子嫌他太偏了。說出個文質彬彬然後君子。或人問以德報怨何如。要矯正人類谿刻計較的惡性。本也甚好。孔子因爲如此便行不通。說出個以直報怨以德報德。這都是折衷適用的意思。所以叫做中庸。以上所說。不過隨手舉幾個例。其實孔子學說的全部。都是如此。

孔子主張這種中庸主義。有甚麼根據呢。中庸說。

萬物並育而不相害。道並行而不相悖。

易繫辭傳說。

天下同歸而殊塗。一致而百慮。

孔子是最崇信自然法的人。他以爲自然法的好處。因爲自然界本身有自然的調和力。所以能至賾而不可惡。至動而不可亂。因爲有調和力。所以不妨並育並行。而且非並育並行顯不出調和力來。因爲有調和力所以能同歸一致。卻是非殊塗百慮。那調和力便無所依據。孔子學說的主腳點。在效法自然。中庸是效法他調和的結果。並育並行。是供給調和的資料。

孔子主張調和。不主張排斥。因爲他立在中間。看見那兩極端所說。都含有一面眞理。所以不肯排斥他。墨子便不然。他立在這一個極端。認爲眞理。覺得那一個極端是眞理的反面。非排斥不可。所以他的書中。非甚麼非甚麼的篇名。有許多出來。孔子是最尊重思想自由的人。他的書裏頭。從沒有一句排除異己的話。（有人說孔子殺少正卯豈不是殺壓制思想自由我說這件事決不是事實史記孔子世家雖然有誅亂政大夫少正卯八個字但史記有許多後人竄入的話本來不可盡信就是太史公選擇材料也非字字精審再讓一步說史記這八個字靠得住也許是殺了一個凶虐不奉職的人至於說他的罪名是其居處足以聚徒成黨其談說足以飾褎熒衆其強禦足以反是獨立這是出晉王肅僞撰的孔子家語斷斷信不得的我想孔子是主張禮治主義的人像法家的殺人立威他是根本反對的後來僞書最喜歡講齊太公誅華士子產殺鄧析孔子殺少正卯三事三個被殺的人罪名都是一樣太公子產孔子異時異地不謀而合做了三篇印板文章天下那有這情理所以我要替他三位辨寃）後來儒家兩位大師。孟子距楊墨。荀子非十二子。雖說是不得已。已經失卻孔子精神了。至於李斯教秦始皇別黑白而定一尊。董仲舒教漢武帝表章六藝罷黜百家。更是和孔子精神相反。因爲這種做法。便是極端不是中庸了。

中國爲甚麼能產生這種大規模的中庸學說呢。我想地勢氣候人種。都有關係。因爲我們的文明。是發育在大平原上頭。平原是沒有甚麼險峻恢詭的形狀。沒有極端的深刻。也沒有極端的疏宕。沒有極端的憂鬱。也沒有極端的暢放。這塊大平原。位置在溫帶。氣候四時具備。常常變遷。卻變遷得不甚激烈。所以對於自然界的調和性看得最親切。而且感覺他的善美。人類生在這種地方。調和性本已應該發達。再加以中華民族。是由許多民族醇化而成。若各執極端。醇化事業便要失敗。所以多年以來。調和性久已孕育。孔子的中庸主義。可以說都是這種環境的產物。

和孔子相先後的哲學家。恁麼多。爲甚麼二千年來的中國。幾乎全被孔學占領呢。世主的特別提倡。固然是一種原因。但學說的興廢。斷不是有權勢的人能彀完全支配。一定和民族性的契合反撥。有一種針芥相投的關係。我們這平原民族。溫帶民族。生來就富於調和性。凡極端的事物。多數人總不甚歡迎。所以極端的思想雖或因一時有人提倡主持。像狠興盛。過些時候。稍爲鬆勁。又反到中庸了。孔子學說和這種民族特性最相契合。所以能多年做思想界的主腦。就是爲此。

然則中庸主義是好呀。還是壞呢。我說兩面都有。好處在他的容量大。從沒有絕對排斥的事物。若領略得他的眞意義。眞可以做到魚相忘於江湖。人相忘於道術。所以中國人爭教流血的笑話。始終沒有鬧過。佛教基督教和各種學術從外國輸入。我們都能容納。中庸主義若從這方面發展出去。便是平等自由的素質了。壞處在容易沒卻個性。凡兩種事物調和。一定各各把他原有的性質。繩削了一部分去。這就是把他個性損壞了。專重調和的結果。一定把社會事務。輪廓弄得囫圇不分明。流弊所極。可以把社會上千千萬萬人。都像一個模型裏鑄出來。社會變成死的。不是活的了。我想孔子時代的中庸主義。還沒有多大毛病。越久了。毛病越顯著。後來中庸主義和非中庸主義。卻成了對峙的兩極端。中庸這個名詞。已經變質了。依著老子說。一生二二生三的道理。甲與非甲兩極端。生出個第三者的乙來。叫做中庸。此後怕是乙與非乙兩極端。再生出個第三者的丙來。叫做新中庸罷。

孔子的中庸。還含有時間性。所以說時中。易傳說。隨時之義大矣哉。又說。與時偕行。全部易經。說時字的幾於無卦不有。春秋的三世。也是把時的關係。看的最重。因爲孔子所建設的是流動哲學。那基礎是擺在社會的動相上頭。自然是移步換形。刻刻不同了。時中就是從前際後際的兩端。求出個中來適用。孔子因把逝者如斯的現象看得眞切。所以對於時的觀念。最爲明瞭。生乎今之世反古之道。是他所反對的。雖百世可知。卻是要有所損益。簡單說。孔子許多話。都像演電影似的截頭截尾。就教你在白布上顫動的那一段落來注意。若不懂得時間的意味。便覺他有許多話奇怪了。孟子上他個徽號。說是。聖之時。眞是不錯。孔子中的觀念。容或還有流弊。這時的觀念。卻是好極了。我們能受他與時偕行的教訓。總不要落在時代的後頭。那麼非惟能順應。而且能向上了。

（二）孔子之人格

我屢說孔學專在養成人格。凡講人格教育的人。最要緊是以身作則。然後感化力纔大。所以我們要研究孔子的人格。

孔子的人格。在平淡無奇中現出他的偉大。其不可及處在此。其可學處亦在此。前節曾講過。孔子出身甚微。史記說孔子貧且賤。他自己亦說吾少也賤。孟子說孔子爲委吏乘田皆爲貧而仕以一個異國流寓之人。而且少孤。幼年的窮苦可想。所以孔子的境遇。狠像現今的苦學生。絕無倚靠。絕無師承。全恃自己鍛鍊自己。漸漸鍛成這麼偉大的人格。我們讀釋迦基督墨子諸聖哲的傳記。固然敬仰他的爲人。但總覺得有許多地方。是我們萬萬學不到的。惟有

孔子他一生所言所行都是人類生活範圍內極親切有味的庸言庸行只要努力學他人人都學得到孔子之所以為大就在此

近世心理學家說人性分智(理智)情(情感)意(意志)三方面倫理學家說人類的良心不外由這三方面發動但各人各有所偏三者調和極難我說孔子是把這三件調和得非常圓滿而且他的調和方法確是可模可範孔子說知仁勇三者天下之達德又說知者不惑仁者不憂勇者不懼知就是理智的作用仁就是情感的作用勇就是意志的作用我們試從這三方面分頭觀察孔子

(甲)孔子之知的生活　孔子是個理智極發達的人無待喋喋觀前文所臚列的學說便知梗概但他的理智全是從下學上達得來試讀論語吾十有五一章逐漸進步的段階歷歷可見他說我非生而知之者好古敏以求之者也又說十室之邑必有忠信如丘者焉不如丘之好學也可見孔子並不是有高不可攀的聰明智慧他的資質原只是和我們一樣他的學問卻全由勤苦積累得來他又說君子食無求飽居無求安敏於事而慎於言就有道而正焉可謂好學也已矣解釋好學的意義是不貪安逸少講閑話多做實事常常向先輩請教這都是最結實的為學方法他遇有可以增長學問的機會從不肯放過郯子來朝便向他問官制在齊國遇見師襄便向他學琴入到太廟便每事問那一種遇事留心的精神可以想見他說學如不及猶恐失之又說學之不講是吾憂也可見他直是以學問為性命終身不肯拋棄他見老子時太約五十歲了各書記他們許多問答的話雖不可盡信但他虛受的熱忱真是少有了他晚年讀易韋編三絕還恨不得多活幾年好加功研究他的春秋就是臨終那一兩年纔著成這些事績隨便舉一兩件都可以鼓厲後人向學的勇氣像我們在學堂畢業就說

我學問完成。比起孔子來。眞要愧死了。他自已說。其爲人也發憤忘食。樂以忘憂。不知老之將至云爾。可見他從十五歲到七十三歲。無時無刻不在學問之中。他在理智方面能發達到這般圓滿。全是爲此。

(乙)孔子之情的生活　凡理智發達的人。頭腦總是冷靜的。往往對於世事作一種冷酷無情的待遇。而且這一類人生活都會單調性。凡事缺乏趣味。孔子卻不然。他是個最富於同情心的人。而且情感狠易觸動。子食於有喪者之側。未嘗飽也。子見齊衰者。雖狎必變。凶服必式之。可見他對於人之死亡。無論識與不識。皆起惻隱。有時還像神經過敏。朋友死。無所歸。子曰。於我殯。孔子之衞。遇舊館人之喪。入而哭之。一哀而出涕。顏淵死。子哭之慟。這些地方。都可證明孔子是一位多血多淚的人。孔子旣如此一往情深。所以哀民生之多艱。日日盡心。欲圖救濟。當時厭世主義盛時。論語所載避地避世的人。狠不少。那長沮說。滔滔者天下皆是也。而誰與易之。孔子卻說。鳥獸不可與同羣。吾非斯人之徒與而誰與。天下有道。丘不與易也。可見孔子栖栖皇皇。不但是爲義務觀念所驅。實從人類相互間情感發生出熱力來。那晨門雖和孔子不同道。他說。是知其不可而爲之者。與實能傳出孔子心事。像論語所記。那一班隱者。理智方面都狠透亮。只是情感的發達。不及孔子。像屈原一流情感又過度發達了孔子對於美的情感極旺盛。他論韶武兩種樂。就拿盡美和盡善對舉。一部易傳。說美的地方甚多。如乾之以美利利天下如坤之美在其中他是常常玩領自然之美。從這裏頭得著人生的趣味。所以他說。天何言哉。四時行焉。百物生焉。天何言哉。說知者樂水。仁而樂山。前節講的孔子贊易。全是效法自然。就是這個意思。曾點言志說。浴乎沂。風乎舞雩。詠而歸。孔子喟然歎曰。吾與點也。爲甚麼歎美曾點。爲他的美感能喚起人趣味生活。孔子這種趣味生活。看他篤嗜音樂。最能證明。在齊聞韶。鬧到三月不知肉味。他老先生不是成了戲迷嗎。子於是日哭。則不歌。可見他除了有特別哀痛時，每日總是曲子不離口了，子與人歌而善，必使反之而後和之，可見他最愛與人同樂。孔子因為認趣味為人生要件，所以說，不亦說乎，不亦樂乎，說樂以忘憂，說知之者不如好之者，好之者不如樂之者，一個樂字，就是他老先生自得的學問。我們從前以為他是一位乾燥無味方嚴可憚的道學先生，誰知不然，他最喜歡帶著學生遊泰山遊舞雩，有時還和學生開玩笑呢……夫子莞爾而笑……前言戲之耳論語說子溫而厲，威而不猛，恭而安，正是表現他的情操恰到好處。

（丙）孔子之意的生活　凡情感發達的人，意志最易為情感所牽，不能強立。孔子卻不然，他是個意志最堅定強毅的人。齊魯夾谷之會，齊人想用兵力刼制魯侯，說孔丘知禮而無勇，以為必可以得志。誰知孔子拿出他那不畏強禦的本事，把許多伏兵都嚇退了。又如他反對貴族政治，實行墮三都的政策，非天下之大勇，安能如此。他的言論中說志說剛說勇說強的最多。如三軍可奪帥也，匹夫不可奪志也，這是教人抵抗力要強，主意一定，總不為外界所搖奪。如君子和而不流，強哉矯，中立而不倚，強哉矯，國有道，不變塞焉，強哉矯，國無道，至死不變，強哉矯，都是表示這種精神。又說志士仁人，無求生以害仁，有殺身以成仁，又說志士不忘在溝壑，勇士不忘喪其元，教人以獻身的觀念為一種主義或一種義務，常須存以身殉之之心。所以他說仁者必有勇，又說見義不為無勇也，可見講仁講義，都須有勇纔成就了。孔子在短期的政治生活中，已經十分表示他的勇氣。他晚年講學著書，越發表現這種精神，他自己說學而不厭，誨人不倦，這兩句語看似尋常，其實不厭不倦是極難的事。意志力稍為薄弱一點的人，一時鼓起興味做一件事，過些時便厭倦了。孔子既已認定學問教育是他的責任，一直到臨死那一天，絲毫不肯鬆勁，不厭不倦這兩句話，真當之無愧了。他贊易，在第一個乾卦說天行健，君子以自強不息。自強是表意志力。不息是表這力的繼續性。

以上從知情意卽知仁勇三方面分析合綜觀察孔子。試把中外古人別的偉人哲人來比較。覺得別人或者一方面發達的程度過於孔子。至於三方面同時發達到如此調和圓滿。直是未有其比。尤爲難得的是他發達的逕路。狠平易近人。無論甚麼人都可以學步。所以孔子的人格。無論在何時何地。都可以做人類的模範。我們和他同國。做他後學。若不能受他這點精神的感化。眞是自由己辜負自己了。

（三）　孔門弟子及後學

孔子雖如此偉大。他門弟子中卻沒有狠出類拔萃的人物。或者爲孔子所掩。也未可知。顏淵子路兩位。想是很了不得。但可惜都早死了。有若年齒最尊。算是孔門長老。子夏子游子張都佩服他。曾子卻不敢苟同。大概孔子卒後。孔門或分有曾兩派。曾子注重內省之學。傳授子思。大學中庸兩篇。就是這一派學說的精華。後來開出孟子。有子之學。像是重形式。言動都似聖人。子夏子游子張和他同調。都注重外觀的禮樂。一部禮記多半是這一派的記述。後來荀子。和這一派的淵源。像有點接近。但這不過我個人的推測。據荀子非十二子篇。罵子思孟軻那一段有兩句話說。以爲仲尼子游爲茲厚於後世。像思軻之學。和子游有點淵源。或者禮運的大同由子游展轉傳到孟子也未可定。非十二子篇又有仲尼子弓是也一句。荀子如此推尊子弓。把他和仲尼並稱。或者荀學和仲弓有點淵源。也未可知。

據非十二子篇。知荀子時儒家派別。有子張氏之儒。子夏氏之儒。子游氏之儒。並子思孟軻。共爲四派。荀子立於此四派之外，共爲五派。據韓非子顯學篇說，儒分爲八，有子張之儒，有子思之儒，有顏氏之儒，有孟氏之儒，有漆雕氏之儒，有仲良氏之儒，有孫氏之儒，（即荀卿）有樂正氏之儒。想以上各家都各有他的特色，終分出派別來。可惜內中有幾派學說全然失傳。顏氏之儒，想是宗法顏回。如今一無可考了。漆雕氏之儒，是漆雕開傳下來。論語記子使漆雕開仕，對曰，吾斯之未能信。可見這人狠有點倔強，不願做官。顯學篇說漆雕氏一派，不色撓，不目逃，行曲則違於臧獲，行直則怒於諸侯。他純從意志剛強方面效法孔子，成爲孔門的武俠派。或者孟子書中的北宮黝孟施舍，都是這一派，也未可知。漢書藝文志有漆雕子十三篇，可惜佚去了。子張在孔門中氣象最爲闊大，曾子子夏子游都不甚以他爲然。（子游曰，吾友張也，爲難能也，然而未仁。曾子曰，堂堂乎張也，難與並爲仁矣。）所以他自成一派。子游南敎於吳楚，或者南方儒學，多出其傳。樂正氏即樂正子春，與子思同出曾子。子思廣大精微，樂正卻極其拘謹，下堂而傷其足，三月不出，猶有憂色。（禮記檀弓）確是曾子戰戰兢兢臨深履薄的意思。所以和思孟分馳。仲良氏不見他書。據孟子書楚國有位陳良，北學於中國，北方之學者，未能或之先。不知是他不是。

要之，以上兩書所舉儒家十派，（除去重複）除後起的孟子荀卿有專書可考外，其餘大半失傳。（漢書藝文志有子思二十三篇，今僅存中庸一篇）但揣想當時最有勢力，且影響於後來最大的，莫如子夏一派。子夏最老壽，算起來當在百零六歲以上。門弟子自然衆多，而且當時中原第一個強國的君主魏文侯，受業其門，極力提倡，自然更得勢了。後來漢儒所傳六經，大半遡源子夏。雖不可盡信，要當流傳有緒。所以漢以後的儒學，簡直可稱爲子夏氏之儒了。

子夏在孔門，算是規模最狹的人。孔子生時，已曾警戒他道，女爲君子儒，無爲小人儒。他自己尚且器量狠小。門弟子更不消說了。所以當時同學就狠不滿意。子游說子夏之門人小子，當洒埽應對進退，則可矣，抑末也，本之則亡如之何。他論交友。主張可者與之。其不可者拒之。他的門人述以問子張。子張就說孔子不如此說。是應該尊賢而容衆。嘉善而矜不能。看這幾段子夏學問的價值和教育的方法。可以推見了。荀子說正其衣冠齊其顏色。嗛然而終日不言。是子夏氏之賤儒。（非十二子篇）把子夏門下那班人迂闊拘謹專講形式的毛病。可謂形容盡致。孔門各派都中絕。惟此派獨盛。眞算孔子大大的不幸。怪不得墨子看不上這些陋儒。要起革命軍了。

世界偉人傳第一編

孔子

此爲任公先生舊作世界偉人傳第一編「孔子」之殘稿附錄於此

第一章　發端

人日覆幬於天，而不知天之高也。日持載於地，而不知地之厚也。日孕育於聖人，而不知聖人之大也。自我神州赤縣，乃至西盡流沙，北極窮髮，東訖扶桑日出之邦，南暨椎結鴃舌之域，二千年間所自產者，何一不受賜於孔子。其有學問，孔子之學問也。其有倫理，孔子之倫理也。其有政治，孔子之政治也。其人才皆由得孔子之一體以興。其歷史皆演孔子之一節以成。苟無孔子，則中國當非復二千年來之中國。中國非復二千年來之中國，則世界亦非二千年來之世界也。若是乎孔子與吾儕之繫屬如此其深且切也。則吾儕其不可以不知孔子，抑吾儕宜久已習知孔子。雖然，自孔子沒後二千餘年，以訖今日，而知孔子者何寥寥也。且自孔子沒後二千餘年，以訖今日，未知孔子，而求知之者，又何寥寥也。夫吾則何足以知孔子，未知焉，而求所以知之，此孔子一篇之所由作也。

吾將以教主尊孔子。夫孔子誠教主也，而教主不足以盡孔子。教主感化力所及，限於其信徒，而孔子則凡有血氣，莫不尊親，舉中國人，雖未嘗一讀孔子之書者，而皆在孔子範圍中也。故印度不能爲釋迦之印度，猶太不能爲基督之猶太，而中國則孔子之中國也。吾將以教育家尊孔子。夫孔子誠教育家也，而教育家不足以盡孔子。

教育家之主義及方法。祇能適用於一時代。一社會。而孔子之教育。則措四海而皆準。俟百世而不惑也。故梭格拉第之後。容有梭格拉第。而孔子之後。無孔子也。吾將以學問家尊孔子。夫孔子誠學問家也。而學問家不足以盡孔子。學問家以學問故而成家。而孔子則學問之所從出也。吾將以政治家尊孔子。夫孔子誠政治家也。而政治家不足以盡孔子。食政治家之賜者。不過一國。而孔子之理想的政治。則洋溢中國。而施及蠻貊也。食政治家之賜者。不過百年。而孔子之因時的政治。可以善當時之中國。可以善二千年訖今之中國。且可以善自今以往永刼無窮之中國也。於戲。吾欲知孔子。吾果何道以知孔子。

溫良恭讓。孔子也。發強剛毅。亦孔子也。是故人或以爲諂。或以爲佞。或以爲無勇。而一言而卻兵於壇。三月而墮都於國也。沖淡恬退。孔子也。內熱棲皇。亦孔子也。是故飯疏飲水以爲至樂。燔肉不至不脫冕行。而以其道千七十二諸侯。乃至公山佛肸之召。且欲往也。博聞強記。孔子也。易簡理得。亦孔子也。是故相羊萍實。不憚其瑣。而道歸一貫。且欲無言也。尊崇君權。孔子也。鼓吹民政。亦孔子也。是故既曰民可使由。不可使知。又曰庶人不議。然語於大道之行。則想望大同。而貶攘小康也。文章得聞。孔子也。性與天道。亦孔子也。是故不語神怪。又曰未知生焉知死。然能知鬼神之情狀。而天且弗違也。此亦一孔子。彼亦一孔子。而此之孔子。若非彼之孔子。彼之孔子。若非此之孔子。於戲。吾欲知孔子。吾果何道以知孔子。

達巷黨人曰。大哉孔子。孟子曰。孔子聖之時者也。宰我曰。以予觀於夫子。賢於堯舜遠矣。子貢曰。他人之賢者。丘陵也。猶可踰也。仲尼日月也。無得而踰焉。又曰。由百世之後。等百世之王。莫能違也。自生民以來。未有夫子也。有若曰。聖人之於民。亦類也。出於其類。拔乎其萃。自生民以來。未有盛於孔子也。子思曰。仲尼祖述堯舜。憲章文武。

上律天時。下襲水土。譬如天地之無不持載無不覆幬。譬如四時之錯行。如日月之代明。夫之數子皆能知孔子者。而其頌孔子也若此。吾思之吾重思之。所謂大所謂時。所謂賢於堯舜。所謂無得而踰莫之能違。所謂出於其類生民未有所謂覆幬持載錯行代明。其必非僅如今世俗儒所見之孔子。其必非僅如宋明諸儒所見之孔子。其必非僅如兩漢諸儒所見之孔子。其更必非僅如域外諸國學者比例模擬所見之孔子於戲吾欲知孔子。吾果何道以知孔子。吾試據論語以求孔子之人格。吾試據易傳以求孔子之教宗。吾試據春秋以求孔子之世法。然後參諸記傳（大小戴記春秋三傳等）以求孔子之緒餘。按諸二千年歷史以求孔子之化績。校諸世界諸聖哲之教義行事以求孔子之位置。於是乎吾心目中若湧現一孔子。而與今世俗儒乃至兩漢宋明儒之所謂孔子。若爲異人。則未知吾之所見者果孔子與。其諸爲吾之孔子與。夫安所得宰我子貢有若子思孟子而正之。

第二章　孔子與時勢

一　年代與孔子之關係

距今約二千年四五百年之間。天地間氣乃發洩而若無所餘。其在希臘。則有若德黎士芝諸芬尼額謨吉拉圖畢達哥拉士唵披鐸黎等皆產於春秋之中葉。次則不世出之英哲梭格拉第與其弟子拍拉圖再傳弟子阿里士多德相繼產於春秋戰國之交。波斯祆教之鼻祖莎拉德士拉產於僖文之間。其在印度約當我周之東遷後百年間。而弭曼莎吠檀多尼耶僧佉衞世師尼乾子諸大論師相次起。旋繼以釋迦牟尼佛創全世界莫大之宗教。而我中國於此時代中。則有老子墨子楊子莊子列子申子韓子孟子荀子等相次起。如星象相集以成天漢。

爛爛其明。與天同壽。而於其間有生民未有如日中天者一人焉曰孔子。異哉異哉。地之相去。蓋億萬里。而同在此二三百年間篤生聖哲若揖讓而聚於一堂。噫嘻。是何祥歟。蓋地球自發生以訖冰期。不知歷幾何刼而始有人類。既有人類以後不知歷幾何年而始有聚落國土。此諸大地者。其聚落國土之成立大抵同時於其成立後約四五千年之交。其所受於其先民之智識漸賁雜而宏贍。而數千年之積習。亦束縛其羣而莫之能革。苟無以振之則其羣將凝滯以自斂於斯時也。一羣之人多能獨立以從事思想。而對於過去之文物咸起懷疑。積此心理而大哲乃應運而生焉。此殆各國所同然。而我孔子不生於夏殷以前不生於秦漢以後。而獨生於春秋亦良非偶也。

古代國史。書闕有間。不可深考。僅觀其略。則自肇有書契以來。蓋無量數之小部落。散處諸地。各自發達。炎黃之裔亦爲此多數小部落之一。以智德力之優秀。漸能雄長其儔。以成唐虞夏商之盛。雖然聲敎所被。不出千里。孟子云夏后殷周之盛地未有過千里者也自餘狉獉無以遠進於古。逮周之興分封宗親功臣布諸天下始齊其文明以灌輸於各地。歷數百年以訖東遷。羣侯之勢力日張。而文明之中心點不統於一。而散爲多數。不在京師而分在郡國。各國既分機發達。而交通漸繁。益能相觀而善。故春秋戰國間爲中國社會最重要之過渡時代。而孔子實應運而興集舊社會文明之大成。而爲新社會文明之創建者也。

二　地理與孔子之關係

枳棘之林。非鸞鳳所集。深山大澤。而龍蛇生焉。地理與人物之關係亦巨矣哉。孔子釋迦基督摩訶末等。是敎主也。然基督生於猶太之邊邑。人文幼稚。學術頹廢。其所與語者則稅吏也。漁夫也。娼優也。故其事業若深山之泉潛流於疊翳落葉之底。雖復高潔。而閎大之氣象。終不可見。摩訶末產於阿剌伯。其地雜沙漠。其民蠻獷未開。其所與游者。多牧豎市儈。故其敎旨偏仄而寡恩。其事業專己而不濟於衆。（案殘稿到此止）

飲冰室專集之三十七

子墨子學說

敍論及子墨子略傳

梁啓超曰。今舉中國皆楊也。有儒其言而楊其行者。有楊其言而楊其行者。甚有墨其言而楊其行者。亦有不知儒不知楊不知墨而楊其行於無意識之間者。嗚呼。楊學遂亡中國。楊學遂亡中國。今欲救之。厥惟墨學。惟無學別墨而學眞墨。作子墨子學說。

子墨子之時代。　述墨子年代者。言人人殊。今所最可據之古籍曰史記。然已爲存疑之詞。謂『或曰並孔子時。或曰在其後。』（孟荀列傳）而漢書藝文志則斷曰在孔子後。近儒畢沅所考據。從班說。（即史記第二說）且斷爲在七十子後。（畢校墨子序云書稱中山諸國亡於燕代胡貉之間考中山之滅在趙惠文王四年當周赧王二十年則翟實六國時人至周末猶存云云）其言頗信而有徵。考證尚多。今勿具引要之墨子時代稍後於孔子。而稍先於孟荀。茲爲可信。吾將觀其時代以考其所以產出此學說之原因焉。

（一）墨子之時。當周末文勝之極敝。　三代以前。中國社會猶未脫初民之程度。及至成周。上監夏殷。郁郁其文。孔子稱之。然交通既繁。詐械日出。奢靡相尚。故倡學救世者。咸懷復古思想。如孔子之言堯舜文王。老子之言黃帝。許行之言神農。墨子之言大禹。凡以救此敝也。而墨子尤持極端之非文主義者也。此節用節葬非樂諸義所由立也。

(二)墨子之時社會不統一。　周末者中國社會將由不統一以趨於統一之過渡時代也。凡天下事理。惟過渡時代最能感其缺乏。如中國人之不自由不自今日始也。乃四五千年莫或感之。而今乃感之。則以今日為專制與自由之過渡時代也。中國之不統一。亦自黃帝以來而已然。乃二千年莫或感之。惟與墨子並世諸賢乃感之。其理一也。故孔子倡大一統。孟子言定於一。而墨子之政治思想。尤以此為獨一無二之的焉。此尚同尚賢諸義所由立也。

(三)墨子之時內競最烈。　社會無時不競也。而其交通不頻繁。接構不切密。則其相競之範圍不廣。而相競之影響不劇。黃帝子孫之分布彌滿於中國。自春秋戰國以後也。故戰爭盛行。奸利蠭起。而人道或幾乎息。是當世睿哲之所最憂。而汲汲欲救之者也。故墨子兼愛非攻諸義。由茲出焉。

(四)墨子之時宗教與哲學衝突。　凡一社會之發達。其始莫不賴宗教迷信之力。中國亦何獨不然。中國初民時代迷信之狀態。雖不可考。然散見於六經六緯及百家言者。尚多不可悉數。及孔老倡學。全趨於哲學。及社會之實際。舉國學者。靡然從風。其宗派雖殊。然其為迷信之敵則一也。墨子者乃逆抗於此風潮。而欲據宗教之基礎以立一哲學者也。於是有天志明鬼非命諸義。

(五)墨子於九流之中較為晚出。　其時儒道法三家既已有中分天下之勢。而百家言紛起並出者。亦皆成一壁壘。據一方面。而墨子以後進崛起其間。非有堅固之理論。博捷之辯才。不足以排他說而申己義。故論理學格致學之應用最要焉。此經上經下經說大取小取諸篇所由立也。

子墨子之事蹟。墨子。名翟。魯人。與孔子同國。史記漢書皆稱墨子爲宋大夫後世因沿其說謂爲宋人蓋緣公輸篇有爲宋守之事覺墨子與宋因緣特深也雖然墨子持兼愛非攻主義鋤强扶弱寧問其爲己國與否公輸篇之末曰歸而過宋則其非宋人甚明自高誘注呂覽（當染篇）謂爲魯人近儒畢沅謂爲楚之魯陽非魯衞之魯於是復有墨子楚人之說然考諸本書貴義篇云『墨子北之齊』又云『墨子南游使衞』若如畢氏說則往衞當爲北游矣呂氏春秋愼大篇云公輸般將以楚攻宋子墨子聞之自魯往裂裳裹足十日十夜至郢云云使自楚之魯陽往不應相距如是其遠又貴義篇子墨子南游於楚云云若自楚之魯陽往不應云游楚當云游郢耳故以墨子爲孔子同國差爲近之初學於史角之後。呂氏春秋當染篇魯惠公使宰讓請郊廟之禮於天子桓王使史角往惠公止之其後在於魯墨子學焉又嘗學儒者之業。受孔子之術。旣乃以爲其禮煩擾。傷生害業。糜財貧民。故背周道而用夏政。見淮南子要略故墨子者。實從儒學一轉手者也。其生平行事多佚。不可深考。蓋嘗爲宋大夫。云。據史記孟子荀卿列傳漢書藝文志歷游齊見貴義篇衞同宋見公輸篇魏越見魯問篇楚見公輸耕柱諸篇諸國。宋之政府。嘗用子罕之計。囚墨子。見史記鄒陽傳墨子曾靡致憾於宋。公輸般將以楚攻宋。墨子聞之。自魯往。公輸篇作自齊往今據呂氏春秋及他書裂裳裹足。據文選注引百舍重繭。據尸子止楚師篇及戰國策宋策行十日十夜。至於郢。見公輸般。且因以見楚王。歷陳非攻之義。王及公輸不能難。而攻宋之念不衰。墨子乃與公輸角攻守之技。公輸九設攻城機變。墨子九距之。公輸之攻械盡。墨子之守圉史記集解引作圉有餘。公輸般詘。而曰。吾知所以距子矣。吾不言。墨子亦曰。吾知子之所以距我。吾不言。楚王問其故。墨子曰。公輸子之意。不過欲殺臣。殺臣。宋莫能守。可攻也。然臣之弟子禽滑釐等三百人。已持臣守圉之器。在宋城上。待楚寇矣。雖殺臣。不能絕也。楚王曰。善。乃止。以上撮引公輸篇原文其持一主義。必躬自實行之。大率類是。齊欲伐魯。墨子見項子牛及齊王。說而罷之。魯欲攻鄭。墨子見陽文君。說而罷之。俱見魯問篇蓋當時攻戰之禍。爲墨子所禁息者。蓋屢見焉。越王使公尙過墨子弟子也以車五十乘迎墨子。請裂故吳之地方五百里封焉。墨子謂公尙過曰。子觀越王之志何若。越王將聽吾言用我道。則翟將往。量腹而食。度身而衣。自比於羣臣。奚以封爲。抑越不聽吾言。而我往焉。則是我以義糶也。鈞之糶。亦於中國耳。何必於越哉。（見魯問篇）其不肯以道徇人也若此。故後人爲之語曰。孔席不暇煖。墨突不得黔。（見呂氏春秋淮南子）孟子曰。墨子摩頂放踵利天下爲之。莊子亦曰。墨者多以裘褐爲衣。以跂蹻爲服。日夜不休。以自苦爲極。又曰。墨子眞天下之好也。將求之不得也。雖枯槁不舍也。（俱見天下篇）嗚呼。千古之大實行家。孰有如子墨子者耶。孰有如子墨子者耶。墨子著書十五卷七十一篇。其中爲門弟子所記者過半。今闕佚者復十八篇。存者爲五十三篇云。（案史記不爲墨子立傳僅於孟荀傳後附數語實龍門全書之最大缺點也故今搜輯羣籍補爲此篇雖或未備竊附擇言尤雅之義）今爲子墨子學說如左。

第一章　墨子之宗教思想

宗教思想者。墨學之一大特色。而與時代潮流相反抗者也。雖然。墨子之宗教與尋常之宗教頗異。尋常之宗教。或迷信一神。或迷信多神。二者必居一於是。而墨子則兼一神衆神而並尊之者也。尋常宗教必爲出世間的。而墨子則世間的也。試分論之。

第一節　尊天之教（本節之編排間采日人高瀨武次郎所著楊墨哲學其案語則全出自鄙見不敢掠美特著一言　著者識）

墨子常以天爲其學說最高之標準者也。故不知天。無以學墨子。雖然。吾中國古籍所用「天」之一名辭。其義至夥至賾。或乃逕庭而不能相容。故欲明墨子之所謂天者。不可不臚列其種類而別擇之。

第一種。以形體言天者。（說文曰天巔也至高無上從一大爾雅曰春爲蒼天云云此外如天高地厚天成地平天覆地載等不可悉數此指天界天體言也）

第二種。以主宰言天者。（如稱天秩天序天命天討天聰明天明畏克謹天戒俶擾天紀共行天罰天生蒸民天鑒下民孔子所謂天何言哉老子所謂天地不仁以及羣書中所稱帝上帝神皇

天上天等皆是也此含有造化主之意義

第三種．以命運言天者．孔子謂富貴在天孟子謂若夫成功則天也吾之不遇魯侯天也其子賢不肖天也非人之所能爲也之類皆是含有宿命運數因緣等意義

第四種．以義理言天者．中庸天命之謂性論語夫子之言性與天道詩上天之載無聲無臭孟子知其性則知天矣等類皆是含有理性自然之法則等意義

更爲圖以明之．

天
- 有象……形體的……（天界天體）
- 無象
  - 有靈……主宰的……（天帝皇天造物主等）
  - 無靈
    - 命……（運數因緣）
    - 理法……（原則理性）

墨子所常用者．此第二種之天也．其所最反對者．則此第三種之天也．試列取其學說以明之．

（一）天爲萬事萬物之標準．

（法儀）子墨子曰．天下從事者．不可以無法儀．無法儀而其事能成者無有．雖至士之爲將相者．皆有法．雖至百工從事者．亦皆有法．百工爲方以矩．爲員以規．直以繩．正以縣．無巧工不巧工．皆以此爲法．巧者能中之．不巧者雖不能中．猶逾已．故百工從事．皆有法所度．今大者治天下．其次治大國．而無法所度．此不若百工辯也．然則奚以爲治法而可．當皆法其父母奚若．天下之爲父母者衆．而仁者寡．若皆法其父母．此法不仁也．法不仁不可以爲法．當皆法其學奚若．（中略同前文）當皆法其君奚若．（中略同前文）故父母學君三者．莫可以爲治法．而可．然則奚以爲治法而可．故曰莫若法天．

（尚同上）天下之百姓皆上同於天子而不上同於天則菑猶未去也。

（天志上）子墨子言曰我有天志譬若輪人之有規匠人之有矩以度天下之方圜曰中者是也不中者非也。今天下士君子之書不可勝載言語不可盡計其於仁義則大相遠也何以知之曰我得天下之明法以度之。

（天志中）故子墨子之有天之意也上將以度王公大人之爲刑政也下將以量天下之萬民爲文學出言談也觀其行順天之意謂之善意行反天之意謂之不善意行觀其言談順天之意謂之善言談反天之意謂之不善言談觀其刑政順天之意謂之善刑政反天之意謂之不善刑政故置此以爲法立此以爲儀將以量度天下之王公大人卿士大夫之仁與不仁譬之猶分黑白也。

此皆以天爲衡量一切事物之標準尺度墨子學說全體之源泉也雖然以天爲標準之說蓋不始於墨子前此蓋有二義焉其一曰『天生蒸民有物有則』其二曰『帝謂文王不大聲以色不識不知順帝之則』詩之所謂「則」者卽墨子之所謂標準尺度也然其第一說所謂有物有則「則」屬於客體頗與近世天演家言相近第二說所謂順帝之則者「則」屬於主體正墨子所謂天志也墨子之天志乃景教的而非達爾文的也。

（二）天者人格也　墨子以天爲人格之說（人格者謂有人之資格可當作一人觀也）屢見不一見無俟臚述卽其以天志名篇天而有志則其爲人格已明甚矣據墨子所論則天有意欲有感覺有情操有行爲參觀前後所引自明

（三）天者常在者也全知全能者也　景教之God無所不在無所不知無所不能墨子之言天正與相合今舉其說

（天志上）今天下之士君子知小而不知大何以知之以其處家者知之若處家得罪於家長猶有鄰家所避

逃之然。且親戚兄弟所知識。共相儆戒。皆曰。不可不戒矣。不可不愼矣。惡有處家而得罪於家長而可爲也。非獨處家者爲然。雖處國亦然。處國得罪於國君。猶有鄰國所避逃之。（中略同前文）此有所避逃之者也。相儆戒猶若此其厚。況無所避逃之者。相儆戒豈不愈厚。然後可哉。且語言有之曰。焉而晏日焉而得罪。將惡避逃之。曰無所避逃之。夫天不可爲林谷幽澗無人。明必見之。然而天下之士君子之於天也。忽然不知以相儆戒。此我所以知天下士君子知小而不知大也。

（案）此與詩所謂上帝臨汝。無貳爾心。相在爾室。尚不愧於屋漏。孔子所謂獲罪於天。無所禱也。皆同意義。但墨子言之簡單直捷耳。墨子以此爲萬法之源泉。舍此外更不陳他義故也。凡宗教家立言。必極簡單直捷。故耶墨兩聖之教義。本無一不爲孔子所涵。而以耶墨與孔教同視。不得也。蓋以此耳。

（四）天者至高貴而爲義之所從出也。

（天志中）子墨子言曰。欲爲仁義者。則不可不知義之所從出。義何從出。子墨子曰。義不從愚且賤者出。必自貴且知者出（中略）然則孰爲貴。孰爲知。曰天爲貴。天爲知而已矣。然則義果自天出矣。今天下之人曰。當若天子之貴諸侯。諸侯之貴大夫。（案言貴於諸侯貴於大夫也）確明知之。然吾未知天之貴且知於天子也。子墨子曰。吾所以知天之貴且知於天子者有矣。曰天子爲善。天能賞之。天子爲暴。天能罰之。天子有疾病禍祟。必齋戒沐浴。（中略）則天能除之。（下略）

（案）此說頗與前列第四種之天相類。儒家謂道之大原出於天。亦即此意也。但墨子此論。與其論理法不甚相合。別於論理章詳言之。（參觀墨子之論理學篇）

(五)天之欲惡與其報施。

(天志上)我爲天之所欲。天亦爲我所欲。

(法儀)愛人利人者。天必福之。惡人賊人者。天必禍之。曰殺不辜者。得不祥焉。

(天志上)順天意者。兼相愛交相利。必得賞。反天意者。別相惡交相賊。必得罰。

(又)且吾言殺一不辜者。必有一不祥。殺不辜者誰也。則人也。予之不祥者誰也。則天也。

(天志中)然有所不爲天之所欲。而爲天之所不欲。則夫天亦且不爲人之所欲。而爲人之所不欲矣。人之所不欲者何也。曰疾病禍祟也。若已不爲天之所欲。而爲天之所不欲。是率天下之萬民以從事乎禍祟之中也。

墨子全書中語。諸如此類者。更僕難數。今勿臚引。要之墨子之言天。純取降祥降殃之義。是宗教家言之本色也。若夫所謂道德之責任者。墨子所罕言也。所謂責任者不可不如是之謂也非以是爲達一目的之手段也孔子之言道德多主此義若墨子所云云則踐履道德者得福反是者得禍若有人焉曰我不欲得福而欲得禍則行不道不德之事末從禁之也（參觀康德學說篇）故墨子之道德論非究竟圓滿主義也雖然世之眞惡福而樂禍者實無一人則墨子之說亦可謂不圓滿中之圓滿者矣且即以道德之責任律人而人之不認此責任而甘於自暴者又奈之何故孔子學說亦有圓滿中之不圓滿者存也 吾故謂宗教思想與實利主義兩者。在墨子學說全體中。殆猶車之兩輪鳥之雙翼也。參觀第二章 且墨子雖言報施。而其報施之範圍太狹。其敎之所以不能盛行於後者。皆坐是。更於本章之末詳論之。

(六)天之所欲惡者何在。　此墨子兼愛說之源泉也。墨子乃於嚴密之論理。精細之史證。以申其說如下。

(甲)天欲義而惡不義。

(天志上)然則何以知天之欲義而惡不義。曰天下有義則生。無義則死。有義則富。無義則貧。有義則治。無義則亂。然則天欲其生而惡其死。欲其富而惡其貧。欲其治而惡其亂。此我所以知天欲義而惡不義也。

(案)此卽所謂三段論法墨子之所常用也。雖然此實非完全之論法。蓋凡論理學必得正確之前提。乃能得正確之斷案也。今此文以有義則生無義則死爲大前提。以天欲人之生而惡其死爲小前提。而此兩前提皆未正確。如有人焉。尋得無義而生有義而死之證據。則墨子之斷案遂消滅。又使有人尋出天非必欲人之生而惡其死。如今日進化論者之所云云。則墨子之斷案亦遂消滅。吾故謂其非完全之論法也。雖然。墨子所以言之有故持之成理者。亦自有在。下文詳言之。

(乙)天欲人之相愛相利。不欲人之相惡相賊。

(法儀)奚以知天之欲人相愛相利而不欲人之相惡相賊也。以其兼而愛之兼而利之也。奚以知天兼而愛之兼而利之也。以其兼而有之兼而食之也。

(案)食者養也。謂天兼養萬民也。

(天志中)且夫天之有天下也。辟之無以異乎國君諸侯之有四境之內也。今國君諸侯之有四境之內也。夫豈欲其臣國萬民之相爲不利哉。今若處大國則攻小國。處大家則亂小家。欲以此求賞譽。終不可得。誅罰必至矣。夫天之有天下也。得無以異此。今若處大國則攻小國。處大都則亂小都。欲以此求福祿於天。福祿終不可得。而禍祟必至矣。

(天志下)楚王食於楚之四境之內。故愛楚之人。越王食於越。故愛越之人。今天兼天下而食焉。我以此知其兼愛天下之人也。

（案）此皆解釋前文之小前提也．謂天欲民生欲民富欲民治之一斷案．則以兼而有之兼而食之一語爲前提也．

（法儀）昔之聖王禹湯文武．兼愛天下之百姓．率以尊天事鬼．其利人多．故天福之．使立爲天子．天下諸侯皆賓事之．暴王桀紂幽厲．兼惡天下之百姓．率以詬天侮鬼．其賊人多．故天禍之．使遂失其國家．身死爲僇於天下．後世子孫毀之．至今不息．故爲不善以得禍者．桀紂幽厲是也．愛人利人以得福者．禹湯文武是也．愛人利人以得福者有矣．惡人賊人以得禍者亦有矣．（天志三篇引證略同而語較詳今不複述）

（案）此解釋前文之大前提．證明有義則生無義則死有義則富無義則貧有義則治無義則亂之說之不謬也．義卽指相愛相利．不義卽指相惡相賊．本文甚明．

由是觀之．墨子之所以言天志者．凡以爲兼愛說之前提云爾．所謂天志者．極簡單而獨一無二者也．曰愛人利人是已．天猶父．人猶子．父有十子．愛之若一．利之若一．天之於人也亦然．十子各各相愛相利．則爲父之所欲．否則父之所不欲．天之於人也亦然．子如父之所欲者．則父亦將如子之所欲．而因以得幸福．反是者則禍及之．天之於人也亦然．要而論之．道德與幸福相調和．此墨學之特色也．與泰西之梭格拉底康德．其學說同一基礎者也．所謂道德者何．兼愛主義是已．（第三章所論）所謂幸福者何．實利主義是已．（第二章所論）而所以能調和之者．惟恃天志．吾故以此三者爲墨學之總綱．而宗教思想又爲彼二綱之綱也．

第二節　鬼神教

以吾儕今日之學識評騭墨子之宗教論其最贅疣而無謂者則明鬼論是已今先敍其學說次乃僭論之

（明鬼下）逮至昔三代聖王既沒天下失義諸侯力正是以存夫爲人君臣上下者之不惠忠也父子弟兄之不慈孝弟長貞良也正長之不强於聽治賤人之不强於從事也（中略）奪人車馬衣裘以自利者並作由此始是以天下亂此其故何以然也則皆疑惑鬼神之有無之別不明乎鬼神之能賞賢而罰暴也今若使天下之人借若信鬼神之能賞賢而罰暴也則夫天下豈亂哉今執無鬼者曰鬼神者固無有（中略）使天下之衆皆疑惑乎鬼神有無之別是以天下亂

由是觀之則墨子之鬼神論非原本於絕對的迷信直借之以爲改良社會之一方便法門云爾故其論辨鬼神有無之一問題不於學理上求答案而於實際上求答案其說如下

其第一說則經驗論是也（明鬼下）是與天下之所以察知有與無之道者必以衆之耳目之實知有與無爲儀者也

墨子據此論礎乃歷徵引生民以來有見鬼神之物聞鬼神之聲者如周宣王之於杜伯鄭穆公之於句芒燕簡公之於莊子儀宋文君之於祏觀辜齊莊公之於王里國中里徼等以證明鬼神之爲物不虛妄說繁冗今不備引

其第二說謂若以爲衆人耳目之所經驗不足信則請徵諸古昔聖王因歷古者賞人必於祖僇人必於社及先王謹飭祭祀之成例以爲之證

其第三說更考之於聖人之言引詩大雅文王在上於昭於天文王陟降在帝左右及商書夏書等凡言及鬼神

之事以爲之證。

以上三說名三實一也。一者何。經驗論而已。

明鬼神則共祭祀。共祭祀則費財用。於是有執以難墨子。謂其明鬼之義與節用之義相衝突者。墨子釋之曰。（明鬼下）今吾爲祭祀也。非直注之汚壑而棄之也。上以交鬼之福。下以合驩聚衆。取親乎鄉里。若神有。則是得吾父母弟兄而食之也（案意謂若有鬼則吾父母得享食也）則此豈非天下利事也哉。此墨子明鬼篇最後之論據也。然此與鬼神有無之爭論點不相屬。若果無鬼神。則難者之說遂勝也。

鬼神之有無。實古今中外學者劇烈爭辯之一問題也。昔斯賓塞區分哲學爲可思議不可思議之兩類。凡屬於不可思議之部分者。是終非可以吾儕有限之識想而下斷案也。吾固持有鬼論者。然其論據不如墨子之單簡淺薄。此其說甚長。非本論範圍。故不贅及然則墨子雖極辯。其必不足以摧羣說而自樹義也明矣。雖然。墨子之所以明鬼者。本非如野蠻時代之絕對的信仰。不過借以爲檢束人心改良社會之一法門耳。審如是也。則天志一論已具足無遺。何必更以羣祀蝨於其間也。吾故曰此論最贅疣而無謂也。歷觀中外大哲。無論其識想程度若何高尙。要必有一二焉爲當時社會習俗之所困。蓋社會者。鑄造思想之原質也。墨子之斷斷焉儕鬼於天也。亦染於上古時代野蠻信仰之遺習。而未能脫然已耳。

第三節　非命

非命者。墨學與儒學反對之一要點。而亦救時最適之良藥也。徵諸儒家言曰。孔子進以禮。退以義。得之不得曰有命。曰不知命。無以爲君子也。曰死生有命。富貴在天。曰莫非命也。順受其正。曰道之將行也與命也。道之將廢也與命也。曰吾之不遇魯侯。天也。諸如此類。不可枚舉。故命也者。實儒教中一普通之信條也。(論語稱子罕言利與命與仁此必非當如尋常之解釋蓋命實非孔子所罕言若仁則尤其稱道不去口者矣)但言命者亦當分二類。一曰消極的。亦曰有制限的。二曰積極的。亦曰無制限的。消極的者。盡人力之所得及其所不得及者。乃歸諸命。孟子所謂修身以俟之。又曰知命者不立乎巖牆之下。又曰强爲善而已矣。即其義也。積極的者。或以命自暴焉。如殷紂所謂「我生不有命在天」之類是也。或以命自棄焉。如陶淵明所謂「天運苟如此。且進杯中物」(見陶集責子詩)之類是也。墨子則舉此兩種之命說而並非之者也。

命與力。對待者也。故有命說與力行說。最不能相容。此義列子力命篇剖之最明。今引以相參證。

(列子力命篇)力謂命曰。若之功奚若我哉。命曰。汝奚功於物而欲比朕。力曰。壽夭窮達貴賤貧富。我力之所能也。命曰。彭祖之智。不出堯舜之上。而壽八百。顏淵之才。不出衆人之下。而壽四八。仲尼之德。不出諸侯之下。而困於陳蔡。殷紂之行。不出三仁之上。而居君位。季札無爵於吳。田恆專有齊國。夷齊餓於首陽。季氏富於展禽。若是汝力之所能。奈何壽彼而夭此。窮聖而達逆。賤賢而貴愚。貧善而富惡耶。力曰。若如是言。我固無功於物。而物若此耶。此則若之所制耶。命曰。既謂之命。命何有制之者耶。朕直而推之。曲而任之。自壽自夭。自窮自達。自貴自賤。自富自貧。朕豈能識之哉。

列子固持極端之有命說者也。(積極的無制限的)如其說。則命與力殆不兩立。人人安於命而弛於力。則世界之進化。終不可期。而人道或幾乎息。是以子墨子痛辯之。

（非命下）今也王公大人之所以早朝晏退。聽獄治政。終朝均分。而不敢怠倦者何也。曰彼以爲强必治。不强必亂。强必寧。不强必危。故不敢怠倦。今也卿大夫之所以竭股肱之力。殫其思慮之知。內治官府。外斂關市山林澤梁之利。以實官府。而不敢怠倦者何也。曰彼以爲强必貴。不强必賤。强必榮。不强必辱。故不敢怠倦。今也農夫之所以蚤出暮入。强乎耕稼樹藝。多聚升粟。而不敢怠倦者何也。曰彼以爲强必富。不强必貧。强必飽。不强必飢。故不敢怠倦。今也婦人之所以夙興夜寐。强乎紡績織紝。多治麻絲葛緒捆布縿。而不敢怠倦者何也。曰彼以爲强必富。不强必貧。强必煖。不强必寒。故不敢怠倦。今雖毋在乎王公大人蕢若信有命而致行之。則必怠乎聽獄治政矣。卿大夫必怠乎治官府矣。農夫必怠乎耕稼樹藝矣。婦人必怠乎紡績織紝矣。王公大人怠乎聽獄治政。卿大夫怠乎治官府。則我以爲天下必亂矣。農夫怠乎耕稼樹藝。婦人怠乎紡績織紝。則我以爲天下衣食之財。將必不足矣。

子墨子所以不能不持非命之論者。其原因皆在是。至若命之果有果無之一問題。則墨子所恃以爲斷案者。仍不出經驗歸納之論法。援徵先王之前言往行以爲之前提。其壁壘未能堅也。今請演其言外之旨。

物競天擇一語。今世稍有新智識者。類能言之矣。曰優勝劣敗。曰適者生存。此其事似屬於自然。謂爲命之範圍可也。雖然。若何而自勉爲優者適者。以求免於劣敗淘汰之數。此則純在力之範圍。於命絲毫無與者也。夫沙漠地之動物。其始非必皆黃色也。而黃者存。不黃者滅。冰地之動物。其始非必皆白色也。而白者存。不白者滅。自餘若烏賊之吐墨。虎之爲斑紋。樹蟲之作枝葉形。諸同此例者。不可枚舉。（讀生物進化論諸書自能知之若悉數其種類及其原因將累十萬言不能盡也）其一存一滅之間。似有命焉。及窮其究竟。則何以彼能黃而我獨不黃。彼能白而我獨不白。彼能吐墨爲斑紋爲枝葉形。而我獨不能。是亦力有未至也。推言之。則一人在本團體中或適或不適。一團體在世界中或適或不適。皆若此而已。故明夫天演公例者。必不肯棄自力於不用。而惟命之從也。難者曰。生物學家之言物競也。謂物類死亡之數。必遠過於所存。且如一草之種子。散播於地者以萬數。使皆悉存。則不轉瞬而將爲萬草乃其結局。不得一二焉。何也。則其落地之時刻有先後。所落之地段有墝埆腴瘠。若是者不謂之命得乎。應之曰。斯固然矣。雖然。使兩種子同在一時同落一地。其一榮一悴之間。必非力無以自達矣。然猶未足以服難者之說。吾以爲力與命對待者也。凡有可以用力之處。必不容命之存立。命也者。僅偷息於力以外之閑地而已。故有命之說。可以行於自然界之物。而不可以行於靈覺界之物。今之持有命無命之辯爭者。皆人也。靈覺界最高之動物也。故此各詞。決非我同類之所得用也。夫彼草種之或飄茵或墮溷也。彼其本身當時。無自主力之可言也。故命之一語。可以驕橫恣睢以支配之。一入於靈覺界。有絲毫之自主力得以展布者。則此君遂消滅而無復隙地之可容。難者之說不足以助其成立明矣。若夫彭壽而顏夭也。跖富而憲貧也。田恆貴而孔子賤也。持有命論者。以是爲不可磨滅之論據。其實非也。蓋一由於社會全體之方未盡其用。而偏枯遂及於個人者。一由不正之力之濫用。而社會失其常度者。且如顏子之夭也。或其少年治學。不免太劬。或爲貧困所迫。未盡養生之道。其果坐此等原因以致之否。吾輩今日無從論斷。若果有之。則力有未盡。非命之爲之也。藉曰無矣。顏子之對於己身之責任。其力已無不盡矣。則其所以至此之故。必由其父母遺傳之有缺點也。否則幼時於養育之道未盡善也。否則地理上人事上有與彼不相協也。是則由社會全體之力有未盡使然也。且使醫學大明。繕生之思想與其方法大發達。則顏子斷不至有羸弱之遺傳。斷不至有失宜之養育。而地理上人事上有何種障礙。皆可以排而去之。顏子或竟躋上壽。未可知也。不觀統計學家所言乎。十七世紀歐洲人平均得壽僅十三歲。十八世紀。平均得壽二十歲。十九世紀。乃驟增至平均得壽三十六歲。然則壽夭者。必非命之所制。而爲力之所制。昭昭明甚矣。若乃貧富貴賤則因其社會全體之力或用之正。或用之不正。而平不平生焉。夫力也者。物競界中所最必要者也。而在矯揉造作之社會。則物競每不能循常軌而行。且競之道時或緣而中絕。如彼「喀私德」制度之社會。或生而爲貴族。或生而爲平民。當吾投胎之時。誠有如草種之偶茵偶溷。及既出生後。而遂不能自拔。此世俗論者之所謂命也。雖然。曾亦思此等制度。果能以人力破除之耶。抑終不能以人力破除之耶。且使盎格魯撒遜人至今而猶爲維廉第一以前（十六世紀前）之狀態也。則的士黎里斷不敢望爲大宰相。林肯斷不敢望爲大統領。則亦曰命也命也而已。而何以今竟若此。故知夫力也者。最後之戰勝者也。子墨子曰。『命者暴王作之。』（非命上）至言哉。至言哉。吾以爲命說之所從起。必自專制政體矯誣物競壅窒物競始矣。就其最淺者論之。如科舉制度之一事。取彼諸人所能爲而優劣程度萬不能相懸絕之八股試帖楷法策論。而限額若干名以取之。以此爲全國選舉之專途。其勢不能不等於探籌兒戲。應舉者雖有聖智。無可以用其力之餘地也。而一升一沈之間。求其故而不得。夫安得不仰天太息曰命也命也而已。吾中國數千年來社會之制度。殆無一不類是。故使國民彷徨迷惑。有力而不能自用。然後信風水信鬼神信氣運信術數種種謬想。乃蟠踞於人人之腦際。日積日深。而不能以自拔。貧富貴賤有命之說。其最初之根原。皆起於是。然此果足爲有命說之根據乎。一旦以力破此制度。則皮不存而毛焉附矣。其他如喪亂也。偏災也。癘疫也。皆咸諉諸命而無異詞者也。豈知立憲政體定。則喪亂何從生。交通事業盛。則偏災何從起。衛生預防密。則癘疫何從行。故以今日文明國國民視之。則如中國所謂有命之種種證據。已迎刃而解。

無復片痕隻跡之可以存立而況乎今日所謂文明者其與完全圓滿之文明相去尙不可以道里計也然則世運愈進而有命說愈狼狽失據豈待問矣墨子非命眞千古之雄識哉

其足以爲墨子學說樹一奧援者則佛之因果說是也佛說一切器世間有情世間皆由衆生業力所造其羣業力之集合點世界也社會也（即器世間）而於此集合點之中又各各自有其特別之業力相應焉以爲差別則個人是也（即有情世間）故一社會今日之果即食前此所造之因一個人前此之因亦即爲今日所受之果吾人今者受茲惡果常知其受之於厶匿（即個人）之惡因者若干焉受之於拓都（即社會）之惡因者若干焉吾人後此欲食善果則一面須爲厶匿造善因一面更須爲拓都造善因此佛敎之大槪也（其論據精深博辯盛水不漏讀小乘俱舍宗大乘相宗諸經論能詳之今不繁引）故佛敎者有力而無命者也藉曰有命則純爲自力之所左右者也嗚呼佛其至矣使墨子而聞佛說也其大成寧可量耶

世俗論者常以天命二字相連並用一若命爲天所制定者則或疑墨子既言天志而又非命豈不矛盾矣乎是於墨子所謂天之性質有所未瞭也墨子固言天也者隨人之順其欲惡與否而禍福之是天有無限之權也命定而不移則是天之權殺也故不有非命之論則天志之論終不得成立也嗚呼命之一語其斲喪我中國之人心者數千年於茲矣安得起墨子於九原化一一身一一身中出一一舌而爲之廓淸辭闢之

本章之結論

墨子以宗敎思想爲其學說全體之源泉所以普度衆生者用心良苦矣顧其成就不能如他種宗敎之光大者

何也則以宗教家最重要之一原質而墨子乃闕之也宗教家所最重要之一原質何靈魂是已故所謂禍福賞罰者不能以區區冥頑軀殼所歷之數十寒暑爲限程而常有久且遠者之在其後夫乃使人有所歆有所憚佛教之涅槃輪迴耶教之末日審判皆是也豈惟佛耶孔教亦然孔教衍形故曰善不善報諸而子孫子孫者形之蛻餘也佛耶衍魂故曰善不善報諸來世來世者魂之歸宿也必兼此義然後禍福賞罰之說乃圓滿而無憾墨子闕於此此其教之所以不昌也公孟篇末載有門弟子相難之詞而墨子之所以自辯護其說者夫幾窮矣幾遁矣

第二章　墨子之實利主義

利也者墨子所不諱言也非直不諱言且日夕稱說之不去口質而言之則利之一字實墨子學說全體之綱領也破除此義則墨學之中堅遂陷而其說無一成立此不可不察也夫以倡兼愛尊苦行之墨子宜若與功利派之哲學最不能相容而統觀全書乃以此爲根本的理想不可不謂一異象也今得以墨子所謂利者紬繹之墨子書中多以愛利兩者並舉曰兼相愛交相利（兼愛中下）曰愛利萬民（尚賢中）曰兼而愛之從而利之（同上）曰衆利之所生何自生從愛人利人生（兼愛下）曰愛人者人亦從而愛之利人者人亦從而利之（兼愛中）曰天必欲人之相愛相利（法儀）曰天之於人兼而愛之兼而利之（同上）曰愛人利人者天必福之（同上）曰若見愛利國者必以告亦猶愛利國者也（尚同下）諸如此類不可枚舉以尋常學者之所解說則言及愛之時其目的恆在人言及利之時其目的恆在己二者勢不能相容而墨子打爲一丸以組織論法是其所謂利者殆利人非利己也故孟子稱之曰摩頂放踵利天

下爲之。墨子之所以自律及敎其徒者皆以是也。雖然。墨子之所以斷斷言利者。其目的固在利人。而所以達此目的之手段。則又因人之利己心而導之。故墨學者實圓滿之實利主義也。今請分論之。

第一節 以利爲目的者

墨子屢言曰。『仁人之所以爲事者。必興天下之利。除天下之害。』此墨子立言垂敎之大宗旨也。雖然。墨子之所謂利者。其界說頗狹。即利之在有形的物質的直接的謂之利。其在無形的精神的間接的。或不謂之利而反謂之害。不可不察也。

（七患篇）時年歲善。則民仁且良。時年歲凶。則民吝且惡。夫民何常此之有。爲者寡。食者衆。則歲無豐。故曰財不足則反之時。食不足則反之用。故先民以時生財。固本而用財。則財足。故雖上世之聖王。豈能使五穀常收而旱水不至哉。然而無凍餒之民者何也。其力時急而自養儉也。其生財密。其用之節也。

墨子於政治上社會上一切之策畫。皆以此論爲前提。蓋以爲生計與道德有切密之關係。故欲講德育。必於生計問題。植其大原。而其生計學之組織。則計較生利分利兩者之多寡。此其理在孔子孟子管子商君。固常道之。若夫純以此義爲全學派之中心點者。厥惟墨子。

西語之Economy此譯計或譯生計。日本譯經濟。在今日蔚然成一獨立之學科矣。而推其語源。則以「節用」二字爲最正常之訓詁。可見生計學之概念。實以節用思想爲其濫觴也。故墨子有節用篇。而其實利主義之目的亦在於是。子墨子屢言曰。『諸加費不加於民利者。聖王弗爲。』（辭過及節用中）此墨氏生計學一最嚴重之公例也。

略引其說．

（辭過）古之民未知爲宮室．時就陵阜而居．穴而處下．潤溼傷民．故聖王作爲宮室之法．曰高足以辟潤溼．邊足以圉風寒．上足以待雪霜雨露．宮牆之高足以別男女之禮．謹此則止．費財勞力不加利者不爲也（下略）

（又）故聖人爲衣服適身體和肌膚而足矣．非榮耳目而觀愚民也．當是之時．良馬堅車不知貴也．刻鏤文采．不知喜也．何則．其所以道之然．故民衣食之財．家足以待水旱凶饑者何也．得其所以自養之情而不感於外也．是以其民儉而易治．（中略）當今之王．其爲衣服則與此異矣．冬則輕煗．夏則輕凊．皆已具矣．必厚作斂於百姓．暴奪民衣食之財．以爲錦繡文采靡曼之衣．（中略）此非云益煗之情也．單財勞力畢歸之於無用也．以此觀之．其爲衣服非爲身體．皆爲觀好．是以其民淫僻而難治．其君奢侈而難諫也．（下略）（本篇所論宮室衣服飲食舟車男女五者之當節．其語意略同．又節用上節用中文亦略同．今不備引．）

近世生計學之著書．其開宗明義第一章．必論欲望．前此學者分欲望爲二類．一曰必要的欲望．二曰奢侈的欲望．近今學者更加以地位的欲望．並而三焉．必要的欲望．謂衣食住之類．一日不容缺者也．地位的欲望．則應於國民之程度及其本人在一羣中之身分而各有等差．愈文明則愈向上者也．奢侈的欲望．則非所必需而徒以賊母財者也．而所謂必要的欲望者．既應於其程度及其身分．則亦成爲必要的性質矣．故雖謂欲望僅有兩類焉可也．而墨子辭過節用諸篇．皆斷斷辨此界限甚明．墨子之意．使人人各遂其必要的欲望而止．若夫奢侈的欲望．不可不嚴加節制焉．此實生計學之正鵠也．

但墨子所謂必要之欲望．知有消極的而不知有積極的．（尋常學者所謂必要的欲望吾假名爲『消極的之必要』尋常學者所謂地位的欲望吾假名爲『積極的之必要』彼嚴定一格以爲凡人類之所必要止於如是而不知欲望之一觀念實爲社會進化之源泉苟所謂必要者不隨地位而轉移則幸福永無增進之日而於其所謂兼而利之之道正相反也此墨氏生計學之缺點也墨子於節用之外復以節葬列爲顓篇其實節葬亦節用之一附屬條目耳而墨子特詳言之者所以擣儒家之中堅也（儒家以孝爲百行之原而三年之喪實爲孔子改制一要件蓋純粹圓滿之家族倫理也墨子非儒最注重此點）今紬繹節葬篇所持論據皆全以實利主義爲基試條列之

（一）以增長生殖力故是故節葬

（節葬下）今唯毋以厚葬久喪者爲政君死喪之三年父母死喪之三年妻與後子死者五皆喪之三年然後伯父叔父兄弟孽子其族人五月姑姊甥舅皆有月數則毀瘠必有制矣（中略）此其爲敗男女之交多矣以此求衆譬猶使人負劍而求其壽也

（二）以講求衛生故是故節葬

（又）處喪之法將奈何哉曰哭泣不秩聲翁縗絰垂涕處倚廬寢苫枕凷又相率強不食而爲飢薄衣而爲寒使面目陷陬顏色黧黑耳目不聰明手足不勁強不可用也

（三）以惜時趨事故是故節葬

（又）又曰上士之操喪也必扶而能起杖而能行以此共三年若法若言行若道使王公大人行此則必不能蚤朝五官六府辟草木實倉廩使農夫行此則必不能蚤出夜入耕稼樹藝使百工行此則必不能修舟車爲器皿矣使婦人行此則必不能夙興夜寐紡績織紝以此求富譬猶禁耕而求穫也

（四）以寶存母財故。是故節葬。

（又）執厚葬久喪者言。以為事乎國家。此存乎王公大人有喪者。曰棺椁必重。葬埋必厚。衣衾必多。文繡必繁。丘隴必巨。存乎匹夫賤人死者。殆竭家室。存乎諸侯死者。殆虛庫府。

此四者墨子節葬說之論據略具於是矣。墨子之生計學以勞力為生產獨一無二之要素。其根本概念與今世社會主義派所持殆全合。故其增長生殖力也。（墨子於此義最斷斷節用上篇云『昔者聖王為法丈夫年二十毋敢不處家女子年十五毋敢不事人（中略）此不惟使民蚤處家而可以倍與』又云『且大人惟毋興師以攻伐鄰國久者終年速者數月男女久不相見此所以寡人之道也』辭過篇云『君實欲民之衆而惡其寡則蓄私不可不節』凡此皆以發明此義也當時各國皆鰥鰥患寡墨子之為是說亦非無故然墨子所謂二十處家十五事人之制以視孔子所謂三十而娶二十而嫁之制實孔優於墨也蓋墨子知其直接之利而未知其間接之害也）其講求衞生也。其愛惜時日也。（西國通行諺語曰Time is money譯言『時候者金錢也』墨子之意殆全本此）凡所以求進勞力之率也。使舉國之人皆為生利之人而無分利之人。使舉國之事業皆為生利之事業。而無分利之事業。此墨子之志也。節用篇上云『聖人為政一國。一國可倍也。大之為政天下。天下可倍也。其倍之也。非外取地也。因其國家。去其無足（此字疑譌）以倍之』恃此道而已。

墨子乃定為生計學第一公例曰。凡事適應於人羣分業之義務者則為之。否則禁之。

（非樂上）姑嘗數天下分事。而觀樂之害。王公大人蚤朝晏退。聽獄治政。此其分事也。士君子竭股肱之力。亶其思慮之智。內治官府。外收斂關市山林澤梁之利。以實倉廩府庫。此其分事也。農夫蚤出暮入。耕稼樹藝。多聚升粟。此其分事也。婦人夙興夜寐。紡績織紝。多治麻絲葛緒綑布縿。此其分事也。（下略）

墨子所謂「分事」者。殆兼含分業及責任之兩義。其事業在各人所認分業之責任以外者。皆不生產而為羣蠹者也。

復定爲第二公例曰凡金錢用之於可復之地者則爲之否則禁之

(非樂上)若聖王之爲舟車也卽我弗敢非也古者聖王亦嘗厚措斂乎萬民以爲舟車既以成矣曰吾將惡許用之(案惡許猶言何許卽用之何處也)曰舟用之水車用之陸君子息其足焉小人休其肩背焉故萬民出財齎而予之不敢以爲慼恨者何也以其反中民之利也然則樂器反中民之利亦若此卽我弗敢非也

所謂反中民之利者反卽復之義謂費其財而得實利之報酬也以財爲母母復生子母財殖而民利乃廣蝕母者墨子所懸爲厲禁也

墨子之非樂亦節用之一附屬條目皆爲生計問題而起也其言曰

(非樂上)且夫仁者之爲天下度也非爲其目之所美耳之所樂口之所甘身體之所安以此虧奪民衣食之財仁者弗爲也是故子墨子之所以非樂者非以大鐘鳴鼓琴瑟之聲以爲不樂也(中略)雖知其樂也然上考之不中聖王之事下度之不中萬民之利是故子墨子曰爲樂非也

(又)鐘猶是延鼎也弗撞擊將何樂得焉哉將必撞擊之將必不使老與遲者老與遲者耳目不聰明股肱不畢强聲不和調眉不轉朴將必使當年(案謂適當之年卽壯者也)因其耳目之聰明股肱之畢强聲之和調眉之轉朴使丈夫爲之廢耕稼樹藝之時使婦人爲之廢紡績織紝之事今王公大人惟毋爲樂虧奪民衣食之時以拊樂如此多也是故子墨子曰爲樂非也今大鐘琴瑟鳴鼓竽笙之聲既已具矣大人鏽然奏而獨聽之將何樂得焉哉與君子聽之廢君子聽治與賤人聽之廢賤人之從事今王公大人惟毋爲樂虧奪民衣食之財以拊樂如此多也是故子墨子曰爲樂非也

(公孟)子墨子曰。問於儒者何故爲樂。曰樂以爲樂也。子墨子曰。子未我應也。今我問曰何故爲室。曰冬避寒焉。夏避暑焉。室以爲男女之別也。則子告我爲室之故矣。今我問曰何故爲樂。曰樂以爲樂也。是猶曰何故爲室。曰室以爲室也。

由此觀之。墨子非樂之精神。全起於生計問題。蓋墨子以嚴格消極的論必要之欲望。知有物質上之實利。而不知有精神上之實利。知娛樂之事。足以廢時曠業。而不知其能以間接力陶鑄人之德性。增長人之智慧。舒宣人之筋力。而所得者足以償所失而有餘也。今者樂敎之關係羣治。其理大明。各國莫不以此爲敎育之一要素焉。墨子之誤見。殆不待辨。而以高尙純粹之墨學。其所以不能大行於後者。未始不坐是。莊子論之曰『其生也勤。其死也薄。其道大觳。使人憂。使人悲。其行難爲也。恐其不可以爲聖人之道。反天下之心。天下不堪。墨子雖能獨任。奈天下何。』(天下篇)蓋墨學之最大缺點在是。莊子其知之矣。

墨子亦自知之。其三辯篇引程繁詰問之言曰『今夫子曰聖王不爲樂。此猶之馬駕而不稅。弓張而不弛。無乃有血氣者所不能至耶。』而墨子答辯之言。亦不過雜引古昔。謂其樂逾繁者其治逾寡。而於此難之根本。不能破也。近世言實利主義者。類皆以與快樂主義並行。孔子亦言樂其樂而利其利。今墨子以利導民。而樂之是仇。此其所以矛盾也。更於第八章詳論之。

第二節　以利爲手段者

以上所言。以利爲目的者。謂社會全體之利也。墨子經世原意之所存也。雖然。利己者。人類之普通性也。驟語以

社會全體之利則以爲不親切而膜視之故墨子復利用此普通性而極明利人卽利己之義若是者吾名之曰以利爲手段之學說

墨子以利爲手段之學說有三種論據

（其一）本人說

（兼愛中）夫愛人者人必從而愛之利人者人必從而利之惡人者人必從而惡之害人者人必從而害之

（兼愛下）吾不識孝子之爲親度者亦欲人愛利其親與意欲人之惡賊其親與以說觀之卽欲人之愛利其親也然卽吾惡先從事卽得此若我先從事乎愛利人之親然後人報我愛利吾親乎意我先從事乎惡人之親然後人報我以愛利吾親乎卽必吾先從事乎愛利人之親然後人報我以愛利吾親也

（耕柱）巫馬子謂子墨子曰我與子異我不能兼愛我愛鄒人於越人（案言愛鄒人過於愛越人也下同）愛魯人於鄒人愛我鄉人於魯人愛我家人於鄉人愛我親於我家人愛我身於吾親以爲近我也擊我則疾（案疾痛也）擊彼則不疾於我我何故疾者之不拂而不疾者之拂故有殺彼以我（案疑當作利我）無殺我以利（案疑當作利彼）子墨子曰子之義將匿邪意以告人乎巫馬子曰我何故匿我義吾將以告人子墨子曰然則一人說子一人欲殺子以利己十人說子十人欲殺子以利己天下說子天下欲殺子以利己一人不說子一人欲殺子以子爲施不祥言者也（中略）天下不說子天下欲殺子以子爲施不祥言者也說子亦欲殺子不說子亦欲殺子（下略）

此本人說之大概也孟子所謂愛人者人恆愛之敬人者人恆敬之又曰殺人之父者人亦殺其父殺人之兄者

人亦殺其兄然則非自殺之也一間耳即是此意不過墨子之言尤反覆而詳盡簡單而直捷耳蓋墨子以實利主義爲兼愛主義之後援其意謂不兼愛者則直接以利己兼愛者則間接以利己而直接之利不如間接之利尤廣而完而固也

近世日本之加藤弘之推演達爾文邊沁之緒論大提倡利己主義謂人類只有愛己心無愛他心愛他心者不過「知略的愛己心」耳凡言以利他爲利己之一手段也此等極端的性惡論其偏僻自無待言然固持之有故言之成理矣墨子專利用此種知略的愛己心以爲愛他主義之因緣佛法有實有權此可謂墨子之權法也

(其二)本天說

(法儀)愛人利人者天必福之惡人賊人者天必禍之

(天志上)順天意者兼相愛交相利必得賞反天意者別相惡交相賊必得罰

(天志中)不爲天之所欲而爲天之所不欲則夫天亦且不爲人之所欲而爲人之所不欲矣(下略)

墨子全書中如此論者連篇累牘不可殫舉要而論之利之大原出於天而禍福無不自己求之者此墨學之綱領也其與儒教之根本差異處即在於是

(公孟)公孟子謂子墨子曰有義不義無祥不祥子墨子曰古聖王皆以鬼神爲神明而爲禍福執有祥不祥是以政治而國安也自桀紂以下皆以鬼神爲不神明不能爲禍福執無祥不祥是以政亂而國危也

公孟子即公明高亦即公羊高爲儒學大師(近儒惠定宇及吾師康南海之孔子改制考吾友章太炎之儒術眞論考據頗詳今參三家之說定其爲一人)其所持以與墨子辨難者皆儒學最精要之微言大義(太炎儒術眞論特標公孟篇三義爲儒墨異同之關鍵可謂特識但其所論斷者與鄙人有異同耳)「有義不義無祥不

祥」二語卽儒學之立脚點也。蓋孔子之教。純持責任道德之說。與功利主義立於極端反對之地位。故曰正其誼不謀其利。明其道不計其功。若言有祥不祥。則其爲義緣乎有所歆。不爲不義緣乎有所避。是義不過一手段。而非爲純粹高尚之目的。其褻義不亦甚乎。祥不祥之果有果無。孔子未嘗斷言之。但其所稱道總不及祥不祥之一問題者。以此問題將舉其學說之基礎而震撼之也。儒墨之異同比較。有最明顯之一語。卽儒者常以仁義並稱。墨者常以愛利並稱是也。曰仁曰愛同一物也。而儒者以義爲仁愛之附屬物。墨者以利爲仁愛之附屬物。宋牼欲以非攻說秦楚之王。則曰我將言其不利。而孟子謂其志則大。其號不可。（荀子非十二子篇以墨翟宋鈃並稱揚注云宋鈃卽宋牼宋牼爲墨學巨子久有定論）蓋儒教之只言義不義而不言祥不祥。凡以其號之不可也。孟子難宋牼以樂罷而悅於利者與樂罷而悅於仁義者。兩相比較。而極言其結果之不同。誠所謂拔本塞原之論。其爲道學正鵠。無疑義也。雖然。衆生自無始以來。結習旣深。而天行之酷。又常迫之使不得不孳孳謀其私。於此而徒以責任道德之大義律之使行。其不掉頭以去者殆希矣。孔教之不能逮下。皆坐是夫中國旣舍孔教外無他宗教。而孔教之高尚而不普及也又若此。於是太上感應篇文昌帝君陰騭文關帝明聖經等。乃得乘虛而抵其缺。凡此皆以祥不祥爲勸義之一手段。未足爲病也。奈其所謂義不義之目的。又卑下淺薄。無以導人於向上之途。此實中國德育墮落之一重要原因哉。使孔子而如佛之權實並用也。（佛大乘法不厭生死不愛涅槃此其目的也實法也小乘法專言生死之可怖涅槃之可歆此其手段也權法也）兼取墨子祥不祥之義而調和之。則吾二千年來社會之現象。其或有以異於今日乎。

（其三）比較說。

（大取）天之愛人也。薄於聖人之愛人也。其利人也。厚於聖人之利人也。大人之愛小人也。薄於小人之愛大人也。其利小人也。厚於小人之利大人也。以臧（畢注云。說文葬臧也。卽藏字正文。謂葬親）爲其親也而愛之。愛其親也。以臧爲其親也而利之。非利其親也。以樂爲利其子而爲其子欲之。愛其子也。以樂爲利其子而爲其子求之。非利其子也。

（非攻中）（前略）然而何爲爲之。曰。我貪伐勝之名及得之利。故爲之。子墨子曰。計其所自勝。無所可用也。計其所得。反不如所喪者之多。（後略）

（又）飾攻戰者言曰。南則荆吳之王。北則齊晉之君。始封於天下之時。其土之方。未至有數百里也。人徒之衆。未至有數十萬人也。以攻戰之故。土地之博。至有數千里也。人徒之衆。至有數百萬人。故當攻戰而不可爲也。子墨子曰。雖四五國則得利焉。猶謂之非行道也。譬若醫之藥人有病者然。今有醫於此。和合其祝藥之於天下之有病者而藥之。萬人食此。若醫四五人得利焉。猶謂之非行藥也。（下略）

（耕柱）大國之攻小國。譬猶童子之爲馬。童子之爲馬。足用而勞。今大國之攻小國。攻者農夫不得耕。婦人不得織。以守爲事。攻人者亦農夫不得耕。婦人不得織。以攻爲事。故大國之攻小國也。譬猶童子之爲馬也。

（魯問）公輸子謂子墨子曰。君未得見之時。我欲得宋。自我得見之後。予我宋而不義。我不爲。子墨子曰。翟之未得見之時也。子欲得宋。自翟得見子之後。予子宋而不義。子弗爲。是我予子宋也。子務爲義。翟又將與子天下。

（大取）於所體之中而權輕重之謂權。（中略）斷指以存擥。利之中取大。害之中取小也。害之中取小者。非取害也。取利也。

（魯問）利於人之謂巧。不利於人之謂拙

此墨子實利主義之精髓也。綜其所說。得公例三。

第一　凡事利餘於害者謂之利。害餘於利者謂之不利。（大取篇天之愛人也一條非攻中然而何為為之一條耕柱篇大國之攻小國一條皆明此義）此與近儒邊沁氏比較苦樂以為道德之標準者正同。但墨子專言利害問題。邊氏更推原苦樂以鵠利害。其言尤親切有味耳。既持此論以作教育。則其比較不可不明。其算數不可不審。故邊氏有計質計量種種精密之法。而墨子節用節葬非樂非攻諸篇。所反覆申辯者。皆於其利害之大小三致意也。

第二　凡事利於最大多數者謂之利。利於少數者謂之不利。（非攻篇中節攻戰者言曰一條即明此義）此亦與邊沁學說同符者也。墨子又言衆利之所自生。胡自生。曰從愛人利人生。（兼愛下）又言愛人不在己。己在所愛之中。（大取）皆實利主義之名言也。

第三　凡事能使吾良心泰然滿足者謂之利。否則謂之不利。（魯問篇公輸子謂子墨子一條即明此義）此實實利主義最高尚之一條件也。近儒約翰彌勒補邊氏之說。謂別擇苦樂。不徒校其多少。又當校其高卑。因立出知力的快樂思想的快樂道德的快樂諸名。（參觀邊沁學說篇）進於此而樂利與道德溝通無間矣。孔子蕩蕩戚戚之訓。言即謂是也。通觀墨子實利之教。大率毗於物質上。而精神上未免闕如。得此條而發明之。然後知墨子之言利。圓滿無遺憾也。

第三章　墨子之兼愛主義

墨子之以兼愛立教。稍通國學者皆能言之矣。雖然。以孟荀排斥之說。先入為主。一概抹煞。故於兼愛主義之真相蓋晦焉。今請排比其說而批評之。

第一節　中西宗教家哲學家愛說之比較

愛也者。出於天賦本性之同然。凡人類所莫能外者也。故凡創教立宗者。雖其所說愛之廣狹有不同，要莫不以愛爲教義之基礎焉。略綜其別可得五種。

（第一）惟愛靈魂者。　以軀殼爲罪惡之原泉。非直不愛而惡之特至。如彼印度之九十六種外道。往往有臥轍飼虎以求脫離塵網者。彼非有所忍於軀殼也。去其所厭以達其所愛也。此爲愛之最狹義。其不能行於普通社會無待言。

（第二）自愛其靈魂軀殼而不顧他人者。　比於第一說。其範圍雖稍進。然狹隘猶甚。凡以利己主義立宗者屬之。若希臘之阿里士帖菩。Aristippus 伊壁鳩魯。Epicurus 及中國之楊朱皆是也。爲此說者。其本意非必害人以自利。苟害人以自利。則純然盜賊之行。未有能倡爲一教宗者也。雖然。既以利己爲動機。則當彼己利害相衝突之時。其勢不至害他不止。即不爾。而個人主義。趨於極端。眞有所謂拔一毫而利天下不爲者。於是社會馴致滅亡。此其爲邪說。亦不俟辯。顧近世進化論者之一部分。亦往往變其形式而襲用之。

（第三）以本身爲中心點。緣其遠近親疏以爲愛之等差者。　即儒教所謂親親之殺是也。修齊治平。漸次擴充。於維持社會秩序最有力焉。

（第四）平等無差別之愛普及於一切人類。　泰東之墨子。泰西之耶穌。其所宣示之愛說。皆屬此類。耶教謂在上帝之前。無尊卑貴賤親疏遠近。一切平等。人類皆上帝之子 墨子謂天之於人。兼而有之。兼而食之。兼而愛之、兼而利之。其根本之理想全同。實愛說中之極普遍極高尚者也。雖然其實行頗多窒礙。於本章之末詳論之。

(第五)圓滿之愛普及於一切衆生。 佛說是也。佛之慈悲。推廣於人類以外。尤普遍尤高尚矣。至其實行。反往往與儒教相同。蓋佛以因果立教。隨因緣之厚薄而生等差也。此小乘法也。若大乘法則愛根與不愛根同斷。譚瀏陽謂有所愛必有所不愛無所愛將留其愛以無不愛也。可謂達佛旨矣。然此自是出世間法。與世間法不甚相容。今勿具論。

第二節　墨子兼愛說之梗概

(一)愛情與社會秩序之關係　墨子推原社會之所由亂。(一)戰爭。(二)篡奪。(三)乖忤。(四)盜竊。(五)詐欺。而其起因皆自不相愛始。

(兼愛上)聖人以治天下爲事者也。必知亂之所自起。焉能治之。不知亂之所自起。則弗能治。(中略)亂何自起。起不相愛。臣子之不孝君父。所謂亂也。子自愛不愛父。故虧父而自利。弟自愛不愛兄。故虧兄而自利。臣自愛不愛君。故虧君而自利。此所謂亂也。雖父之不慈子。兄之不慈弟。君之不慈臣。此亦天下所謂亂也。父自愛也不愛子。故虧子而自利。……(中略)是何也。皆起不相愛。雖至天下之爲盜賊者亦然。盜愛其室不愛異室。故竊異室以利其室。盜愛其身不愛人。故賊人以利其身。此何也。皆起不相愛。雖至大夫之相亂家諸侯之相攻國者亦然。……(中略)天下之亂物。具此而已矣。察此何自起。皆起不相愛。

(兼愛中)是故諸侯不相愛．則必野戰．家主不相愛．則必相篡．人與人不相愛．則必相賊．君臣不相愛．則不惠忠．父子不相愛．則不慈孝．兄弟不相愛．則不和調．天下之人皆不相愛．强必執弱．富必侮貧．貴必敖賤．詐必欺愚．凡天下禍篡怨恨．其所以起者．以不相愛生也．

(二)兼愛爲維持社會不二法門．

(兼愛下)子墨子曰非人者必有以易之．若非人而無以易之．譬之猶以火救火也．

(兼愛中)子墨子言曰．以兼相愛交相利之法易之．（中略）視人之國若視其國．視人之家若視其家．視人之身若視其身．是故諸侯相愛則不野戰．家主相愛則不相篡．人與人相愛則不相賊．貴不敖賤．詐不欺愚．凡天下禍篡怨恨可使毋起．

(兼愛上)視人之室若其室．誰竊．視人身若其身．誰賊．視人家若其家．誰亂．視人國若其國．誰攻．

(三)兼愛與別愛之比較　墨子以平等之愛爲兼．差別之愛爲別．故有兼士別士兼君別君之名．今節引其說．

(兼愛下)兼以易別．

(又)姑嘗兩而進之．誰以爲二士．使其一士者執別．使其一士者執兼．是故別士之言曰．吾豈能爲吾友之身若爲吾身．爲吾友之親若爲吾親．是故退睹其友．飢卽不食．寒卽不衣．疾病不侍養．死喪不葬埋．別士之言若此．行若此．兼士之言不然．行不然．曰吾聞爲高士於天下者．必爲其友之身若爲其身．爲其友之親若爲其親．然後可以爲高士天下．是故退睹其友．飢則食之．寒則衣之．疾病侍養之．死喪葬埋之．兼士之言若此．行若此．然卽敢問．今有平原廣野於此．被甲嬰胄將往戰．死生之權未可識也．又有君大夫之遠使於巴越齊荊．往來及否未及否未可識也然卽敢問不識將惡也家室奉承親戚提挈妻子而寄託之不識於兼之有是乎於別之有是乎以爲當其於此也天下無愚夫愚婦雖非兼之人必寄託之於兼之有是也此言而非兼擇卽取兼卽此言行費也不識天下之士所以皆聞兼而非之者其故何也

(案)此其意言雖有持別義者固靡或不顧他人之以兼待我是必天下皆愚而我獨智抑天下皆賢而我獨不肖也墨子以其反人道故力駁之

(四)兼愛卽所以自愛

(兼愛下)大雅之所道曰無言不讎無德不報投我以桃報之以李此言愛人者必見愛也惡人者必見惡也

(又)吾不識孝子之爲親度者云云(參觀第二章第二節所引)

(案)墨子不識孝子之爲親度者云云一節實兼答孟子兼愛無父之難也

(五)先聖兼愛之成例　墨子屢言言有三法其第一法則考之先聖大王之事(見非命下)此墨子歸納論理學之城壁也故全書諸篇中無不雜引古哲往事以爲證援兼愛上中下三篇歷引禹湯文武實行兼愛之故事與他篇同例文繁今不具引

(六)實行兼愛之非難

(兼愛中)乃若兼則善矣雖然天下之難物於故也子墨子言曰天下之士君子特不識其利辨其故也今夫若攻城野戰殺身爲名此天下百姓之所皆難也苟君說之則士衆能爲之況於兼相愛交相利則與此異夫愛人者人必從而愛之利人者人必從而利之惡人者人必從而惡之害人者人必從而害之此何難之有特

上弗以爲政下弗以爲行故也昔者晉文公好士之惡衣（中略）是其故何也君說之故臣爲之也（下略）（又）然而今天下之士君子曰然乃若兼則善矣雖然不可行之物也譬若挈太山越河濟也子墨子言是非其譬也夫挈太山而越河濟自古及今未有能行之者也況乎兼相愛交相利則與此異古者聖王行之何以知其然古者禹治天下（下略）

第三節　墨子兼愛說之批評

墨子所謂別士別君者蓋指儒教所倡之倫理其所謂兼士兼君者則自指其所倡之倫理也即有差等與無差等之兩大爭點也無差等之愛在墨子極言其實行之非難然夷之見詰於孟子已不得不以施由親始之一語爲之圓融若如墨子之極端無差等說所謂愛人身若其身愛人家若其家愛人國若其國者其僅爲一至善之理論而斷不可行於實際殆無待辯循墨子之教則其社會之組織必如柏拉圖德麻靡里輩（參觀生計學沿革小史篇）所虛構之共產主義者然後可質而言之則無所謂國無所謂家也若猶有其家人家其國人國之名則其目的終不可得達也又必如佛說舉一切衆生入無餘涅槃以滅度之之後然後可質而言之則無所謂身也若猶有其身人身之名則其目的終不可得達也此其理甚膚淺盡人能言之故不具論今所欲研究者非兼愛說能行不能行之問題而兼愛說當行不當行之問題（僅標兼愛二字則斷無不當行之理由蓋有差等之愛亦不可謂非兼愛也此所謂兼愛則專指墨子兼愛說爲極端之愛他主義者也）

墨子恆以愛利並稱而謂兼愛主義爲維持社會秩序增進社會幸福之不二法門其意不可謂不盛雖然使全社會之人而悉循墨子之教則其結果遂能如墨子之所期乎是當以學理平心察之

（一）兼愛說與能愛者（即自己）之關係如何。近儒帕爾遜評景教之說曰。（帕氏德國人當代德國派哲學第一流現任柏林大學教授茲所譯引者其所著倫理學大系第三篇第十章也）『凡人皆有愛人之義務。而尤必以自愛之義務為界。蓋人類之第一義務。在發達天賦特長之良能而善用之。使己身止於至善。譬有少年於此。聞景尊之教。乃急售舍其有限之家產以周惠貧人。銷磨其有用之時日以存問病者。此等獻身之義舉。決非可崇拜。而不足以為道德之標準。甚明白也。蓋彼若善用其財產。或可以增一國資本之總殖。而廣斥之以養貧傭。若善用其時日。或可以成一專門之學業技術。而使全社會受其賜也。此普通之原則。毫無疑義者也。今所最難論定者。則愛人之義務與自愛之義務兩不相容之時。譬有友病者。吾每日將所當踐行之日用義務之日力。割出若干分以侍養調護之。宜也。寖假而病久不痊。醫者命遷地療養。則將全犧牲吾職業以隨之乎。抑置吾友而全吾日用之義務乎。此則當視其人與吾之關係深淺何如矣。』凡以言無差別之兼愛說。不足以為道德之標準也。（人各對於社會而有特別之義務不盡此義務者即不道不德其以何因緣而至於不盡此義務非所問也故以徒愛他之故而致此義務之缺憾非道德之標準也）墨子之極端兼愛主義。似不免為帕氏之所訶。雖然。墨子之說。固非徒偏於狹義云也。試徵之。

（魯問）翟嘗計之矣。翟慮耕而食天下之人矣。盛然後當一農之耕。分諸天下。不能人得一升粟。籍以為得一升粟。其不能飽天下之飢者。既可睹矣。翟慮織而衣天下之人矣。……（中略）翟慮披堅執銳救諸侯之患矣。……（中略）翟以為不若誦先王之道而求其說。通聖人之言而察其意。上說王公大人。次匹夫徒步之士。……（中略）故翟以為雖不耕而食飢。不織而衣寒。功賢於耕而食之。織而衣之者也。

由是觀之。則墨子尊重人類對於社會之特別義務。而使之各自發達其天賦之特長。以為廣行兼愛之預備。其意甚明。

(二)兼愛說與所愛者之關係如何。　愛人之目的。將以利人也。然天下固有愛之非所以利之而反以害之者。故兼愛主義之第二制限。則「毋以我之愛彼而妨害彼之獨立。或減殺其獨立性使日弱」是也。苟爾爾者。雖其事發於善意。而不免於惡行。卽如一世紀以前。歐洲各國所行救貧之法律。救之愈力。而貧者愈衆。蓋由獎厲其依賴怠逸暴棄之惡性。使日以發達。而蔓延及於社會全體之風俗。非徒周施者受其病。而被周施者終身緣玆而墮落病滋大也。近世進化論者。多持此原理以極力排斥愛他主義。雖然。墨子既有言曰『大人之愛小人也。薄於小人之愛大人也。其利小人也。厚於小人之愛大人也』大取然則墨子之兼愛說。固以不妨害所愛者之獨立爲界也。

(三)兼愛說與社會全體之關係。　此實墨子教義完全不完全之最後問題也。墨子曰。視人身若其身。視人家若其家。視人國若其國。此義果能實行與否。勿具論。藉曰能矣。而以吾身爲人身謀。以吾家爲人家謀。以吾國爲人國謀。其能如彼自謀其身家國者之周且善乎。此不待辨而決矣。社會學家言人類與「非人動物」之界線多端。然其最要者。則對於外界而覺有所謂「自己」者存也。參觀新民叢報第廿四號論初民發達之狀態言政治言法律言生計者。亦往往以「所有權」之一觀念爲萬法之源泉。蓋必『所有權』之觀念定。然後「將來」之思想發生。而人人知有將來。是卽社會進化之所以彌劭也。若一社會之人。悉舉其自己之觀念所有權之觀念而拋棄之。卽使互無損於他人之獨立。而舉其本身應行之義務相爲無理之交換。是果爲社會之福乎。質而言之。則社會之自殺而已。推而在一家者。以一家爲其所有權。在一國者。以一國爲其所有權。印度之以世界主義亡國也。則其人於國家所有權之觀念甚薄弱爲之也。故近世倫理學家。謂極端之利他主義。必不能爲學說之基礎。誠哉其然矣。墨子於此終局之結果。似有所未審也。雖然。墨子之學說。蓋欲取現在社會之組織法。翻根柢而變更之。以現在社會之眼觀察墨子。誠見其缺點。若世界進而入於墨子之理想的社會。則墨子之說。固盛水不漏也。下章更論之。

第四章　墨子之政術

墨子之政術。民約論派之政術也。泰西民約主義。起於霍布士。盛於陸克。而大成於盧梭。墨子之說。則視霍布士爲優。而精密不逮陸盧二氏。試臚引而比較之。

（第一）國家起原說。

（尚同上）子墨子言曰。古者民始生。未有刑政之時。蓋其語人異義。是以一人則一義。二人則二義。十人則十義。其人茲衆。其所謂義者亦茲衆。是以人是其義。以非人之義。故交相非也。是以內者父子兄弟作怨惡離散。不能相和合。天下之百姓。皆以水火毒藥相虧害。至有餘力不能以相勞。腐朽餘財不以相分。隱匿良道不以相教。天下之亂。若禽獸然。夫明乎天下之所以亂者。生於無政長。是故選擇天下賢良聖知辯慧之人。立以爲天子。使從事乎一同天下之義。（尚同中下略同）

此墨子論國家起原。與霍氏陸氏盧氏及康德氏之說。皆絕相類者也。荀子亦曰。『人生而有欲。欲而不得。則不能無求。求而無度量分界則爭。爭則亂。亂則窮。先王惡其亂也。故制禮義以分之。以養人之欲。給人之求。』（禮論篇）

其論政治之所自起。亦大略相同。霍陸盧諸氏。皆以爲未建國以前。人人恣其野蠻之自由。而無限制。既乃不勝其敝。始相聚以謀輯睦之道。而民約立焉。墨子所謂一人一義。十人十義。卽意欲自由之趨於極端者也。其謂明乎天下之亂生於無正長。上篇作政中下篇皆作正故選擇賢聖立爲天子。使從事乎一同。誰明之。民明之。誰選擇之。民選擇之。誰立之。誰使之。民立之。民使之也。然則墨子謂國家爲民意所公建。其論甚明。中國前此學者言國家所以成立。多主張神權起原說。如天生下民作之君諸義家族起原說。如天下之本在國國之本在家諸義惟墨子以爲純由公民同意所造成。此其根本的理想與百家說最違異也。其一切政術之大原。皆在於是。讀墨子全書。皆當以此精神貫徹之。

（第二）君權神聖說。

（尚同上）正長既已具。天子發政於天下之百姓。言曰。聞善不善。皆以告其上。上之所是。必皆是之。上之所非。必皆非之。上有過則規諫之。下有善必傍薦之。

（尚同中）凡國之萬民。上同乎天子而不敢下比。天子之所是。必亦是之。所非。必亦非之。去而不善言。學天子之善言。去而不善行。學天子之善行。天子者。固天下之仁人也。舉天下之萬民以法天子。夫天下何說而不治哉。

嗚呼。吾讀此而歎二千年前吾墨子之學說。與二百年前彼霍布士之學說。何其相類也。霍氏既大發民約原理。顧復以爲既相約建國之後。所以護持此國者。不可不用威力。而此威力者誰用之乎。則謂宜衆人各拋其意欲而委任於一人之意欲。以此爲政約之所不得已。此正墨子上同於天子之說也。自陸克盧梭興而霍氏之說已不復能持之成理。今墨子民約之精神。果與霍氏一轍乎。是又不可不深察也。墨子所以欲舉萬民以法天子者。

以爲天子固天下之仁人也。墨子所以信天子爲天下之仁人者。以其由萬民所選擇而立也。審如是也。則君位繼承法與君位選舉法。實爲相緣而起之一問題。既言選賢者以立爲天子矣。但此選立天子之大典。僅初建國時一度行之乎。抑建國後仍繼續行之乎。使一選而不復再選也。則此賢沒世之後。必傳諸其子孫也。其子孫果能永當天下仁人之稱號乎。恐非墨子所能斷也。嘗徧讀墨子全書。未嘗有主張君位世襲之說。（亦未有明文攻難之）亦未嘗有選舉繼承之說。故彼神聖君權之所委屬。無從斷言。此實吾儕後學之遺憾也。顧嘗臆測之。以墨子論理學如彼嚴肅完備。不應於此大問題漏略至是。嘗按莊子天下篇云『以鉅子爲聖人。皆願爲之尸。冀得爲其後世』（呂氏春秋上德篇云鉅子孟勝將死謂弟子徐弱曰我將屬鉅子於田襄子田襄子天下賢者也何患墨者之絕於世乎）竊意墨子之政治。宗教主權之政治也。墨學之組織與景教殆無一不密合。景教有教皇。而墨學有鉅子。兩者之精神形式全同。（所異者教皇永傳而鉅子中絕耳此則別有原因至其立法之本意未或異也）墨家雖未嘗明言以鉅子干涉政治。但其言謂選天下最賢者以爲天子。墨家所謂最賢者何必其於尊天明鬼兼愛非攻節用諸大義。信之最堅而行之最力者也。而彼所謂鉅子。卽具有此資格最完備之人也。故苟墨子之說行。則政治之大權勢不可不在鉅子。而其鉅子承襲之法。大率由前任指名者半。由諸墨公舉者半。此墨子所以斷言天子爲天下之仁人也。至此等制度。果能適於世界進化之運乎。則景教之教皇。乃至佛教之達賴喇嘛等。皆其前證矣。（鉅子爲神聖君權之說純由臆推非有確證存之以備參考）

（第三）君權限制說

（尚同中）夫既尚同乎天子而未上同乎天者。則天菑將猶未止也。

（尚同下）天下既已治。天子又總天下之義以尚同於天。

（天志上）天子未得恣己而爲政。有天正之。

此墨子之論理。視霍布士較圓滿者也。霍氏謂相約建國之後。國民卽各以其自由權委而奉之於君主。於是君主有權利而無義務。聽彼自恣。而民莫可如何。此其說所以不得成立也。墨子知君權之不可以無限也。而未得其所以限之之法。於是立以天統君之一大義。其說與孔教全同　蓋墨子之君主。非無責任者也。責任云何。則對於天而負責任是已。野蠻時代勢不能不用嚴重之君權以謀統一。嚴重之君權固不勝其敝也。然民智民德之程度旣未進。實無術以舉行監督政府之實業。於此而欲限制君權。非利用宗教迷信之思想以無形之賞罰臨之。勢固不能。託天之治術。雖涉空漠。然烏得已也。但儒墨同託天。而儒說實較完。儒者謂天視自我民視。天聽自我民聽。天聰明自我民聰明。天明畏自我民明畏。蓋以民爲天之代表。其所謂天者。已離空想界以入於現實界矣。墨子於此義。言之猶未盡也。

（第四）中央政治與地方政治之聯絡。

（尙同下）天子以其知力爲未足獨治天下。是以選擇其次立爲三公。三公又以其知力爲未足獨左右天子也。是以分國建諸侯。諸侯又以其知力爲未足獨治其四境之內也。是以選擇其次立爲卿之宰。卿之宰又以其知力爲未足獨左右其君也。是以選擇其次立而爲鄉長家君。

（尙同中）里長順天子政而一同其里之義。率其里之萬民以尙同乎鄉長。鄉長率有鄉萬民以尙同乎國君。國君率其國之萬民以尙同乎天子。

（尙同下）故曰治天下之國若治一家。使天下之民若使一夫。

以上墨子言中央權與地方權之關係也。其所謂公卿諸侯鄉長里長家君者。果由上所命耶。抑由下所舉耶。原文不甚分明。以全體理論推之。殆一出於選舉也。

（第五）法治國。

（法儀）子墨子曰。天下從事者不可以無法儀。無法儀而其事能成者無有。雖至士之爲將相者皆有法。雖至百工從事者亦皆有法。百工爲方以矩。爲員以規。直以繩。正以懸。無巧工不巧工。皆以此五者爲法。巧者能中之。不巧者雖不能中。放依以從事。猶逾已。故百工從事皆有法所度。今大者治天下。其次治大國。而無法所度。此不若百工辯也。

由此觀之。墨子以法治爲政術之要具。其恉甚明。但其所謂法者。非成文法。其言曰。『奚以爲治法而可。莫若法天。』又曰。『以天爲法。動作有爲。必度於天。天之所欲則爲之。天所不欲則止。』是其所謂法者。猶不免空漠無朕。非完全具體之法治國也。

要而論之。墨子之政術。非國家主義。而世界主義。社會主義也。其言曰。『天下無大小國。皆天之邑也。人無長幼貴賤。皆天之臣也。』（法儀篇）又曰。『視人國若視其國。視人家若視其家。』（兼愛篇）舉國界家界盡破之。而一歸於大同。是墨子根本之理想也。尙同三篇所反復陳說。皆此志也。今世所謂社會主義者。以自由平等爲精神。而不得不以法制干涉爲手段。墨子之民約建國說。與君權神聖說。所以並容不悖者。亦明此而已。未可與霍布士之輩。同類而並笑之也。

第五章　墨學之實行及其學說之影響

墨子爲中國獨一無二之實行家。此稍有識者所同認也。然其所以助實行之力者。則其學說之所影響至重大焉。今略舉之。

(第一)尙賢說與實行之關係。

孔子曷嘗不言尙賢。百家曷嘗不言尙賢。然其效力不如墨子之强者。諸家於尙賢之外。更有親親貴貴諸義。大學君子賢其賢而親其親中庸親親之殺尊賢之等禮所生也孟子自下敬上謂之貴貴自上敬下謂之尊賢皆以賢與親貴並舉又周禮有議親議貴之條墨子則舍尙賢外。他無所尙。尙同與尙賢其根本的理論同出於一彼貳而此一。彼駁而此純也。蓋墨子尙賢主義。實取舊社會階級之習翻根本而摧破之也。凡在野蠻社會。親貴與疏賤之間。等差最嚴。故古代有百姓與民之分。至孟子時。猶有君子野人之別。無君子莫治野人無野人莫養君子各國之圖騰社會宗法社會。莫不惟親與貴之是尙。其眞能尙賢者。則入軍國社會後而始然也。然在親貴並建之社會。則競爭淘汰之力。不能循自然軌道以進行。而實行之能力。因以不發達。何也。行矣而無所償。則靡以爲勸也。墨子之敎。義利同體。故以尙賢勸實行。其言曰。不黨父兄。不偏貴富。尙賢中又曰。官無常貴。民無終賤。又曰。今舉義不避遠。遠者聞之。退而謀曰。我不可不爲義。逮至遠鄙郊外之臣。門庭庶子。國中之衆。四鄙之萌人。聞之皆競爲義。俱尙賢上故使全社會中。非實行者不得實利。此勸之之道也。

(第二)非命說與實行之關係。

力與命對待。有命說與力行說之不能相容。夫既言之矣。西人推原近世社會進化之跡。其原因不一端。而最重要者莫如自由競爭。Free c mpetision 有命說者。則取人人自由競爭之銳氣而摧折之者也。故命說行而厭世主義勝焉。厭世主義。實行之仇敵也。墨學則雖天下不取。强聒而不舍者也。莊子天下篇語故學墨者決無或持厭世主義。此其實行力所以至强而莫能禦也。

(第三)明鬼說與實行之關係。

吾嘗言墨子明鬼論之不圓滿。此就其論據上言之耳。若語其精神。則有鬼無鬼之論。辯與民德之强弱升降。有大關係焉。不可不察也。蓋有鬼神則有靈魂。有靈魂則身死而有其不死者存。有靈魂則生之時暫而不生之時長。生之時幻而不生之時眞。夫然後視生命不甚足愛惜。而游俠犯難之風乃盛。墨學可以起中國之衰者。其精神皆在此點。今最錄墨者對於死之觀念。資信仰焉。

(魯問)魯人有因子墨子而學其子者。其子戰而死。其父讓子墨子。子墨子曰。子欲學子之子。今學成矣。戰而死。而子慍。是猶欲糶。糴售則慍也。豈不費哉。

(淮南子)墨子服役者百八十人。皆可使赴湯蹈火。死不還踵。化之所致也。

(呂氏春秋上德篇)墨者鉅子孟勝。善荊之陽城君。陽城君令守於國。毀璜以爲符。約曰。符合聽之。荊王薨。羣臣攻吳起兵於喪所。陽城君與焉。荊罪之。陽城君走。荊收其國。孟勝曰。受人之國。與之有符。今不見符。而力不能禁。不能死。不可。其弟子徐弱諫曰。死而有益陽城君。死之可矣。無益也。而絕墨者於世。不可。孟勝曰。不然。吾於陽城君。非師則友也。非友則臣也。不死。自今以來。求嚴師必不於墨者矣。求賢友必不於墨者矣。求良臣必不於墨者矣。死之所以行墨者之義。而繼其業也。我將屬鉅子於宋之田襄子。田襄子賢者也。何患墨者之絕世也。徐弱曰。若夫子之言。弱請先死以除路。還歿頭前於孟勝。因使二人傳鉅子於田襄子。孟勝死。弟子死之者百八十三人。二人已致令於田襄子。欲反死孟勝於荊。田襄子止之曰。孟子已傳鉅子於我矣。不聽。遂反死之。墨者以爲不聽鉅子。

（又去私篇）墨者有鉅子腹䵍居秦其子殺人惠王曰先生之年長矣非有他子也寡人已令吏弗誅矣先生之以此聽寡人也腹䵍對曰墨者之法曰殺人者死傷人者刑此所以禁殺傷人也夫禁殺傷人者天下之大義也王雖爲之賜而令吏弗誅腹䵍不可其不行墨者之法不許惠王而遂殺之

實行非限於必死也然不充其類至於可以死則實行之分際不完人之所以能不愛其死者最要莫如自認道德的責任卽所謂義務觀念是也孔子所謂殺身成仁孟子所謂舍身取義皆以此觀念爲中堅也雖然此觀念非學道有得者不能切實體認其平時養成之旣甚難其臨事應用之抑亦不易以故往往不能逮下必於責任問題之外更有利益問題以之爲助力然後此觀念乃可普及夫一二人之奇節異操受特別之感化者不必論也具救世之志者必不蘄爲特別一二人說法而蘄爲普通多數人說法徒繩以嚴重之道德責任其義則正其途則隘矣故夫欲導人以輕死生者不可不發明一物焉更重於死生而其物又與人人有直接之關係爲詣人所能喻者然後其愛生之情有所奪而畏死之蔽可以解（孟子曰生亦我所欲所欲有甚於生者死亦我所惡所惡有甚於死者卽比較輕重之間以說法其義精矣但所謂甚焉者之爲物專指道德的責任其於中人以下感化力尙薄耳孟子又言非獨賢者有是心也人皆有之賢者能勿喪耳卽其義也）吾嘗剖分研究之得三事焉一曰感情的觀念人莫不愛己然有與己爲密切之關係幾於異形同體者則視其利害常若己身之利害且時或比己身之利害更重要焉若此者無論何人皆有之其最普通者曰家族次則朋友霸者之驅策其民也常利用其家族之感情爲彼而死者封妻廕子其家族享無限之光榮負彼而生者連坐族夷其家族遭無窮之苦累以故旣有所歆復有所懼而覺生之可愛不如死者有焉矣此其爲術若與道德之原理相遠雖然家族有家族之道德其不肯以一己之利害易家族之利害者卽其對於家族最純粹高尙之道德的責任也若是者吾名之曰義務觀念

與感情觀念之和合。慈親孝子義夫烈婦之所以輕生死者。往往皆由是出焉。由家族而推之。則其次最易發現者。莫如朋友。人於所至親愛之朋友。其關係之切密。殆不異家族。其利害之相連屬相感觸。亦殆不異家族。故感意氣而相爲死者。中外古今之歷史。蓋不絕書。是亦於道德責任之外。更有他一物焉以紐之也。（恩讎之義所以激刺人之「煙士披里純」者最爲有力近世學子好爲高論紬之謂不足道是益獎人情之澆薄而缺鞭辟切己之功耳記唐佛塵輓譚壯飛聯語云「忍不攜二十年刎頸交同赴泉臺」又其詩云「一腔好頭顱酬死友」蓋己庚之間佛塵所刻刻不去懷者一壯飛也佛塵之愛國固無待言但其愛國之道德的責任與爲壯飛復仇的感情兩者相和合其熱度乃陡增數倍感情之效力如此其偉大也即彼俄國虛無黨之義俠炳耀天壤其初發軔亦皆起於復仇蓋愛國如膾炙衆人所同也恩仇如羊棗一人所獨也一張汝祥能斃馬新貽舉國革命黨不能傾滿洲政府其機固甚微矣）由是而更推之。則爲對於一黨派之感情。對於一敎會之感情。對於一國家之感情。愛國之源泉。即由是生焉。但其愈切近而範圍愈狹者。則此感情愈明瞭而易激刺。其愈廣遠而範圍愈廣者。則反之。夫是以爲家族而死。爲朋友而死者。所在多有。而爲國家而死者。曠古乃一見也。一曰名譽的觀念。孔子曰。君子疾沒世而名不稱焉。董子曰。蒙大辱以生者。毋寧死。是取軀殼之生命與名譽之生命相比較。苟二者不可得兼。則舍軀殼而取名譽也。蓋名譽立則雖死而固有不死者存也。孔學所恃以獎厲人輕生死之心者。頗在此。故儒敎亦稱名敎。（後漢書黨錮傳記范滂就義時其母語之曰汝今得與李杜齊名死亦何恨既有令名復求壽考可更得乎以令名與壽考比較輕重去取最能代表儒敎之精神）若此者。吾名之曰義務觀念與名譽觀念之和合。楊朱之學所以禍天下者。以其蔑名譽而去之也。（列子楊朱篇引楊朱曰生則堯舜死則腐骨腐骨一矣孰知其異且趨當生奚遑死後又曰遑遑爾競時之虛譽規死後之餘榮徒失當年之至樂重囚纍梏何以異哉此楊氏反對名譽最無忌憚之言也中國社會之大多數皆中此毒）雖然。名譽問題與利益問題。固非全無關係者。苟其宜死而不死也。或遂爲一世所不齒。雖復偷生數十年。而後半期所應享之權利幸福。或將自此悉消滅。故眞自愛者。於輕重比較之間。知所擇焉。如彼斯巴達戰敗生還者。不復見齒於鄉黨。此所以一往而不返顧也。故名譽者。雖道德責任之附庸。亦道德責任之後勁也。（吳梅村詩云古人昔有濫妻子我因親在何敢死如今憔悴至於此欲往從之愧青史又絕命詞云故人慷慨多奇節恨當年沈吟不斷草間偷活到如今一錢不值何消說此猶略可見名教之效名譽所以能使人輕生死者在此）三曰靈魂的觀念。此實決生死輕重問題最要之條件也。苟無靈魂則死後更無餘事矣。中國常言一棺附身。萬事都已。更無復能受幸福者。亦更無復能受苦痛者。於是乎其所重莫甚於生。其所畏莫甚於死。此民之所以日偷也。故世界大哲。莫不以死後問題爲立教之源泉。佛有涅槃輪迴天堂地獄之名。耶有末日審判往生天國之說。皆使人知區區數十寒暑之所經歷。至短至幻至不足道。以身殉責任者。正所以求眞利眞福於來茲也。若是者吾名之曰義務觀念與靈魂觀念之和合。而子墨子蓋有得於是。故於有鬼無鬼之論辨。致斷斷焉明鬼云者。下以正確之解釋。則明魂而已。靈魂之果有果無。死後之靈魂。（即所謂鬼者）其狀態當若何。在昔哲學論者。以是爲屬於不可思議之部分。（斯賓塞分哲學爲可思議的不可思議的之兩部分）謂終非此冥頑軀殼所包之腦識能研究之。雖然。死後之必有鬼。則誠如墨子所謂徵諸史乘徵諸口碑徵諸閱見。無論何人。不敢持極端的武斷謂其必無也。（鄙人於距今九年前有數月間與鬼之交涉歷史甚多故鄙人篤信鬼以其詞支蔓今不具述）今勿具論。但彼「鬼學」者。（文言之曰魂學）至今已漸成爲一有系統之科學。即英語所謂「哈比那邏支」Hypnologie 日本譯爲「催眠術」者。近二十年來。日益進步。其勢且將披靡天下。（此學起於千七百七十三年學者分之爲五期其最新之一派則距今二十年前始發明也今最盛於法國德國次之近一二年來日本大盛其標名催眠學會以教授者凡三四著書研究此學者數十種大率數月之間重版至十數欲一知其理者可任取一種研究之）據其術。則我之靈魂能使役他人之靈魂。我之靈魂能被使役於他人之靈魂。能臥榻上以偵探祕密。能在數百里外受他人之暗示。其他種種動作。疇昔所指爲神通爲不可思議者。今皆有原理之可尋。可以在講筵上黔板堊筆傳與其人。以最簡單之語櫽括之。則曰明生理與心理之關係而已。而佛說所謂三界唯心萬法唯識之奧理。至是乃實現。而以入教科矣。就茲學所發明。則吾今者所保持之軀殼。眞天下之最頑鈍最脆薄最無自主權而最不可恃者也。夫如是。則必別有其靈明者。强固者。有自主權而可恃者。此其物必在此幺麼七尺以外。必非以生而始有。必非以死而遂亡。吾人所當護持寶貴者此物而已。若彼頑鈍脆薄不可恃之軀殼。則何愛之與有。墨子明鬼。明此物而已。此物明。則人之視生死也不期輕而自輕。乃無罣礙無恐怖。而惟從吾心之所安以汲汲實行。則實行之力莫能禦焉。泰西偉人之事業。多得力於信仰。其明證也。以上三者。皆與道德的責任相爲緣。苟無道德的責任而輕死者。在中國謂之自尋短見。在泰西法律則自殺爲有罪。其不足稱無待言也。墨學之實行。則固以道德責任爲前提。而其所以助之使樂於踐履此責任者。則魂學之功用遠矣。吾所謂明鬼說與實行之關係者此也。

（附言）數月前日本之運兵船常陸丸。爲俄船所襲擊。命之降。自將校以逮士卒。皆自湛。無一肯生降者。西人大駭之。蓋西人以自殺爲志行薄弱之徵也。日本有浮田和民者。亦一著名之學者也。乃推演其說。謂軍士與敵相對。死於戰場。勇也。力盡而空自殺。不可謂勇。且言日本將養成此將校。大不易。宜留其身爲他日用。此論一出。舉國唾罵之。而井上哲次郎所駁最爲有力。井上謂浮田留身有用之說。其所留者此數百武士之軀殼。而所喪者千年來遺傳武士道之精神。故諸將校之死。正爲日本增武士之數。非爲日本減武士之數云云。案呂氏春秋上德篇所載。徐弱之言。猶浮田氏也。孟勝之言。猶井上氏也。孟勝曰。死之所以行墨者之義而繼其業也。此一針見血之言也。不然。孟勝子及其弟子之死陽城君。豈不洵無益哉。甲午之役。丁汝昌以海軍降。謂海軍將校養成不易。中國將來必有復興海軍之一日。毋寧保全之爲他日用。日本人亟稱之焉。不知所活者將校之軀殼。而所戕者海軍之精神也。無精神之軀殼。活之奚補。夫汝昌之死。固自知罪不可逭。乃尋短見耳。

非眞有徇義務之心。若云有之也。則何以獨爲君子。而使所屬將校皆爲小人耶。嗚呼。其亦未聞孟勝之教而已。世有志士。其或遇可死之機會。而遲疑於死與生之孰利於天下者。則三復孟勝之言可也。

（第四）天志說與實行之關係。景教祈禱之常言曰。『我力甚弱。帝其助我。』此誠獎勵實行之一法門也。吾祈助於帝。而帝遂助我乎。曰吾無以知之。雖然。以三界唯心之理。我誠確信有助我者。則此信心卽吾助也。畏夜行者。獨行則瑟縮。一人伴之則泰然矣。誠遇魑魅。未必伴之者遂能敵也。而何以若此。心理然也。故古之用兵家常藉此以厲士氣。夫人之能力本薄弱也。無所夾持則易退轉也。天志之說明。既有上帝臨汝。無貳爾心之警戒。更有惟爾有神尚克相予之憑藉。此志行所以益堅。日就月將。緝熙光明。皆賴於是。

綜觀墨學實行之大綱。其最要莫如輕生死。次則忍苦痛。孟子曰。墨子摩頂放踵利天下爲之。莊子曰。墨者多以裘褐爲衣。以跂蹻爲服。日夜不休。以自苦爲極。夫輕生死不易。忍苦痛尤難。輕生死爭之於一時。忍苦痛持之於永久。非於道德之責任認之甚明不可。又非於軀殼之外。更知有鬼之樂。有天之福。以與其現在所受苦痛相消不可。墨子明此義也。故尊天鬼。獨其言天堂地獄之義。不逮佛耶之指點明晰。是其教不能普及之一缺點也。雖然。欲救今日之中國。舍墨學之忍苦痛則何以哉。舍墨學之輕生死則何以哉。

第六章　墨學之傳授

墨子以傳播其學說爲對於社會一最要之義務。故時人爲之語曰。孔席不暇煖。墨突不得黔。墨子及其弟子周遊諸侯。凡以傳敎也。故莊子評之曰『周行天下。上說下敎。雖天下不取。强聒而不舍者也。故曰上下見厭而强見也』(天下篇論宋鈃語然宋鈃爲墨徒既有定論)其一生大目的。皆在於是。今請先述其意見。次乃敍其流派。

(魯問)吳慮謂子墨子曰。義耳義耳。焉用言之哉。子墨子曰。藉設天下不知耕。敎人耕與不敎人耕而獨耕者。其功孰多。吳慮曰。敎人耕者其功多。子墨子曰。藉設攻不義之國。鼓而使衆進戰。與不鼓而使衆進戰而獨進戰者。其功孰多。吳慮曰。鼓而進衆者其功多。子墨子曰。天下匹夫徒步之士。少知義。而敎天下以義者。其功亦多。何故弗言也。若得鼓而進於義。則吾義豈不益進哉。……翟以爲不若誦先王之道。而求其說。通聖人之言。而察其辭。上說王公大人。次匹夫徒步之士。王公大人用吾言。國必治。匹夫徒步之士用吾言。行必修。故翟以爲雖不耕而食飢。不織而衣寒。功賢於耕而食之織而衣之者也。

(公孟)公孟子謂子墨子曰。君子共己以待。問焉則言。不問焉則止。譬若鐘然。扣則鳴。不扣則不鳴。子墨子曰。(前略)若大人爲政。將因於國家之難。(略)君子之必以諫。(略)若此者。雖不扣必鳴者也。若大人舉不義之行。(略)欲攻伐無罪之國。(略)所攻者不利。而攻者亦不利。是兩不利也。若此者。雖不扣必鳴者也。(下略)

(又)公孟子謂子墨子曰。實爲善人。孰不知。譬若良巫。處而不出。有餘糈。譬若美女。處而不出。人爭求之。行而自衒。人莫之取也。今子徧從人而說之。何其勞也。子墨子曰。(前略)今求善者寡。不强說人。人莫之知也。且有二生於此。善筮。一行爲人筮者。一處而不出者。其糈孰多。公孟子曰。行爲人筮者其糈多。子墨子曰。仁義鈞。行說人者其功善亦多。何故不行說人也。

(貴義)子墨子自魯卽齊。過故人。謂子墨子曰。今天下莫爲義。子獨自苦而爲義。子不若已。子墨子曰。今有人於此。有子十人。一人耕而九人處。則耕者不可以不益急矣。何故。則食者衆而耕者寡也。今天下莫爲義。則子如勸我者也。何故止我。

以上皆墨子所以傳教之理由也。凡創教者必務傳之。非惟墨子有然。孔子亦有然。諸教亦皆有然。雖然。孔子與墨子異者一事。孔子遊說。上公大人而已。墨子則下逮匹夫徒步之士。孔子對於匹夫徒步之士。其有願學者誨之。否則不強也。(子曰自行束脩以上吾未嘗無誨焉。又曰不憤不啓不悱不發。)卽公孟所謂扣則鳴不扣不鳴也。(公孟孔子之徒見前)墨子則不擇人而強聒之。此孔墨之優劣比較也。

今取墨子弟子可考見者。列表如左。

- 禽滑釐(墨門之祭酒釐見羣書亦學於子夏)
  - 索盧參(見呂氏春秋尊師篇)
  - 許犯
    - 田繫(見呂氏春秋當染篇)
- 耕柱子(有耕柱篇)
- 隨巢子(著書六篇見漢書藝文志班固曰墨翟弟子)
- 胡非子(著書三篇見漢書藝文志班固曰墨翟弟子)
- 高石子(見耕柱篇)
- 高何

墨翟

- 縣子石（俱見呂氏春秋尊師篇高誘注疑爲即高石子未敢斷也）
- 公尚過（見貴義篇）
- 勝綽
- 高孫子（俱見魯問篇）
- 程繁（三辯篇有程繁難非樂之說公孟篇程子曰儒者之道足以亡天下者四疑是一人三辯篇則師弟之問難耳）
- 跌鼻（見公孟篇）
- 孟山（同上）
- 曹公子（見魯問篇）
- 彭輕生子（同上）
- 弦唐子（見貴義篇）
- 管黔敖（見耕柱篇）

韓非子顯學篇。稱墨子卒後。墨離爲三。有相里氏之墨。有相夫氏之墨。有鄧陵氏之墨。莊子天下篇。稱相里勤之弟子。五侯之徒。南方之墨者。苦獲己齒鄧陵子之屬。俱誦墨經。而倍譎不同。相謂別墨。以堅白同異之辯相訾以觭偶不仵之辭相應，以鉅子爲聖人，皆願爲之尸，冀得爲其後世，至今不決。則戰國之末，墨學固已裂矣。凡天下事物，必內力充溢，然後有分裂，其裂也，正以著其盛也。荀子非十二子篇，以墨翟宋鈃並舉，莊子天下篇則以墨翟禽滑釐與宋鈃尹文對舉各論。然則宋鈃殆一種之別墨也。今據諸說以推究墨派，可分爲四。

(一)相里勤五侯子之徒。　得於勤儉力行者多。莊子天下篇言後世墨者以裘褐爲衣，以跂蹻爲服，日夜不休，以自苦爲極，指相里一派也。

(二)苦獲己齒鄧陵子之徒。　得於論理學者多。莊子天下篇言倍譎不同，以堅白同異相訾云云，指此一派也。此派盛行於南部。

(三)相夫氏一派。　不詳。

(四)宋鈃尹文一派。　得力於非攻寬恕者多。莊子天下篇稱宋鈃尹文以禁攻寢兵爲外，以情欲寡淺爲內，是其學殆墨子之正派矣。宋鈃孟子作宋牼，所記亦實行非攻之事。又韓非子顯學篇云：宋榮子之議，不設爭鬬。又曰：宋榮之恕。番禺陳氏澧謂宋榮即宋牼，是也。尹文子著書今存，有大道上下二篇，其言乃簡雜儒墨名法，而似歸結於道，故漢志列之於名家，四庫全書總目列之於雜家。但馬總意林引尹文子，其文不見於今本，則今本爲眞僞，尙難斷定。莊子與彼等同時，稱其學如是，必不謬，未可據今本以難莊也。莊子又稱宋尹一派以別宥爲始，語心之容，命之曰心之行，以聏合驩，以調海內。案莊子在宥篇言自由之理，此所謂別宥殆亦同義。墨子純然爲唯物派，宋尹則研究心之容心之行，是兼心物二元者，既有禁攻寢兵以爲外，復有情欲寡淺以爲內，是其學益進，鞭辟近裏，此其所以稍異於墨子也。宋尹二子殆墨者而兼有得於老氏歟？吾故於顯學篇三墨之外，別列此一派。

此其派別之可考者也。其餘見於羣書者，則有

夷之　見孟子

田俅子　見漢書藝文志著書三篇，班固云先韓子

我子　見漢書藝文志著書一篇，顏師古引劉向別錄云爲墨子之學

孟勝　田襄子　徐弱　俱見呂氏春秋。田襄子與田俅子爲一人爲二人，今不可考。孟勝田襄皆鉅子也

腹䵍（見呂氏春秋鉅子也）

謝子　唐姑果（見呂氏春秋及說苑）

田鳩（見呂氏春秋魯人與宋之田襄子異人）

纏子（見論衡）

董無心（見通志藝文略言戰國時有董無心者著董子一卷其說本墨氏云云論衡稱董無心爲儒家與墨者纏子相論辯不知鄭氏何據而斷爲墨家姑仍之）

以上十二人。合諸前表四派爲二十人。再合諸墨子直傳弟子十七人。凡見於羣書者三十七人。墨者之可考見者。盡於此矣。（戰國策尙有墨者師嘗難司馬喜於中山王前以非攻但其名今佚）雖然。戰國時墨學之盛。幾與儒中分天下。故韓非子曰。天下之顯學儒墨也。孟子曰。墨翟之言盈天下。呂氏春秋亦曰。舉天下之榮顯者。必稱說此二士。（謂孔墨）二士死皆久。從屬彌衆。弟子彌豐。充滿天下。（當染篇）此外先秦古籍中以儒墨對舉之文。殆數百見。今不可悉引。要之當時兩家。皆有可爲國教之勢。及楚漢之爭。百學俱絕。而叔孫通獨媕阿取容。緣飾儒術以媚人主。至孝武則董仲舒表章六藝。罷黜百家。儒學遂專國教之席。而墨竟中絕。蓋儒墨爲劇烈之競爭者。垂二百年。一蹶一興。間不容髮。錢唐夏氏謂此爲涿鹿戰後第一大事。然哉。然哉。

附墨子之論理學

（附言一）舉凡西人今日所有之學。而强緣飾之。以爲吾古人所嘗有。此重誣古人。而獎厲國民之自欺者也。雖然。苟誠爲古人所見及者。從而發明之淬厲之。此又後起國民之責任也。且亦增長國民愛國心之一法門也。夫人性恆愛其所親。而重其所經歷。故使其學誠爲吾古人所引端而未竟者。今表而出之。則爲子孫者若有手澤之思。而研究之之心因以驟熾。近世泰西之文明。導源於古學復興時代。循此例也。故今者以歐西新理比附中國舊學。其非無用之業也明矣。本章所論墨子之論理。其能否盡免於牽合附會之誚。蓋未敢自信。但勉求忠實。不誣古人。不自欺。則著者之志也。

（附言二）Logic之原語。前明李之藻譯爲名理。近侯官嚴氏譯爲名學。此實用九流「名家」之舊名。惟於原語意似有所未盡。今從東譯通行語。作論理學。其本學中之術語。則東譯嚴譯。擇善而從。而采東譯爲多。吾中國將來之學界。必與日本學界有密切之關係。故今毋寧多采之。免使與方來之譯本生參差也。

凡一學說之獨立也。必排斥他人之謬誤。而楬櫫一己之心得。若是者必以論理學爲之城壁焉。其難他說也。以違反於論理原則者擿其伏。則所向無敵矣。其自樹義也。以印合於論理原則者證其眞。則持之成理矣。此學在中國之發達。固甚幼稚也。然秦漢以後。則並其幼稚者而無之。萌芽之稍可尋者。惟先秦諸子而已。諸子中持論理學最堅而用之最密者。莫如墨子。墨子一書。盛水不漏者也。綱領條目相一貫。而無或牴牾者也。何以故。有論理學爲之城壁故故今欲論墨子全體之學說不可不先識其所根據之論理學墨子全書殆無一處不用論理學之法則至專言其法則之所以成立者則惟經說上經說下大取小取非命諸篇爲特詳今引而釋之與泰西治此學者相印證焉

一釋名

辯（小取）夫辯者將以明是非之分同異之處察名實之理處利害決嫌疑焉摹略萬物之然論求羣言之比以名舉實以辭抒意以說出故以類取以類予（案）墨子所謂辯者卽論理學也此文釋論理學之定義及其功用今泰西斯學名家所下界說不是過矣

名（小取）以名舉實（案）墨子所謂名卽論理學所謂名詞Term也（如云「墨子者中國人也」墨子與中國人爲兩名辭也）

辭（小取）以辭抒意（案）墨子所謂辭卽論理學所謂命題Proposition也（如云「墨子者中國人也」一語連續之爲一命題也）

說（小取）以說出故（案）墨子所謂說卽論理學所謂前提Premise也凡論理學必用三段法其第一段謂之大前提第二段謂之小前提（如云「有道行能救人者聖人也」此大前提也云「墨子者有道行能救人者也」此小前提也）又案墨子之所謂說以專屬諸小前提差爲確當

實意故（小取）以名舉實以辭抒意以說出故（案）墨子所謂實意故皆論理學所謂斷案Conclusion也凡論理學必先指名合兩名爲一命題舉兩命題爲大小前提然後斷案出焉斷案卽其實也其意也而下斷案時恆用故字出之故墨子曰以說出故（如云「有道行能救人者聖人也」「墨子有道行能救人者也」「故墨子聖人也」如此則三段論法備矣有大小兩前提則斷案自出也）

類（小取）以類取。以類予。（案）墨子所謂類。殆論理學所謂媒詞 Middle Term 也。論理學三段論法。凡含三名詞。其斷案之主位名詞。亦曰小詞。斷案之賓位名詞。亦曰大詞。其不見於斷案中之名詞曰媒詞。如云「凡中國人皆亞洲人也」「墨子者中國人也」「故墨子亞洲人也」墨子爲小詞亞洲人爲大詞中國人爲媒詞 媒詞者。在大前提與小前提之間爲取。在小前提與斷案之間爲予者也。

或（小取）或也者。不盡也。（案）墨子所謂或。卽論理學所謂特稱命題 Particular Proposition 也。論理學命題有全稱特稱之分。布式者所最不可忽之節目也。如云「凡中國人皆黃帝子孫也」此之謂全稱命題蓋其主位之凡字包舉全中國人而無遺也如云「或人某人此人彼人爲黃帝子孫」此之謂特稱命題所包舉者不盡也此或人之外其餘人爲黃帝子孫與否未嘗言明也

假（小取）假者。今不然也。（案）墨子所謂假。卽論理學所謂假言命題 Hypothetical Proposition 也。如云「假使今日中國有墨子則中國可救」（第一段）「今有墨子與否未可知」（第二段）「故中國之前途難決也」（第三段） 假者。現在不能指實。故曰今不然。

效（小取）效者。爲之法也。故中效則是也。不中效則非也。（案）墨子所謂效。殆含法式之義。兼西語 Form, Law 兩字之意。專求諸論理學。則三段論法之格 Figure 足以當之。苟不中格者。則其論法永不得成立也。

譬（小取）辟（畢注辟同譬）也者。舉物而以明之也。（案）墨子所謂譬。論理學所謂立證 Verification 也。如歌白尼創行星繞日之說加里黎阿欲考其說之確否乃設爲金星水星應同一現象之理想而研究之舉以爲證之類是也其種別甚多不可枚舉

侔（小取）侔也者。比辭而俱行也。（案）墨子所謂侔。卽比較 Comparison 之義。論理學所最要也。蓋無比較。則論理學不能成立也。

援（小取）援也者。曰然我奚獨不可以然也。（案）墨子所謂援。其義不甚分明。不敢强解。若附會適用之。

則積疊式Sorites之三段論法，庶幾近之。如云「動物者有機體也」「四足獸者動物也」「馬者四足獸也」「此物者馬也」「故此物者有機體也」凡積數段段段相援而成斷案也

推（小取）推也者，以其所不取之同於其所取者予之也。（案）論理學本推論Inference之學，故推為本學中第一要件，無待言。但墨子之定義，頗奧古不敢强解。

二法式。法式者，小取篇所謂效也。中效則是，不中效則非，是墨子所持以權衡天下之理論者也。墨子論理學之法式，未嘗泐為專篇，故不可以盡見。今從諸篇中搜其緒論而排比之。但原文或錯漏不可讀或深奧不可解不敢謂所釋者盡原意也

（經說下）彼正名者彼此，彼此可彼彼止於彼，此此止於此。彼此不可彼此止於彼此。若是而彼彼也，則彼亦且此此也。

此據論理學上內包Intension外延Extension之例，以明全稱名詞特稱名詞之異用也。「彼句此句彼此可」者，謂主詞與賓詞之量相等。主詞者英語之Subject賓詞者英語之Predicate一命題中必含此兩詞如云「墨子者中國人也」墨子是主詞中國人是賓詞此文之「此」即主詞也「彼」即賓詞也則賓主可互易也。「彼此可」之彼字乃動詞，與彼白而我白之下白字同用法謂以此為彼也。「彼此彼此可」者，其詞皆屬全稱也。以對於下文知其為全稱試舉其例，如命題云「人者理性之動物也」，是謂「彼此彼此可」。何以故？兩者皆全稱。故人以外無理性之動物，理性之動物以外無人。故不惟彼此可，即此彼亦可也。即翻言之曰「理性之動物者人也」，於論理無悖也。以今世論理學之語解之，則云

凡主賓兩詞之質量相等者，則可以互為主賓。

「彼彼止於彼，此此止於此」者，謂特稱名詞也。特稱名詞則有內包外延之差量。今先明其例。如第一圖，人類

第一圖

第二圖

中含有亞細亞人。亞細亞人中含有中國人。中國人中含有墨子。是之謂外延。墨子既含有中國人之公共性。復有其特性。中國人之在亞細亞。亞細亞人之在人類。亦復如是。是之謂內包。今謂墨子者中國人也。亞細亞人也。人類也。可也。反言之。謂人類者亞細亞人也。亞細亞人者中國人也。中國人者墨子也。是不可也。何也。彼彼止於彼。此此止於此也。故當斷案之際。必有度量分界焉。竟彼彼不得也。竟彼彼則彼亦且此此。此此是卽「中國人者墨子也」之喻也。且墨子所謂彼彼止於彼。此此止於此者。又不徒在全稱特稱而已。於詞之普及不普及。皆深注意焉。此又論理學上一緊要關目也。普及者英語之 Distribute 如云「凡民有死」則民之一名。普及者也。而有死之一名。則非普及。有死者衆。不獨民也。設云「有民爲白種」則兩端皆非普及。民不皆白。而白種者又不皆民也。又如曰「無人能飛」則兩端皆爲普及。飛固無與於人。人亦無與於飛。二類者全不相入也。（凡民有死下引嚴譯名學篇四）墨子所謂彼彼止於彼。此此止於此者。則指不普及之名詞言之也。以今世論理學之語解之。則云凡主賓兩詞之質量相包相延者．則不能互爲主賓．

墨子乃自演證曰．

（小取）其弟美人也．愛弟非愛美人也．車木也．乘車非乘木也．船木也．乘船非乘木也．盜人也．多盜非多人也．無盜非無人也．惡多盜非惡多人也．欲無盜非欲無人也．愛盜非愛人也．不愛盜非不愛人也．殺盜非殺人也．

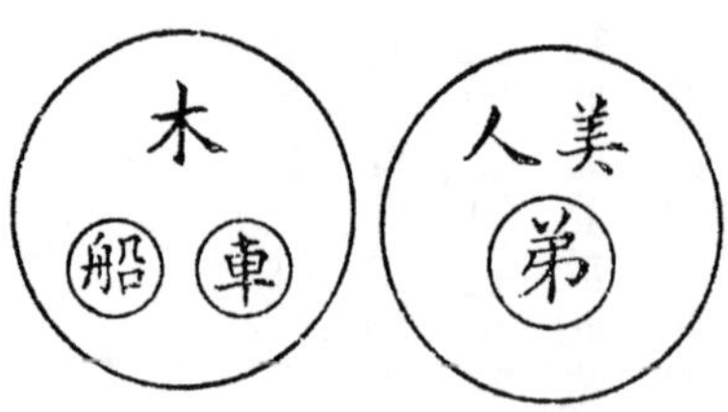

第三圖

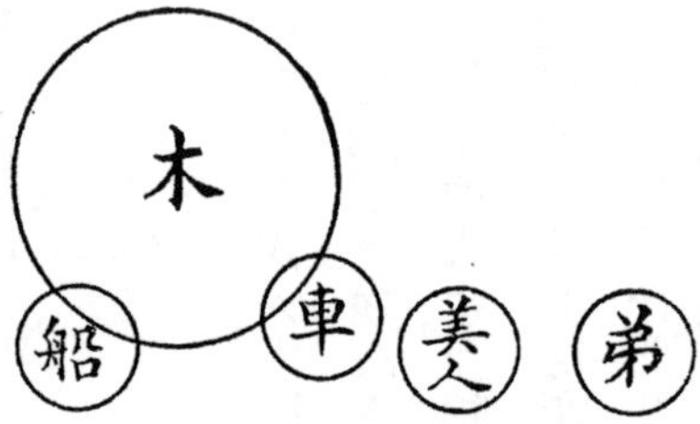

第四圖

以圖示之．則弟爲美人之一部分．車船爲木之一部分．（如第三圖）雖然皆不普及者也．弟之外尚有美人．車船之外尚有木．故謂愛弟卽愛美人．乘車船卽乘木．悖於論理．不辨自明．反言之．謂愛美人卽愛弟．乘木卽乘車船．亦不得也．蓋弟有時可以在美人之範圍外．而木與車船兩端皆不普及．車船之外固尚有他木．木之外亦尚有他物爲車船之原料者也．（如第四圖）質與量二者．論理學上所最宜注意也．如尋常三段法．「中國人者亞細亞人也．墨子者中國人也．故墨子者亞細亞人也」此最通行最淺者也．今若依此演之而曰．

七與五奇數也　十二者七與五也　故十二者奇數也

若此者可爲論理乎．必不可．以其量之異也．又如曰．

輕氣淡氣可燃之物也　水者輕氣淡氣也　故水者可燃之物也

若此者可爲論理乎。必不可。以其質之異也。今更以墨子殺盜之論。演其圖式。如曰。

盜也者人也　所殺者盜也　故所殺者人也

此於論理似無以爲難。然盜之內包。必非能盡人之性。蓋如空氣與淡氣。各皆可燃。及合爲水。已變原質矣。如第五圖上。常理也。而盜之性質。如第五圖下。故曰所殺者人。於論理不當也。墨子更徧引多說以證論理中效不中效之辨。

（經說下）以牛有齒馬有尾說牛之爲馬非馬也不可是俱有不偏有偏無牛之與馬不類牛有角馬無角是類不同也若舉牛有角馬無角以爲是類之不同也是狂舉也猶牛有齒馬有尾或不非牛而牛也則或非牛或牛而牛也可

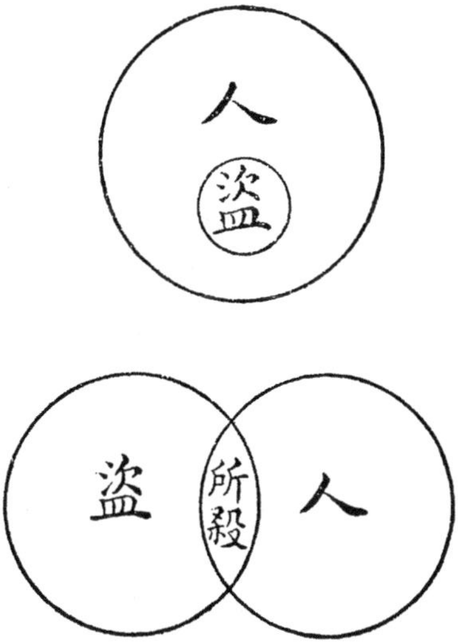

第五圖

此文甚錯雜轇轕。不能得其眞相。大約可分兩截言之。（其一）如以牛有齒馬有尾之兩前提下斷案曰。牛非馬。不可也。以犯論理學第一及第三之公例也。參觀下注論理學第一公例曰。三段論法。由三個名詞組織而成。如云人也者動物也。犬也者非馬也。此不成論理者也。何以故。以有四名詞故。第三公例曰。『凡媒詞在兩前提中。最少必須有一處爲普及者。』如云『凡中國人皆人也。凡日本人皆人也。故日本人皆中國人也。』此不中論理者也。何以故。其媒詞之「人」在兩前提中皆不普及故。夫曰「牛有齒也。馬有尾也。以此謂牛之非馬」則其兩前提不相屬而有四名詞。其悖於第一例無待言矣。若云「牛有齒也。馬有齒也。故牛者馬也。或牛者非馬也」「是皆不可。何以故「齒」之一媒詞在兩端皆非普及故。（有齒者不獨牛又不獨馬）

（其二）如以牛有角。馬無角。而云有角者皆牛類。無角者皆馬類。是亦不可。（墨子所謂狂舉謂斷案之誤也本書屢見）以其犯第四之公例也。第四公例曰『凡兩前提有一不普及者。則其斷案亦不得普及』。如云「凡人動物也。凡馬非人也。故凡馬非動物也」此不中論理者也。何以故。其大前提賓位名詞之「動物」不普及。人之外尚有動物故。今而曰「凡牛類有角者也。此物非牛類也。故此物必無角也」此不中論理者也。何以故。以「有角」一名詞不普及故。

此皆墨子言論理學之格式。東鱗西爪。略可考見。而與今世之論理家言頗有合者也。

（附注）論理學家所奉爲神聖不可侵犯之公例者八條。錄以備參考。

一　三段論法由三個名詞組織而成。不能多於三。不可少於三。
二　三段論法由三個命題組織而成。不能多於三。不可少於三。
三　媒詞在兩前提中。最少必須有一處爲普及者。
四　兩前提有一不普及者。則其斷案亦不得普及。
五　兩前提皆爲否定者。則無斷案。
六　兩前提中有一爲否定者。則其斷案必爲否定。又欲求否定之斷案。則兩前提中。必須有一爲否定者。

七　兩前提皆爲特稱者。則無斷案。

八　兩前提中有一爲特稱者。則其斷案亦爲特稱。

墨子之論理學。其不能如今世歐美治此學者之完備。固無待言。雖然。卽彼土之亞里士多德。論理學鼻祖也其缺點亦多矣。寧獨墨子。故我國有墨子。其亦足以豪也。若夫惠施公孫龍之徒。以名家標宗。其實乃如希臘之詭辯派。其論理學蓋下於墨子數等也。

三應用。　墨子之論理學。非以騁辯才也。將據之以研究眞理。而樹一堅確不拔之學說也。今條舉其一二。

（甲）兼愛說之原本於論理者。

（小取）愛人待周愛人。而後爲愛人。不愛人不待周不愛人。不（疑衍字）失周愛。因爲不愛人矣。

（大取）愛人不在己。己在所愛之中。

（又）愛己非爲愛己之人也。

今爲演其圖式。其第一義則

彼人而我愛之者。愛人之界說也。

今我所謂愛人。限於某部分而不周也。

故我所謂愛人。非愛人之界說也。

此其兼愛說最堅之城壁。徵之於論理學。而絲毫無以難者也。其第二義則凡人者我所愛也。

己者人也。

故己者我所愛也。

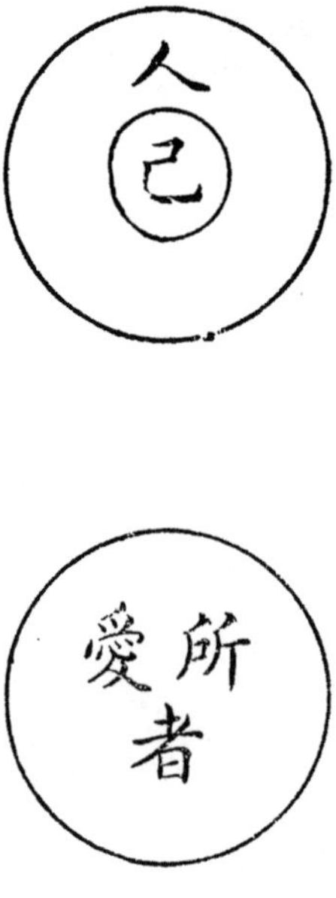

第六圖

謂愛人不在己。己在所愛之中者。卽其義也。己之小圈。全受容於人之大圈中。愛之分量。與人之分量同普及。如第六圖。故愛人卽愛己。是墨子論理最圓滿義也。其第三義。謂愛己非爲愛己之人者。是以利害問題明兼愛義也。其論理尤爲周全。試更引證他篇以爲其前提。

（兼愛中）愛人者人亦從而愛之。利人者人亦從而利之。

（兼愛下）吾不識孝子之爲親度者。亦欲人愛利其親與。意欲人之惡賊其親與。以說觀之。卽欲人之愛利其親也。然則吾惡先從事卽得此。若我先從事乎愛利人之親。然後人報我愛利吾親乎。意我先從事乎惡利人之親。然後人報我以愛利吾親也。

（魯問）利於人之謂巧。不利於人之謂拙。

合此諸義。以積疊式三段論法演之。則如下。

己之利者．愛己者所目的也．
人人愛我者．己之利也．
故人人愛我者．愛己者所目的也．……一

不愛人者．人未有愛之者也．
愛限於己者．不愛人者也．
故愛限於己者．人未有愛之者也．……二

人不愛我．己之害也．
不愛人．人必不愛我也．
故不愛人者．己之害也．……三

害己者．非愛己之人也．
愛己者．適所以害己也．
故愛己非爲愛己之人也．……四

以此四疊之三段法演之．而其義乃大明．故知墨子之以利害問題說兼愛者．非爲權法以導人也．實原本於正當之論理以立案也．

墨子一書．全體皆應用論理學．爲精密之組織．前所臚舉兼愛說．其稍繁重者也．自餘諸義．亦罔不用之．若悉舉之．則全書皆是．今擇其要者論列一二．

（乙）天志說之原本於論理者。所述皆天志上中下三篇原文下仿此

大前提……天下有義則生無義則死有義則富無義則貧有義則治無義則亂。
小前提……然則天欲其生而惡其死欲其富而惡其貧欲其治而惡其亂。
斷　案……此我所以知天欲義而惡不義也。

大前提……義必從貴者知者出。
小前提……然則孰爲貴孰爲知曰天爲貴天爲知而已。
斷　案……然則義果自天出矣。

大前提……
小前提……天子爲善天能賞之天子爲暴天能罰之吾未見天之祈福於天子也。
斷　案……此吾所以知天之貴且知於天子矣。

以上所列三條其第一第二條三段具備其式甚明若第三條則兩前提僅有其一讀者或疑焉不知論理學上本有省段之法如云「我心匪石不可轉也」是其言外含有「凡石皆可轉」之一大前提也又如云「地球者行星也何以故以凡繞日者皆行星故」是其言外含有「地球繞日者也」之一小前提也以人人共明之理故遂省之其實則三段法未嘗缺一也如此文第三條所舉則將「凡貴且知者乃能賞罰人」之大前提省段者也。

斷　案……不爲天之所欲而爲天之所不欲則天亦且不爲人之所欲而爲人之所不欲矣（烏從知之）

大前提……今國君諸侯之有四境之內也。夫豈欲其臣民之相爲不利哉。今若處大國則攻小國。處大家則亂小家。欲以此求賞譽。終不可得。而誅罰必至矣。

小前提……夫天之有天下也。將無以異此。

此倒裝三段式也。其式雖異。其例甚明。

(丙)非攻說之原本於論理者。

大前提……苟虧人愈多者。其不仁茲甚。罪益厚。天下之君子皆知而非之。謂之不義。

小前提……今至大爲攻國。(則其虧人最多矣)

斷　案……則弗知非。從而譽之。謂之義。此何謂知義與不義之別乎。

墨子以爲如論者所言。則其論式當云「殺人愈多者。其不義愈甚也。攻國者。殺人最多者也。故攻國者義也」此其不合於論理。甚明白也。故墨子譬之曰『有人於此。少見黑曰黑。多見黑曰白。則此人不知白黑之辯矣』非攻上

此皆據論理以破迷顯正者也。

(丁)節用節葬說之原本於論理者。(闕)

(戊)非樂說之原本於論理者。(闕)

(己)非命說之原本於論理者。(闕)

(庚)尚賢尚同之原本於論理者。(闕)

(辛)明鬼說之原本於論理者。(闕)

（著者案）以上各義紬繹原書無一不以論理爲樹義之原但臚列之則複沓無味且占篇幅學者可以舉一反三矣

四歸納法之論理學　欲言墨子之歸納論理學不可不先明此學之性質泰西之論理學遠導源於希臘之亞里士多德而其歸納派論理學則近發軔於英國之倍根自歸納派興而前此舊派以演繹派之名別之歸納法與演繹法之相異安在演繹法者據總以推分歸納法者由分以求總今舉其例如云

凡繞日者皆行星也

地球繞日者也

故地球行星也

此演繹法也如云

金星者行星也繞日者也

木水火土星乃至天王海王星皆行星也繞日者也

今地球亦與彼七星全同一現象也

故地球亦行星也繞日者也

此歸納法也倍根以爲演繹法之三段式不過語言文字之法耳既尋得眞理而敍述之則大適於用若欲由此以考察眞理之所存未見其當也是以特創歸納法如吾心中欲提示一原理未敢遽自信也乃即凡事物諸現象中分別其常現之象及偶現之象而求其所以然之故反覆試驗參伍錯綜積之既久則能因甲知乙必見有

一現象與他現象常相伴而不可離者。（參觀本集近世文明初祖二大家之學說篇）夫然後定理出焉。若此者，實論理學界一大革命，而近世歐美學者所羣推爲不朽之業者也。質而言之，則歸納法者，先求得確實之大前提，然後由之以得確實之斷案而已。譬如「凡人皆必死，（大前提）我亦人也，（小前提）故我亦必死，（斷案）」此演繹法之毫無可疑，盡人能解者也。雖然，若使「凡人皆必死」之大前提有絲毫不確實，則「故我亦必死」之一斷案亦將不確實。假有人焉，以特別試驗而見有若干少數不死之人，則安知我不在彼少數者之內也。故倍根以爲此種論法導人於武斷之途者也。今以歸納法研究之，而見夫墨子死也，孔子死也，孟子、荀卿死也，宋牼、禽滑釐死也，亞里士多德、倍根死也，乃至往古來今之人，無一不死也，於是而凡人必死之一前提，乃爲鐵案而不可移，而故我必死之一斷案，亦可以自信。此其術之所以爲進步也。（如凡人必死之前提，其事理至淺，絲毫無容疑義者，雖不用歸納法焉可也。但天下事理往往非如此之簡直而易辨也。如韓愈云「民者出粟米麻絲作器皿通貨財以事其上者也」，以是爲大前提，故悍然下斷案曰「不如是則誅」。使其前提而不誤也，則凡民之自主張其權利以要求於其上者，皆誅焉可也。而無如以歸納法層層駁詰，則其前提不復能持之成理，故其斷案之謬妄亦更不待辯也。中國人所以不能發明新理，而往往爲疑似謬悖之俗說所蒙蔽者，則歸納論理學不發達實尸其咎。如中西舊說皆天動地靜，爲前提而因以爲斷案，及歌白尼氏起，見金星之繞日而動也，復頻數試驗之，而見土木水火諸星皆繞日而動也，更頻數試驗之，見地球與彼諸星之諸現象無一不相同也，因定爲行星必繞日而動之一前提，而因以求得地球亦繞日而動之一斷案，凡此皆歸納論理法也。即以例他，而知此學與文明進步之關係誠重且鉅矣。）故演繹法只能推論其所已知之理，而歸納法專以研窮其所未知之理。倍根氏所以獨荷近世文明初祖之名譽者，皆以此也。而數百年來全世界種種學術之進步，亦罔不賴之。而烏知我祖國二千年前，有專提倡此論法以自張其軍者，則墨子其人也。

（非命上）故言必有三表。何謂三表？子墨子言曰：有本之者，有原之者，有用之者。於何本之？上本之於古者聖王之事。於何原之？下原察百姓耳目之實。於何用之？發以爲刑政，觀其中國家百姓人民之利。此所謂言有三表也。

（非命中）子墨子言曰。凡出言談由文學之爲道也。則不可不先立儀法。若言而無儀。譬猶立朝夕於員鈞之上也。則雖有巧工。必不能得正焉。然今天下之情僞未可得而識也。故使言有三法。三法者何也。有本之者。有原之者。有用之者。於其本之也。考之天鬼之志。聖王之事。於其原之也。徵以先王之書。用之奈何。發而爲刑政。

（非命下）是故言有三法。何謂三法。有考之者。有原之者。有用之者。惡乎考之。考先聖大王之事。惡乎原之。察衆人耳目之情。惡乎用之。發而爲政乎國。察萬民而觀之。

此墨子書中言論理學最明顯之處也。其所謂先立儀法。儀法者。卽西文 Logic 之義也。（Logic兼論與學之兩義其伸說詳嚴譯名學引）

（論第二葉）今櫽括其所謂三表三法者如下。

第一法（甲……考之於天鬼之志
　　　　乙……本之於先聖大王之事）

第二法（甲……下察諸衆人耳目之情實
　　　　乙……文徵以先王之書）

第三法……發而爲刑政以觀其是否能中國家人民之利

右三法中。其第一法之甲。第二法之乙。皆屬於演繹派。其第一法之乙。第二法之甲。與第三法。皆所謂歸納派論法也。是故墨子每樹一義。明一理。終未嘗憑一己之私臆。以爲武斷也。必繁稱博引。先定前提。然後下其斷案。又其前提亦未始妄定。必用其所謂三表三法者。一一研究之。而求其眞理之所存。若偏舉之。則全書五十七篇中。無一語非是也。今避繁衍。不復臚引。學者一繙原籍。當信余言之非阿好焉矣。

墨子以純用歸納論法故。故以歷史學及物理學爲一切學說之根原。經上經下經說上經說下大取小取諸篇。

皆言物理學。今雖不能盡索解，然其孳精之處，有不可誣者。近世學者，固往往以西人科學，比附而證明之矣。至其歷史學，則無一篇不徵引。墨子出游載書五車，蓋爲此也。夫物理科學爲近兩世紀文明進步之大原，盡人所能知矣。而自十九世紀下半期以來，凡一切政治法律生計社會諸學科，無不由「論理的」而趨於「歷史的」，凡以歸納論理學之日以光大也。而吾東方之倍根，已生於二千年以前，我學界顧熟視無睹焉，是則可慨也已。

抑吾更有一言。吾今茲所論列者，墨子之論理學耳。至其應用彼之論理學以立種種之前提斷案，吾非敢謂其盡當也。但天下之事理無窮，歸納法之應用更無盡，此終非以一人數十寒暑之力所能悉究之也明矣。此則何足以輕重於我墨子。

晉書魯勝傳言勝有墨子注，其自敍云，

名者所以別同異，明是非，道義之門，政化之準繩也。孔子曰，必也正名。名不正則事不成。墨子著書，作辯經以正名本。惠施公孫龍祖述其學，以正名顯於世。孟子非墨子，其辯言正辭，則與墨同。荀卿莊周等，皆非毀名家，而不能易其論也。（中略）自鄧析至秦時，名家者流，世有篇籍，率頗難知，後學莫復傳習，於今五百餘歲，遂亡絕。墨辨有上下經，經各有說，凡四篇，與其書衆篇連第，故獨存。今引說就經，各附其章，疑者闕之。又采諸衆雜集爲名學二篇，略解指歸。（下略）

嗚呼，以全世界論理學一大祖師，而二千年來，莫或知之，莫或述之，若魯勝者，其亦空谷足音也已。惜其所注，今亦已亡。史復稱魯勝精天算，殆亦一好學深思之士也。無以助我張目。吾草此篇，恨不能起其人於九原而共語之也。顧吾草此篇，吾自信未嘗有所絲毫緣飾附會。以誣我先聖墨子。吾附以誓證。

飲冰室專集之三十八

墨經校釋

目錄

墨經校釋

自序

在吾國古籍中．欲求與今世所謂科學精神相懸契者．墨經而已矣．墨經而已矣．墨子之所以教者．曰愛與智．天志尚同兼愛諸篇．墨子言之而弟子述之者．什九皆教愛之言也．經上下兩篇．半出墨子自著．南北墨者俱誦之．或述所聞．或參己意以爲經說．則教智之言也．經文不逾六千言．爲條百七十有九．其於智識之本質．智識之淵源．智識之所以濬發運用．若何而得眞．若何而墮謬．皆析之極精．而出之極顯．於是持之以辨名實御事理．故每標一義訓．其觀念皆穎異而刻入．與二千年來俗儒之理解迥殊別．而與今世西方學者所發明．往往相印．旁及數學形學光學力學．亦間啓其扃祕焉．蓋嘗論之．墨經殆世界最古名學書之一也．歐洲之邏輯．創自阿里士多德．後墨子可百歲．然代有增損改作．日益光大．至今治百學者咸利賴之．墨經則秦漢以降．漫漫長夜．茲學既絕．則學者徒以空疏玄渺膚廓模稜破碎之說相高．而智識界之榛塞窮餓．乃極於今日．吁可悲已．後世治此者．惟於晉得一魯勝．蓋總經上下經說上下四篇．名曰墨辯．而爲之注．其序見存於晉書隱逸傳．其注則隋書經籍志已不著錄．蓋亡之久矣．墨子全書本稱難讀．而茲四篇者特甚．原文本皆旁行．今本易以直寫．行列錯亂．不易排比．一也．說與經離．不審所屬．無以互發．二也．章條句讀．交相錯逜．上屬下屬．失之千里．三也．文太簡短．其或譌奪．末由尋繹語氣以相是正．四也．案識之語．羼入正文．不易辨別．五也．累代展轉寫校．或强作解事．奮筆肊改．譌復傳譌。六也古注已亡。無所憑藉質證。七也含義奧衍。且與儒家理解殊致。持舊觀念以釋之。必致誤繆。八也夫世既莫知重其學矣而治之復具此八難。是以明珠委塵。幽蘭棄莽。悠悠千禩。莫或顧視也清乾嘉間校勘學大昌汪容甫(中)畢秋帆(沅)各校注墨子。畢本頗行於世王懷祖(念孫)伯申(引之)父子及俞蔭甫(樾)所著書。於墨子皆有所讐釋。墨子自是稍稍可讀矣張皋文(惠言)著墨子經說解。而墨經始有專注吾鄉先正鄒特夫(伯奇)陳蘭甫(澧)兩先生。時時引西來之學解墨經。學者益漸驚茲經所蘊之富。然皆斷章單義。間有發明。未得百之一二。孫仲容(詒讓)著墨子閒詁。全書疑滯。剖抉略盡。獨茲四篇。用力雖勤。而所闡仍寡。即以校勘論。其犂然而有當者。亦未始得半。作始之難。理固然也比年以來。歐學東注。學者憑借新知以商量舊學。益覺此六千言者所函義浩無涯涘。若章太炎(炳麟)胡適之(適)所撰述。時有徵引。濬發深造。蓋邁先輩。啓超幼而好墨。二十年來。於茲經有所校釋。隨箚記於卷端。得若干條。未及整理。輒復亡散。今冬方在清華園爲諸生講國學小史。値歲暮休暇。輟講。利用餘晷。遂檢舊藁。比而次之。得數萬言。命曰墨經校釋。其於畢張孫諸君子之說。持異同者蓋過半。然非諸君子勤之於前。則小子何述焉。故知學問之業。非一人一時代所能就。在善繼而已矣。抑諸君子之勤之於前者。皆一代耆宿。學博而慮專。然且有爾許詮釋未安之餘義。以待後學之商搉。則譾陋蕪率如啓超者。更安敢自信。茲所校釋。儻能什得四五。以待來哲之繩墨。則爲榮多矣。魯勝墨辯序云。『引說就經。各附其章。疑者闕之。』竊取斯恉。用爲義例。不審於魯君之業。能踐跡一二焉否也。庚申除夕啓超記。

墨經校釋

凡例

一．依本書旁行原本．引說就經．應分上下兩行排列．其式如下．

【經】故所得而後成也

【經說】故小故有之不必然無之必不然體也若有端大故有之必無然若見之成見也

【經】體分於兼也

【經說】體若二之一尺之端也

【經】止以久也

【經說】止無久之不止當牛非馬若矢過楹有久之不止當馬非馬若人過梁

【經】必不已也

【經說】必謂臺執者也若弟兄

今爲印刷便利起見。不復分上下行。故析之爲四卷。卷一釋經上經說上之上行。卷二釋經上經說上之下行。卷三釋經下經說下之上行。卷四釋經下經說下之下行。

二。爲欲存舊本眞面。依畢氏孫氏例。別附旁行句讀表於後。

三。校改之字。用方體字。仍注舊本原字於其下。校刪之字。用黑方格圍之。存疑者。則旁施黑筆疑問符（?）。

四。凡經說每條首一字。皆牒經標題之文。不應與下文連讀。故皆空一格。施挈下符：於旁。以淸眉目。

五。前人校改之字。今采用者。但書從某人校。字樣。不復述其所校之理由。學者可參看原書。

讀墨經餘記

注墨經者始魯勝．勝字叔時．晉惠帝時人．著述甚多．有正天論．糾正當時曆法．自云．『如無據驗．甘卽刑戮．』知其人邃於科學．而自信力甚强矣．所著墨辯注．久佚．賴晉書隱逸傳猶存其敘．今錄之以志竊比之誠．其文曰．

『名者．所以別同異．明是非．道義之門．政化之準繩也．孔子曰．「必也正名．名不正．則事不成．」墨子著書．作辯經以立名本．惠施公孫龍祖述其學．以正別名顯於世．孟子非墨子．其辯言正辭．則與墨同．荀卿莊周等皆非毀名家．而不能易其論也．名必有形．察形莫如別色．故有堅白之辯．名必有分．明分【明】莫如有無．故有無序之辯．是有不是．可有不可．是名兩可．同而有異．異而有同．是之謂辯同異．至同無不同．至異無不異．是謂辯同辯異．同異生是非．是非生吉凶．取辯於一物．而原極天下之汙隆．名之至也．自鄧析至秦時名家者．世有篇籍．率頗難知．後學莫復傳習．於今五百餘歲．遂亡絕．墨辯有上下經．經各有說．凡四篇．與其書衆篇連第．故獨存．今引說就經．各附其章．疑者闕之．又采諸衆雜集爲刑名二篇．略解指歸．以俟君子．其或興微繼絕者．亦有樂乎此也．』

勝言．『墨子著書．作辯經以立名本．』是勝以此經爲墨子自著也．畢沅亦云．『此翟自著．故號曰經．中亦無「子墨子曰」云云．』其說甚是．莊子天下篇云．『相里勤之弟子五侯之徒．南方之墨者苦獲已齒．鄧陵子之屬．俱誦墨經．而倍譎不同．相謂別墨．』所謂「誦墨經」者．卽誦此也．墨者何以獨誦此經．蓋智識之源泉存焉．而篇中義訓．皆墨學精神所寄也．古書槧於竹簡．傳寫甚難．故凡著述者文皆極簡．老子僅五千言．墨經不逾六千

言孔子作春秋亦義豐而文約而微言大義皆在口說蓋以此也

孫詒讓始疑此經非墨子所作而胡適益衍其說孫氏之言曰『四篇皆名家言其堅白異同之辯則與公孫龍書及莊子天下篇所述惠施之言相出入……似戰國時墨家別傳之學不盡墨子本恉畢謂墨子自著考之未審也』胡氏以大取小取合此四篇統名墨辯（魯勝所謂墨辯只有經上下經說上下四篇不含大取小取）而斷言此六篇皆非墨子作舉四理由（一）與他篇文體不同（二）與他篇理想不同（三）小取篇兩稱「墨者」故決不出墨子手（四）所言與惠施公孫龍相同當爲施龍之徒所作胡氏既持此說乃解天下篇「倍譎不同相謂別墨」八字謂治墨辯一派之墨者與舊墨學「倍譎不同」因自稱爲「別墨」「別墨」即「新墨學」之意云云（中國哲學史大綱一八五至一八七葉）

今案孫胡說非也經上下經說上下大取小取六篇雖皆多言名學而諸篇性質各異不容併爲一談大取小取既不名經自是後世墨者所記斷不能因彼篇中有「墨者」之文而牽及經之眞僞蓋彼本在經之範圍外也（胡氏誤認六篇同出一人手此根本致誤處）經分上下兩篇文例不同經上必爲墨子自著無疑經下或墨子自著或禽滑釐孟勝諸賢補續未敢懸斷至經說與經之關係則略如公羊傳之於春秋欲明經當求其義於經說固也然不能逕以經說與經同視經說固大半傳述墨子口說然既非墨子手著自不能謂其言悉皆墨子之意後學引申增益例所宜有況現存經說非盡原本其中尙有後人案識之語羼入正文（詳說下）今因說之年代以疑經之年代是猶因公羊傳有孔子以後語而謂春秋非孔子作大不可也至經之文體與他篇不同此正乃經爲墨子自著之確證耳何也諸篇皆有「子墨子曰」云云則其必爲門弟子所記述而非墨子自著甚明師之著述其文體何故須模擬弟子所記經文體與他篇異者經爲墨子自著他篇爲弟子記故也胡氏反以此爲經非出墨子之證何也

胡謂經爲惠施公孫龍之徒所著。殊不知以文體論。墨經決非施龍時代之產物。而實爲墨子時代之產物。試將老子與莊子比較。論語與孟子比較。即可知當時二百餘年間。文體變遷甚劇。前此文約而旨微。後此文敷而旨暢。施龍時代之文。則莊孟國策其代表也。墨經之文。乃與易彖傳及春秋頗相類。此種文體。戰國無有也。胡云。與他篇理想不同。此實不然。墨子之教。曰智與愛。他篇多教愛之言。此經多教智之言。其範圍本應有別。且此經根本理想。實與墨教一致。如「仁體愛也」「義利也」「任士損己而益所爲也」「無窮不害兼」諸條最明。其與他篇互有詳略。則固宜然耳。胡氏謂明鬼等篇多迷信之言此經無有以是爲不同出一手之證此論非是墨子惟天志明鬼兩篇有迷信之言所謂言各有當耳其不能以此爲墨家之根本義胡氏又謂墨子時科學思想不應如此發達此亦不然墨子距公孫龍百餘年耳其間並無特別理由可以促科學之發生然則公孫龍時所能有之科學思想何以墨子時必不能有且墨子備城門以下十一篇皆須有科學爲之基礎乃能有此類之發明若公孫龍之徒則惟詭辯耳抑不足以語於科學也

墨經與惠施公孫龍一派學說之關係。最當明辯。施龍輩確爲「別墨」其學說確從墨經衍出。無可疑也。然斷不能謂墨經爲施龍輩所作。蓋施龍輩所祖述者。不過墨經中一小部分。而其說之內容。又頗與經異也。經上篇並無「堅白異同」「牛馬非馬」等論。第六十六條「堅白不相外也」「白不」二字全屬後人妄加據經說文無「白」字且專釋「堅之相外」可證說詳本條經下篇雖有數條。第十六條「不堅白說在無久與宇堅白說在因」第五十五條「狗犬也而殺狗非殺犬也可說在重」第六十七條「牛馬之非牛其名不同說在兼」而辭極簡約。是否即如後世名家之所說。蓋未可知。經說上篇。此類之論亦絕少。下篇則多矣。且有並文字亦與今本公孫龍子同者。如第一四一六三八六六六七六八等條。殆即龍之徒所爲說也。細按四篇之文。經下或比經上時代稍後。其兩經皆墨子著耶。抑經下出諸弟子手耶。未能確斷。經說則決非出自一人。且並未必出自一時代。或經百數十年遞相增益。亦未可知。故其文詳略顯晦。互不相同。則雖公孫龍之徒所論述者。亦在其中。固無足怪。至於「臧三耳」「白馬非馬」「矩不方」「規不可以爲圓」「白狗黑」等詭僻之說。則四篇中固未嘗有也。莊子天下篇『俱誦墨經而

倍譎不同。相謂別墨。以堅白同異之辯相訾。以觭偶不仵之辭相應。』謂其同出於墨經而倍譎不同。互相誚以「別墨」。「別墨」者。言非墨家之正統派也。（胡氏讀「相謂」爲「自謂」大非宜）夫墨經含義甚豐。乃僅摭其「堅白同異觭偶不仵」之一部分相訾相應。而所推演又或盭於經恉。則謂之「別墨」宜矣。若如胡氏說。則所謂「俱誦墨經」者。究誦何物。明明有經兩篇。必指爲非經。而別求經於他處。甚無謂也。（胡氏指尙同兼愛等篇爲墨經非是此諸篇篇各有三蓋當時「三墨」之徒各記所聞其文乃論體而非經體三墨並宗者則此經上下二篇而已）

經與經說舊皆旁行。今並改爲直寫。而改法又各自不同。經則上下行交錯相次。上行第一條『故所得而後成也』之後。即次以下行第一條之『止以久也』。後次以上行第二條之『體分於兼也』。經說則不然。上半篇自『故小故有之不必然』至『戶樞免瑟』皆釋經文上行。從『故所得而後成也』『體分於兼也』起至『動或徙』。凡四十九條。橫列而釋之。下半篇（自『止無久之不止』至『若自然矣』）。皆釋經文下行。從『止以久也』。『必不已也』起至『正無非』。亦橫列而釋之。經文間錯。句讀尙易。經說字句既較繁。且互相連屬。每條起訖。動生疑問。故引說就經。其事更難。今細繹全文。得一公例。凡經說每條之首一字。必牒舉所說經文此條之首一字以爲標題。此字在經文中可以與下文連續成句。在經說文中決不許與下文連續成句。此例張孫各家。本皆見及。但信之不篤。守之不嚴。故舊注之引說就經。常滋譌謬。試舉數條爲例。

（一）經說下（嘉靖本卷十葉十七）『損飽者去餘適足不害能害飽若傷麋之無脾也且有損而后益智者若瘧病之之於瘧也智以目見而目以火見而火不見惟以五路智久不當以目見若以火見火謂火熱也非以火之熱我有若視曰智雜所智與所不智而問之則必曰是所智也是所不智也取去俱能之是兩智之也』

此段凡分四條．自『損飽者去餘』至『之於𤸫也．』爲一條．釋第四十六條經文之『損而不害說在餘．』「損」字其牒經標題之文也．自『智以目見』至『若以火見．』爲一條．釋第四十七條經文之『知而不以五路說在久．』「智」卽知字．其牒經標題之文也．自『火謂熱也』至『若視日』爲一條．釋第四十八條經文之『火熱說在頓．』「火」字其牒經標題之文也．自『智雜所智』至『兩智之也』爲一條．釋第四十九條經文之『知其所以不知說在以名取．』「智」字其牒經標題之文也．以此例衡之．本釐然分明．然章炳麟則以『若𤸫病之之於𤸫也』屬四十七條．謂爲釋『知而不以五路．』不知第四十七條決當從『智以目見』起．因牒經之「智」字．最可信據也．章氏又以『若以火』斷句．而以『見火』二字並屬四十八條．（國故論衡原名篇）孫詒讓則以『若以火見火』斷句．而以『見火』二字並屬四十七條．不知此文決當以『若以火見』斷句．因下「火」字乃四十八條牒經之文．最可信據也．張惠言孫詒讓皆以『我有若視日智』斷句．指爲釋『知其所以不知．』不知此條決當從「智」字起．因其爲牒經之文．最可信據也．

（二）經說下（葉二十）『若耳目異木與夜孰長』

孫以『若耳目異』斷句．不知自「異」字以下．乃釋第八條之『異類不比說在量．』「異」字其牒經標題也．孫不守此例．則因異字與下連屬不成詞．乃誤割以屬上條矣．

（三）經說下（葉十五）『若敗邦鬻室嫁子無子在軍不必其死生』

此段應以『鬻室嫁子』斷句．釋第三十二條之『買宜則售說在盡．』自『無子』以下．則釋第三十三條之『無說而懼說在弗必．』「無」字乃牒經標題．『子在軍』三字成句．本甚易解．孫氏不守此例以『嫁子無子』讀爲句．不成文矣．

（四）經說上（葉八）『心中自是往相若也』

此文「心」字．乃前條錯入者．『中自是往相若也．』釋第五十四條經文之『中同長也．』「中」字乃牒經標題．孫氏不解．遂謂此條無說。

（五）經說上（葉九）『堅異處不相盈』

此條釋經文『堅、相外也。』「堅」字乃牒經標題。孫氏破爲『堅白異處相盈。』（增一白字删一不字）誤欲引堅字連下爲句。不惜肊改原文也。』

（六）經說上（葉十）『若姓字灑謂狗犬命也』

此文自『謂狗犬』以下釋第七十九條經文之『謂命舉加。』「謂」字其牒經標題也。「灑」字乃麗字之訛。應屬上條。孫氏不明牒經之例。乃將「灑謂」連讀。又破「灑」爲「鹿」甚牽强而失之益遠。

（七）經說上（葉十一）『執服難成……』

此文釋第九十二條經文『執所言而意得見心之察也。』「執」字乃牒經標題。孫氏誤謂此條無說。

（八）經說下（葉十二）『二與一亡不與一在偏去』

此文釋第四條經文『一偏棄之』本兩「一」字上「一」字乃牒經標題。下「一」字與下文連讀成句。傳寫者誤併之成爲「二」字而舊注家皆不得其說。

以上不過隨舉數事。而此例之足信據。略可見矣。吾持此以是正舊注之誤共八十四條。經說上之十八二九三〇三二三五三六四九五一五二五三五四六六七三七四七五七九八三八四八八九一九二九三九四九五九六等條經說下之二三四五六七八十十一十三十五十六十七二〇二三二四二五二六二九三三三四三五三七三八三九四〇四二四三四四四五四六四七四八四九五四五八六〇六一六二六三六四六五六六六七六八六九七〇七一七二七三七四七五七七七八七九八〇八一八二八三等條幾居全書之半。竊謂循此以讀。可以無大過。願後之明哲。更有以正之。

今本之經及經說。皆非盡原文。必有爲後人附加者。經上篇末『讀此書旁行』五字。其最顯而易見者也。經說、每條牒經標題之字。亦必非原有。蓋當時讀者。因說與經離。處引釋錯誤。乃取經每條之首一字。冠注於經說每條之首。便比附檢閱云爾。然因此兩種附加。我輩乃能於千載殘缺之後。得有所依據以通此經之七八。則附加者之功。實不細矣。

既已有附加。則所加者或竟不止此。以文體論之。經文之極簡賅。不待言矣。即經說文亦至謹嚴。每條罕過二十字。其間冗長者數條。疑有後學附加之文。例如經說上第七十五條。釋經文「爲窮知而縣於欲也」其文體與他條絕對不類。其必爲讀者案識之語。羼入正文。殆無可疑。以此推之。他條亦安保無有。但附加者仍必出先秦人之手。且爲忠於墨學者之所爲。非如劉歆王肅輩有意竄改古籍耳。然既有附加。則其思想自未必能與墨子一致。胡適因其中數條與惠施公孫龍同調。遂疑全經皆施龍之徒所作。蓋未分別觀之耳。

墨經最重要之部分。自然是在名學。經中論名學原理者。約居四之一。其他亦皆用「名學的」之演繹歸納而立義者也。至其名學之布式。則與印度之「因明」。有絕相類處。「因明」以宗因喻三支而成立。其式如下。

宗——聲無常。

因——何以故。所作故。

喻——凡所作皆無常。例如瓶。

墨經引說就經。往往三支顯備。例如上篇第三條。

宗——「知材也」

因——何以故以『知也者所以知也而不必知』故．

喻——凡材皆所以知而不必知例『若目』．

此條宗在經．因喻在說．此正格也．亦有宗在說而因在經者．例如上篇第三十六條．

宗——『不在禁雖害無罰』

因——『罪犯禁也』．

喻——「若殆」

亦有宗因俱在經而喻在說者．例如下篇第四十六條．

宗——『損而不害』．

因——『說在餘』．

喻——若『飽者去餘』．『若瘧病者之於瘧也』．

西洋邏輯之三支合大前提小前提斷案三者而成．其式如下．

大前提——凡人必有死．

小前提——墨子人也．

斷　案——故墨子必有死．

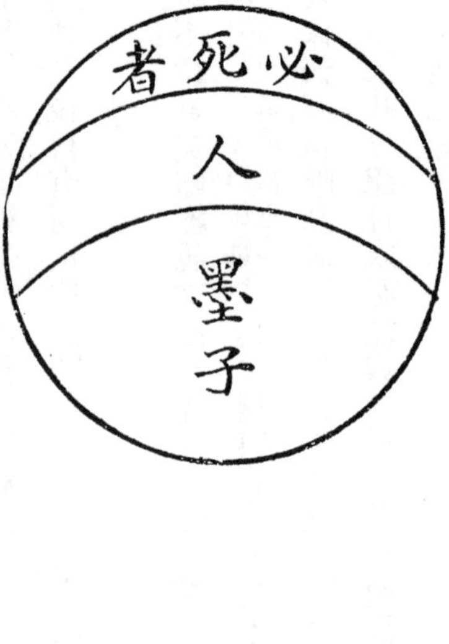

墨經中亦有用此式者．例如下篇第十條．

大前提——『假必非也而後假』．

小前提——『狗。假虎也。』

斷　案——『狗。非虎也。』

以上皆就格式方面比較異同其實墨家之有功於名學。不在其格式而在其原理。若上篇之第一條至第六條。第三十一條三十二條第七十條至七十四條。第七十八條至八十三條。第八十六條至九十六條。下篇之第一條至第十七條。第三十四條至四十三條。第四十七條至五十一條。第六十五條至七十三條。於名理披析。皆極細密。今世論理學之重要問題略具矣。

小取篇云『夫辯者將以明是非之分。審治亂之紀。明同異之處。察名實之理。處利害。決嫌疑。焉（乃訓）摹略萬物之然。論求羣言之比。以名舉實。以辭抒意。以說出故。以類取。以類予。』此論「辯」之界說及其作用。最爲精審。所謂名也實也故也類也舉也說也。經中皆有專條。

小取篇又論「辯」之應用。列舉七事。

一曰或。『或也者。不盡也。』

二曰假。『假也者。今不然也。』

三曰效。『效者爲之法也。所效者所以爲之法也。故中效則是也。不中效則非也。』

四曰辟（同譬）。『辟也者。舉他物而以明之也。』

五曰侔。『侔也者。比辭而俱行也。』

六曰援。『援也者。曰子然。我奚獨不可以然也。』

七曰推。『推也者，以其所不取同於所取者予之也。是猶謂他者同也，吾豈謂他者異也。』

以上七條，胡適哲學史大綱解釋甚當。余舊著墨子論理學一篇亦曾釋此七條，不如胡氏之完密。治墨家名學者，以大取小取爲經之鑰，則宗廟之美，百官之富，庶乎其可睹也。

庚申臘不盡三日　啓超記。

復胡適之書（附錄）

適之我兄：

奉書及所賜墨經校釋序，懽喜無量。此種序文，表示極肫篤的學者態度，於學風大有所裨，豈惟私人紉感而已。嗣復奉讀大著墨辯新詁稿本，撢繹終篇，益感共學之樂。除隨手簽注若干條外，對於尊序所討論者，更願簡單有所商搉。

公對於吾所提出之牒經標題公例，謂定得太狹窄。此論吾亦表相對的敬佩。吾之公例所下字，誠不免過於嚴格，但吾終信此公例確爲「引說就經」之一良標準。在全書中既有什之八以上不煩校改而得此例，正確妥帖之適用，其餘一二，亦引申觸類而可通。何爲而不用之？故謂時有例外焉則可，謂此例不足信憑則不可也。其所以牒經文首字者，正如宋本書之夾縫每恆牒書名之首一字，初不問其字之爲通爲僻，能獨立不能獨立。如經說下第七條、第七五條所牒之「不」字，第四三條所牒之「所」字，第三三條、第四五條、第五〇條、第七四條所牒之「無」字，若非適用此例，則其字皆成贅疣。公謂『不應牒出最常用之字』，似非然也。

經上經說上之末數條。吾亦未敢深自信。且自覺有不安處。然於公之所釋。抑又不能無疑。第一。依尊說將原文六條合爲一條。共爲三十六字。墨經文極簡。經上尤甚。其長至十一字者僅兩條。餘皆十字以內。其文體純似幾何書之界說。如公所說。則此處忽爲說明的文體。與全書似不相應。第二。公所以將此六條合爲一條。其理由謂因『原書短簡每行平均五六字。爲上行所隔開。誤分作六行。故不可讀』。墨子每簡若干字。今無可考。然漢書藝文志稱尙書脫簡或二十五字或二十二字。聘禮疏引鄭注云『尙書三十字一簡。』今本禮記玉藻錯簡數處。或三十五字。或三十一字。或二十九字。或二十六字。汲冢穆傳則簡四十字。可見古籍蓋以每簡三十字內外爲中數。則此三十三字。斷無分爲六行之必要。即合以上排之『化徵易也』至『動或從也』十九字。至多亦兩簡已足。何至分爲六簡。經下之『物之所以然與所以知之與所以使人知之不必同說在病』一條。亦已二十三字。然不聞分爲兩行或三行。致爲下排所間斷。(此條在經中爲最長假定上下排必同簡則此簡合下排之『無不必待有說在所謂』共三十二字)此外經下之上下兩排合二十餘字成行者甚多。即經上之『窮或有前不容尺也循所聞而得其意心之察也』一行。亦已共十九字。彼皆不聞以簡短間斷。則公所謂因每行平均五六字以致間隔者。恐不合事理。鄙意以爲今直行本上下排相間。應認爲經文每條界線之唯一標準。其今本文相連屬者。如經上之『知聞說親名實合爲』八字。應爲一經。或爲兩經。尙可以成問題。如經下之『物盡同名』至『說在因』三十一字應爲一經。或爲兩經三經。尙可以成問題。其餘兩排相間者。則條與句之斷連。不應更生問題。今於原文之『諸不一利用損偏去也服執說』將『損偏去也』四字抽出。而以『諸不一利用服』爲句。於原文之『法異則觀其宜動或從也止因以別道』將『動或從也』四字抽出而以『法異則觀其宜止』爲句則經上發端何不可以『故所得而後成也體』爲條爲句經下發端何不可以『止類以行人說在同異』爲條爲句則經之系統且紊矣（吾舊對於經下之『景不徙說在改爲佳景二說在重』兩條亦曾有異議如公所擬斷合之例今覺其非）故公所持「六條合一」之說吾始終不敢贊成此亦治墨經方法之一種討論願公更有以敎之

至公之詁此條誠別有妙諦但「六條合一」之說若不成立則諦雖妙恐未必原書之意矣若吾於『正五諾』以下三十五字疑爲複衍細思亦覺其武斷此蓋『正無非』經文之說但未敢强解耳

復次吾謂此書有後人附加公之所難於吾原意似有未瑩公謂『……因爲研究這些書的人很少故那些作僞書的人都不願意在這幾篇上玩把戲』吾之讀墨經餘記固明云『但附加者仍必出先秦人之手且爲忠於墨學者之所爲非如劉歆王肅輩有意竄改古籍』質言之則吾所疑附加之人非他乃公孫龍桓團之流也別人誠覺此書難解研究者少龍團之徒固不爾其誦習之而有所案識增益實意中事此非可以與作僞者同科也論語季氏篇末『邦君之妻……亦曰君夫人』共四十三字與全書文義毫無關係其必爲後人附加無疑然其動機卻非在作僞古書如此類者不少（禮記王制玉藻諸篇皆有之）吾所謂經說有附加者乃研究之結果而爲有意義的附加固不容援此爲例但以證明附加與作僞不同不能以無作僞之故便斷爲無附加耳要之吾觀察此書與我公立腳點有根本不同之處公奪此書於墨翟之手以予公孫龍桓團謂此四篇與大取小取皆戰國末年同時全部產出其不認此後更有人附加宜也吾則謂不惟六篇非同出一時同出一人卽此四篇亦非同出一時同出一人雖非同出一時同出一人然卻是同出一派

百餘年間時有增飾。故其思想雖同一系統。而微有演變。卽文體亦然。經說下與經說上文體繁簡不同。至易見。可以推定下篇較爲晚出。其上篇文體有類似下篇者。則吾疑爲晚出所附加。非其原本也。（如「欲雜其指」一條文體確與全篇不類）故吾對於經說上疑爲附加者數處。對於經說下則甚少也。此問題與「大乘是否佛說」之爭頗相類。公奪此經以與公孫龍桓團。是猶謂大乘經典皆馬鳴龍樹輩創造。則無附加非附加之可言。我則謂大乘經典之根核實出釋尊。而數百年間遞有增益也。吾所謂附加者其界說如是。願更察之。

大著新詁已精讀一過。雖意見不能盡同。然獨到處殊多可佩。其有不敢苟同者。輒簽注若干條。附繳。拙稿覆勘所欲改者又已不少。牽於他業。輒復置之。卽以呈公之原稿付印。學問之道。愈研究則愈自感其不足。必欲爲躊躇滿志之著作。乃以問世。必終其身不能成一書而已。有所見輒貢諸社會。自能引起討論。不問所見當否。而於世於己皆有益。故吾亦盼公之新詁。速寫定。不必以名山之業太自矜慎。致同好者觖望也。

十年四月三日　啓超敬復

右書有關於治墨經方法之討論。故附錄於此。

啓超記

今本墨經（據涵芬樓四部叢刊影明嘉靖本）

經上第四十

故所得而後成也止以久也體分於兼也必不已也知材也平同高也慮求也同長以缶相盡也知接也中同長也恕明也厚有所大也仁體愛也日中缶南也義利也直參也禮敬也圜一中同長也行爲也方柱隅四讙也實榮也倍爲二也忠以爲利而强低也端體之無序而最前者也孝利親也有間中也信言合於意也間不及旁也佴自作也纑閒虛也謂作嗛也盈莫不有也廉作非也堅白不相外也令不爲所作也攖相得也任士損己而益所爲也似有以相攖有不相攖也勇志之所以敢也次無間而不攖攖也力刑之所以奮也法所若而然也生刑與知處也佴所然也臥知無知也說所以明也夢臥而以爲然也攸不可兩不可也平知無欲惡也辯爭攸也辯勝當也利所得而喜也爲窮知而縣於欲也害所得而惡也已成亡治求得也使謂故譽明美也名達類私誹明惡也謂移擧加擧擬實也知聞說親名實合爲言出擧也聞博親且且言然也見體盡君臣萌通約也合缶宜必功利民也欲缶權利且惡缶權害賞上報下之功也爲存亡易蕩治化罪犯禁也同重體合類罰上報下之罪也異二體不合不類同異而俱於之一也同異交得放有無久彌異時也守彌異所也聞耳之聰也窮或有前不容尺也循所聞而得其意心也察也盡莫不然也言口之利也始當時也執所言而意得見心之辯也化徵易也諸不一利用損偏去也服執說（音利）巧轉則求其故大益儇稘秖法同則觀其同庫易也法異則觀其宜動或從也止

因以別道讀此書旁行缶無非

經下第四十一

止類以行人說在同所存與者於存與孰存駟異說推類之難說在之大小五行毋常勝說在宜物盡同名二與鬬愛食與招白與視麗與夫與屨一偏棄之謂而固是也說在因不可偏去而二說在見與俱一與二廣與循無欲惡之爲益損也說在宜不能而不害說在害損而不害說在餘異類不吡說在量知而不以五路說在久偏去莫加少說在故必熱說在頓假必誖說在不然知其所以不知說在以名取物之所以然與所以知之與所以使人知之不必同說在病無不必待有說在所謂疑說在逢循遇過擢慮不疑說在有無合與一或復否說在拒且然不可正而不害用工說在宜歐物一體也說在俱一惟是均之絕不說在所均宇或從說在長宇久堯之義也生於今而處於古而異時說在所義二臨鑑而立景到多而若少說在寡區狗犬也而殺狗非殺犬也可說在重鑑位量一小而易一大而缶說在中之外內使殷美說在使鑑團景一不堅白說在荆之大其沈淺也說在具無久與宇堅白說在因以檻爲博於以爲無知也說在意在諸其所然未者然說在於是推之意未可知說在可用過仵景不從說在改爲一少於二而多於五說在建住景二說在重非半弗斱則不動說在端景到在午有端與景長說在端可無也有之而不可去說在嘗然景迎日說在博缶而不可擔說在搏景之小大說在地缶遠近宇進無近說在敷天而必缶說在得行循以久說在先後貞而不撓說在勝一法者之相與也盡若方之相召也說在方契與枝板說在薄狂舉不可以知異說在有不可牛馬之非牛與可之同說在兼倚者不可正說在剃循此

循此與彼此同說在異推之必往說在廢材唱和同患說在功買無貴說在仮其賈聞所不知若所知則兩知之說在告買宜則讎說在盡以言爲盡誖誖說在其言無說而懼說在弗心惟吾謂非名也則不可說在仮或過名也說在實無窮不害兼說在盈否知知之否之足用也諄說在無以也不知其數而知其盡也說在明者謂辯無勝必不當說在辯不知其所處不害愛之說在喪子者無不讓也不可說在始仁義之爲外內也內說在仵顏於一有知焉有不知焉說在存學之益也說在誹者有指於二而不可逃說在以二絫誹之可否不以衆寡說在可非所知而弗能指說在春也逃臣狗犬貴者非誹者諄說在弗非知狗而自謂不知犬過也說在重物箕不甚說在若是通意後對說在不知其誰謂也取下以求上也說在澤是是與是同說在不州

經說上第四十二

故小故有之不必然無之必不然體也若有端大故有之必無然若見之成見也體若二之一尺之端也知材知也者所以知也而必知若明慮慮也者以其知有求也而不必得之若睨知知也者以其知過物而能貌之若見恕恕也者以其知論物而其知之也著若明仁愛已者非爲用已也不若愛馬著若明義志以天下爲芬而能能利之不必用禮貴者公賤者名而俱有敬慢焉等異論也行所爲不善名行也所爲善名巧也若爲盜實其志氣之見也使人如已不若金聲玉服忠不利弱子亥足將入止容孝以親爲芬而能能利親不必得信不以其言之當也使人視城得金佴與人遇人衆愊諂爲是爲是之台彼也弗爲也廉已惟爲之知其也䛐也所令非身弗行任爲身之所惡以成人之所急勇以其敢於是也命之不以其敢於彼也害之力重之謂下與重奮也生楹之生

商不可必也臥夢平惔然利得是而喜則是利也其害也非是也害得是而惡則是害也其利也非是也治吾事治矣人有治南北譽之必其行也其言之忻使人督之誹必其行也其言之忻譽告以文名舉彼實也故言也者諸口能之出民者也民若畫俿也言也謂言猶石致也凡自前曰且自後曰已方然亦且若石者也君以若名者也功不待時若衣裘功不待時若衣裘賞罪不在禁惟害無罪殆姑上報下之功也罰上報下之罪也侗二人而俱見是楹也若事君今久古今且莫宇東西家南北窮或不容尺有窮莫不容尺無窮也盡但止動始時或有久或無久始當無久化若鼃爲鶉損偏也者兼之禮也其體或去存謂其存者損儇昫民也庫區穴若斯貌常動偏祭從者戶樞免瑟止無久之不止當牛非馬若夫過楹有久之不止當馬非馬若人過梁必謂臺執者也若弟兄一然者一不然者必不必也是非必也同捷與狂之同長也心中自是往相若也厚惟無所大圜規寫支也方矩見支也倍二尺與尺但去一端是無同也有閒謂夾之者也閒謂夾者也尺前於區穴而後於端不夾於端與區內及及非齊之及也纑虛也者兩木之間謂其無木者也盈無盈無厚於尺無所往而不得得二堅異處不相盈相非是相外也攖尺與尺俱不盡端無端但盡尺與或盡或不盡堅白之攖相盡體攖不相盡端仳兩有端而后可次無厚而厚可法意規員三也俱可以爲法佴然也者民若法也彼凡牛樞非牛兩也無以非也辯或謂之牛或謂之非牛是爭彼也是不俱當不俱當必或不當不若當犬爲欲雜其指智不知其害是智之罪也若智之愼文也無遺於其害也而猶欲雜之則離之是猶食脯也騷之利害未知也欲而騷是不以所疑止所欲也廧外之利害未可知也趨之而得力則弗趨也是以所疑止所欲也觀爲窮知而縣於欲之理雜脯而非恕也雜指而非愚也所爲與不所與爲相疑也非謀也已爲衣成也治病亡也使令謂謂也不必成濕故也必待所爲之成也名

物達也有實必待文多也命之馬類也若實也者必以是名也命之臧私也是名也止於是實也聲出口俱有名若姓宇灑謂狗犬命也狗犬舉也叱狗加也知傳受之聞也方不㢓說也身觀焉親也所以謂名也所謂實也名實耦合也志行爲也聞或告之傳也身觀焉親也見時者體也二者盡也古兵立反中志工正也臧之爲宜也非彼必不有必也聖者用而勿必必也者可勿疑仗者兩而勿偏爲早臺存也病亡也買鬻易也霄盡蕩也順長治也鼃買化也同二名一實重同也不外於兼體同也俱處於室合同也有以同類同也異二必異二也不連屬不體也不同所不合也不有同不類也同異交得於福家良恕有無也比度多少也免蚓還園去就也鳥折用桐堅柔也劍尤早死生也處室子子毋長少也兩絕勝白黑也中央旁也論行行行學實是非也難宿成未也兄弟俱適也身處志往存亡也霍爲姓故也賈宜貴賤也諸超城員止也相從相去先知是可五色長短前後輕重援執服難成言務成之九則求執之法法取同觀巧傳法取此擇彼問故觀宜以人之有黑者有不黑者也止黑人與以有愛於人有不愛於人心愛人是孰宜心彼舉然者以爲此其然也則舉不然者而問之若聖人有非而不非正五諸皆人於知有說過五諸若員無直無說用五諸若自然矣

經說下第四十三

止彼以此其然也說是其然也我以此其不然也疑是其然也謂四足獸與生鳥與物盡與大小也此然是必然則俱爲麋同名俱鬬不俱二三與鬬也包肝肺子愛也橘茅食與抬也白馬多白視馬不多視白與視也爲麗不必麗不必麗與暴也爲非以人是不爲非若爲夫勇不爲夫爲屨以買衣爲屨夫與屨也二與一亡不與一在偏

去未有文實也而後謂之無文實也則無謂也不若敷與美謂是則是固美也謂也則是非美無謂則報也見不見離一二不相盈廣循堅白舉不重不與箴非力之任也爲握者之觭倍非智之任也若耳目異木與夜孰長智與粟孰多爵親行賈四者孰貴麋與霍孰高麋與霍孰霍蝨與瑟孰瑟偏俱一無變假假必非也而後假狗假霍也猶氏霍也物或傷之然也見之智也吉之使智也疑蓬爲務則士爲牛廬者夏寒蓬也舉之則輕廢之則重非有力也沛從削非巧也若石羽楯也鬬者之敝也以飲酒若以日中是不可智也愚也智與以已爲然也與愚也俱俱一若牛馬四足惟是當牛馬數牛數馬則牛馬二數牛馬則牛馬一若數指指五而五一長宇徙而有處宇宇南北在且有在莫宇徙久無堅得白必相盈也在堯善治自今在諸古也自古在之今則堯不能治也景光至景亡若在盡古息景二光夾一光一光者景也景光之人煦若射下者之人也高高者之人也下足蔽下光故成景於止首蔽上光故成景於下在遠近有端景於光故景庫內也景日之光反燭人則景在日與人之間景木柂景短大木正景長小大小於木則景大於木非獨小也遠近臨正鑒景寡貌能白黑遠近柂正異於光鑒景當俱就去尒當俱俱用北鑒者之臭於鑒無所不鑒景之臭無數而必過正故同處其體俱然鑒分鑒中之內鑒者近中則所鑒大景亦大遠中則所鑒小景亦小而必正起於中緣正而長其直也中之外鑒者近中則所鑒大景亦大遠中則所鑒小景亦小而必易合於而長其直也鑒鑒者近則所鑒大景亦大亦遠所鑒小景亦小而必正景過正故招負衡木如重焉而不撓極勝重也右校交繩無加焉而撓極不勝重也衡加重於其一旁必捶權重相若也相衡則本短標長兩加焉重相若則標必下標得權也挈有力也引無力也不心所挈之止於施也繩制挈之也若以錐刺之挈長重者下短輕者上上者愈得下下者愈亡繩直權重相若則心矣收上者愈喪下者愈得

上者權重盡則遂挈兩輪高兩輪爲輲車梯也重其前弦其前載弦其前載弦其軲而縣重於其前是埒挈且挈則行凡重上弗挈下弗收旁弗劫則下直拕或害之也沠埒者不得汴直也今也廢尺於平地重不下無踤也若夫繩之引軲也是猶自舟中引橫也倚倍拒堅䑰倚焉則不正誰并石絫石耳夾寢者法也方石去地尺關石於其下縣絲於其上使適至方石不下柱也膠絲去石挈也絲絕引也未變而名易收也買刀糴相爲賈刀輕則糴不貴刀重則糴不易王刀無變糴有變歲變糴則歲變刀若鬻子賈盡也者盡去其以不讎也其所以不讎去則讎缶賈也宜不宜缶欲不欲若敗邦鬻室嫁子無子在軍不必其死生聞戰亦不必其生前也不懼今也懼或知是之非此也有知是之不在此也然而謂此南北過而以已爲然始也謂此南方故今也謂此南方智論之非智無以也謂所謂非同也則異也同則或謂之狗其或謂之犬也異則或謂之牛牛或謂之馬也俱無勝是不辯也辯也者或謂之是或謂之非當者勝也無讓者酒未讓始也不可讓也於石一也堅白二也而在石故有智焉有不智焉可有指子智是有智是吾所先舉重則子智是而不智吾所先舉也是一謂有智焉有不智焉也若智之則當指之智告我則我智之兼指之以二也衡指之參直之也若曰必獨指吾所舉毋舉吾所不舉則者固不能獨指所欲相不傳意若未校且其所智是也所不智是也則是智是之不智也惡得爲一謂而有智焉有不智焉所春也其執固不可指也逃臣不智其處狗犬不智其名也遺者巧弗能兩也智智狗重智犬則過不重則不過通問者曰子智䚈乎應之曰䚈何謂也彼曰䚈施則智之若不問䚈何謂徑應以弗智則過且應必應問之時若應長應有深淺天常中在兵人長所室堂所存也其子存者也據在者而問室堂惡可存也主室堂而問存者孰存也是一主存者以問所存一主所存以問存者五合水土火火離然火鑠金火多也金靡炭金多也合之府木

木離木若識麋與魚之數惟所利無欲惡傷生損壽說以少連是誰愛也嘗多粟或者欲不有能傷也若酒之於人也且恕人利人愛也則惟恕弗治也損飽者去餘適足不害能害飽若傷麋之無脾也且有損而后益智者若瘧病之之於瘧也智以目見而目以火見而火不見惟以五路智久不當以目見若以火見火謂火熱也非以火之熱我有若視曰智雜所智與所不智而問之則必曰是所智也是所不智也取去俱能之是兩智之也無若無焉則有之而后無無天陷則無之而無擢疑無謂也臧也今死而春也得文文死也可且猶是也且且必然且已必已且用工而後已者必用工後已均髮均縣輕而髮絕不均也均其絕也莫絕堯霍或以名視人或以實視人舉友富商也是以名視人也指是臛也是以實視人也堯之義也是聲也於今所義之實處於古若殆於城門與於臧也狗狗犬也謂之殺犬可若兩膭使令使也我使我我不使亦使我殿戈亦使殿不美亦使殿荊沉荊之貝也則沈淺非荊淺也若易五之一以楹之摶也見之其於意也不易先智意相也若楹輕於秋其於意也洋然叚椎錐俱事於履可用也成繪屨過椎與成椎過繪屨同過件也一五有一焉一有五焉十二焉非鄰半進前取也前則中無爲半猶端也前後取則端中也鄰必半毋與非半不可鄰也可無也已給則當給不可無也久有窮無窮正九無所處而不中縣摶也偏宇不可偏舉宇也進行者先敷近後敷遠行者行者必先近而後遠遠脩近脩也先後久也民行脩必以久也一方貌盡俱有法而異或木或石不害其方之相召也盡貌猶方也物俱然牛狂與馬惟異以牛有齒馬有尾說牛之非馬也不可是俱有不偏有偏無有曰之與馬不類用牛角馬無角是類不同也若舉牛有角馬無角以是爲類之不同也是狂舉也猶牛有齒馬有尾或不非牛而非牛也可則或非牛或牛而牛也可故曰牛馬非牛也未可牛馬牛也未可則或可或不可而曰牛馬牛也未可亦不可且牛不二馬不二

而牛馬二則牛不非牛馬不非馬而牛馬非牛非馬無難彼正名者彼此彼此可彼彼止於彼此此止於此彼此不可彼且此也彼此亦可彼此止於彼此若是而彼此也則彼亦且此此也唱無過無所周若粺和無過使也不得已唱而不和是不學也智少而不學必寡和而不唱是不敎也智而不敎功適息使人奪人衣罪或輕或重使人予人酒或厚或薄聞在外者所不知也或曰在室者之色若是其色是所不智若所智也猶白若黑也誰勝是若其色也若白者必白今也智其色之若白也故智其白也夫名以所明正所不智不以所不智疑所明若以尺度所不智長外親智也室中說智也以誖不可也出入之言可是不誖則是有可也之人之言不可以當必不審惟謂是霍可而猶之非夫霍也謂彼是是也不可謂者毋惟乎其謂彼猶惟乎其謂則吾謂不行彼若不惟其謂則不行也無南者有窮則可盡無窮則不可盡有窮無窮未可智則可盡不可盡不可盡未可智人之盈之否未可智而必人之可盡不可盡亦未可智而必人之可盡愛也誖人若不盈先窮則人有窮也盡有窮無難盈無窮則無窮盡也盡有窮無難不二智其數惡智愛民之盡文也或者遺乎其問也盡問人則盡愛其所問若不智其數而智愛之盡文也無難仁仁愛也義利也愛利此也所愛所利彼也愛利不相爲內外所愛利亦不相爲外內其爲仁內也義外也舉愛與所利也是狂舉也若左目出右目入學也以爲不知學之無益也故告之也是使智學之無益也是敎也以學爲無益也敎誖論誹誹之可不可以理之可誹雖多誹其誹是也其理不可非雖少誹非也今也謂多誹者不可是猶以長論短不誹非已之誹也不非誹非可非也不可非也是不非誹也物甚長甚短莫長於是莫短於是是之是也非是也者莫甚於是取高下以善不善爲度不若山澤處下善於處上下所請上也不是是則是且是焉今是文於是而不於是故是不文是不文則是而不文焉今是不文於是而文於是故

文與是不文同說也

經上旁行原本

故所得而後成也
體分於兼也
知材也
慮求也
知接也
恕明也
仁體愛也
義利也
禮敬也
行爲也

止以久也
必不已也
平同高也
同【長】以正相盡也
中同長也
厚有所大也
日中正南也無說
直參也無說
圜一中同長也
方柱隅四雜舊作讙也

實榮也
忠以爲利而强君（舊作低）也
孝利親也
信言合於意也
侔自佌也
誚作嗛也
慊（舊作廉）怍（舊作作）非也
令不爲所作也
任士損己而益所爲也
勇志之所以敢也
力形（舊作刑）之所以奮也
生形（舊作刑）與知處也

倍爲二也
端體之無厚（舊作序）而最前者也
有間中也
間不及旁也
纑間虛也
盈莫不有也
堅【白不】相外也
攖相得也
佌（舊作似）有【以】相攖有不相攖也
次無間而不相攖也
法所若而然也
侔（舊作佴）所然也

臥知無知也
夢臥而以爲然也
平知無欲惡也
利所得而喜也
害所得而惡也
治求得也
譽明善也
誹明惡也
舉擬實也
言出舉也
且言然也
君臣萌通約也

說所以明也無說
彼不可兩【不可】也
辯爭彼也辯勝當也
爲窮知而縣於欲也
已成亡
使謂故
名達類私
謂命舊作移舉加
知聞說親名實合爲
聞傳親
見體盡
合正宜必

功利民也

賞上報下之功也

罪犯禁也

罰上報下之罪也

久彌異時也舊本『同異而俱於之一也』條在此處而將此條與下條併為一條案上文功罪賞罰等皆兩義對舉各自為條則久與宇不應同在一條此因將下行之經錯占上行遂將此條擠併下條耳今以意校正

【久彌異時也】宇彌異所也

窮或有前不容尺也

盡莫不然也

始當時也

欲正權利【且】惡正權害

為存亡易蕩治化

同重體合類

異二不體不合不類

同異而俱於之一也此條舊本錯在上行案前兩條及下條皆言同異此條正應在此處但經說之文亦排在上行知其錯置在極古時矣

同異交得知舊作放有無

聞耳之聽也

循所聞而得其意心之察也

言口之利也舊本有『諸不一利用』一條即此條之複衍而又譌一字也

化徵易也
損偏去也
大益儇稘秪
㢓舊作庫易也
動或徙舊作從也
讀此書旁行
經下旁行原本
正舊作止類以行之舊作人說在同
推類之難說在【之】大小
物盡同名二與鬬愛食與招白與視麗與
暴舊脫夫與履

執所言而意得見心之察也舊本有『服執說音利』『巧轉則求其故』兩條恰十一字即此條之複衍而又譌字也
法同則觀其同
法異則觀其宜
正舊作止因以別道
正無非
所存與存舊脫者於存與孰存異說在主舊脫二字
五行無常勝說在宜

一偏棄之

謂【而】因（舊作固）是也說在因不可偏去而

二說在【見與俱】一與二見廣與脩（舊作循）俱

不能而不害說在害

異類不吡說在量

偏去莫加少說在故

假必誖說在不然

物之所以然與所以知之與所以使人知

之不必同說在病

疑說在逢循遇過

合與一或復否說在拒

無欲惡之爲損益也說在宜

損而不害說在餘

知而不以五路說在久

火（舊作必）熱說在頓

知其所以不知說在以名取

無不必待有說在所謂

擢慮不疑說在有無

且然不可正而不害用工說在宜歐

物一體也說在俱一惟是

宇或徙說在長宇久

臨鑑而立景到多而若少說在寡區以下十二

條與經說次第不同疑有錯倒姑從舊本

鑑位景一少而易一大而正說在中之外

內

鑑團景一……

不堅白說在……

無久與宇堅白說在因

推舊作在諸其所然者於未然者舊作未者然說

在【於是】推之

均之絕不說在所均

堯之義也生於今而處於古而異時說在

所義

狗犬也而殺狗非殺犬也可說在重

使殷美說在使

荆之大其沈淺也說在具以檻爲摶於以

爲無知也說在意

景不徙說在改爲住

景二說在重景到

在午有端與景長說在端

景迎日說在轉（舊作摶）

景之大小說在杝（舊作地）正遠近

天(1)（有誤）而必正說在得

負（舊作貞）而不撓說在勝

挈與收仮（舊作契與枝板）說在薄

倚者不可止（舊作正）說在梯

柱（舊作推）之必住（舊作往）說在廢材

一少於二而多於五說在進（舊作建）

非半勿新則不動說在端

可無也有之而不可去說在嘗然

正而不可摇（當作擔）說在摶

宇進無近說在敷

行脩以久說在先後

一法者之相與也盡若方之相合也說在方

狂舉不可以知異說在有不可

牛馬之非牛其名不（舊作與可之）同說在兼

彼彼此此（舊作循此循此）與彼此同說在異

唱和同患說在功

買無貴說在仮其賈
賈宜則讎說在盡
無說而懼說在弗必(舊作心)
或過名也說在實
知知之名(舊作否)之所(舊作足)用謂也(舊作也諄)說
在無以也
謂辯無勝必不當說在辯
無不讓也不可說在殆(舊作始)
於一有知焉有不知焉說在存(?)(或當作在)
有指於二而不可逃說在以二參(舊作衆)
所知而弗能指說在【春也】(二字疑衍)逃臣狗
犬遺(舊作貴)者

聞所不知若所知則兩知之說在告
以言爲盡誖誖說在其言
唯吾謂非名也不可說在仮
無窮不害兼說在盈否
不知其數而知其盡也說在問(舊作明)者
不知其所處不害愛之說在喪子者(無說)
仁義之爲內外也非(舊作內)說在仵顏(?)(有誤)
學之益也說在【誹】(疑涉下而衍)告(舊作者)
誹之可否不以衆寡說在可誹
非誹者誖(舊作諄)說在弗非

知狗而自謂不知犬過也說在重
通意後對說在不知其誰謂也

物甚不甚說在若是
取下以求上也說在澤
是是與是同說在不州（？）有
(？)誤

飲冰室專集之三十八

墨經校釋

經上之上

經說上之上

一 **經** 故．所得而後成也．

說 故． 小故．有之不必然．無之必不然．體也．若有端．大故．有之必【無】然．舊衍無字若見之成見也．

校「大故有之必無然．」孫詒讓云．疑當作「有之必然無之必不然．」啓超案．「無」字衍文．孫校删是也．「無之必不然」五字不必增．文義即此已足．

「若見之成見也．」孫校改爲「若得之成是也．」非是．本文不誤．孫不得其解耳．

「體也若有端」五字．張惠言謂爲第二條之錯簡．孫從之．啓超案．張孫說非是．此文言小故爲大故之體．若尺之有端耳．

釋 說文『故．使爲之也．』加熱能使水蒸爲汽．加冷能使水凝爲冰．汽、得熱而成．冰得冷而成也．

故曰．『故．所得而後成也．』第七十七條經說云．『故也者．必待所爲之成也．』義與本條相發明．

此條論因果律．實論理學上最重要之問題也．「故」爲事物所以然之故．即事物之原因．原因分爲兩種．總原因謂之「大故」．分原因謂之「小故」．例如見之所以能成見．其所需之故甚多．一須有能見之眼．二須有所見之物．三須有傳光之媒介物．四須眼與物之間莫爲之障．五須心識注視此物．此五故者．僅有其一．未必能見．若缺其一．決不能見．故曰．『小故有之不必然．無之必不然．』蓋小故者．分大故之一體也．其性質若尺之有端也．（義詳次條）合諸小故則成爲大故．得大故則事物成．故曰．『大故有之必然．』例如前所舉五故同時輳會．則『見之成見』也．佛典唯識俱舍諸論．皆言眼識待八緣而生．可知『見之成見』．其故實繁．

大取篇云．『夫辭以故生．立辭而不明於其所生．妄也．』小取篇云．『以名舉實．以辭抒意．以說出故．』非攻下篇云．『子未察吾言之類．未明其故也．』彼諸文之「故」．即本條所謂「所得而後成」者也．孟子云．『天下之言性也．則故而已矣．』亦即此「故」字．

二　【經】體．分於兼也．

【說】體．若二之一．尺之端也．

【釋】兼指總體．體指部分．部分由總體分出．故曰．『體分於兼．』（參看第四六條）幾何公理謂『全量大於其分』．

『全量等於各分之和。』即其義也。

二者一之兼。一者二之體。尺者端之兼。端者尺之體也。凡墨經所謂「尺」。皆當幾何學之線。所謂「端」。當其點。參看第六〇六一六七諸條『體若尺之端』者謂點爲線之一體。將一線分割之可以得無數點。即『體分於兼』之義。

兼愛篇多以兼與別對舉。別即體義。

三

經 知。材也。

說 知。【材】材字舊衍 知也者。所以知也。而不必知。不字舊脫 若眼。舊作明

校 舊本經說第一個知字下有材字。據本書通例。經說每條首一字皆牒舉經文首一字以爲標題。所牒者僅一字而止。則此文材字殆涉經文而衍。

「而不必知」舊本作「而必知」。胡適據次條「而不必得」文例校增一字。甚是。今從之。

「若眼」舊作「若明」。涉第六條而譌耳。此條言所以知之材。義與眼相當。眼字與明字形近成譌。

釋 本篇釋知字之義凡四條。本條論知識之本能。第五條論知識之過程。第六條論知識之成立。第六十條論求知識之方法。皆認識論中最有價值之文。宜比而觀之。

材者本能也。孟子云『非材之罪。』『不能盡其材。』與此同義。

此條言知識之第一要件。須有能知之官能。此官能所恃以知也。然有之未必遂能知。例如目所

以見也。然有目未必即見。

四

經 慮，求也。

說 慮。 慮也者，以其知有求也，而不必得之，若睨。

校 張氏以經說第一慮字屬上條，讀爲「若明慮」；以第五條首一字屬此條，讀爲「若睨知」；以第六條首一字屬第六條，讀爲「若見恕」。皆由未知經說首字必爲牒經標題之文也。孫氏已校正。

釋 思慮者，根據知識以求眞理也。但求未必遂得，例如睨而視物，其視雖比泛視爲精細，然能見其眞與否，究未敢定。本書大取篇云：『利愛生於慮。昔者之慮，非今日之慮也。』荀子正名篇云：『情然而心爲之擇，謂之慮。』大學云：『慮而後能得。』皆爲本條相發明。

五

經 知，接也。

說 知。 知也者，以其知遇（舊作過）物而能貌之，若見。

校 遇字舊作過。孫云：疑當爲遇，與經文接同義。啓超案：孫說可通，但仍原文亦得。

釋 此條言知識之第二要件，須藉感覺。接者，感受也。即佛典「受想行識」之「受」。貌，狀態也。貌之，攝其狀態以成印象也。以其「所以知」之「知材」與外界之事物相遇，而能攝取其印象，謂之知。例如以目接物而成見，物之象印於吾目矣。

六

經 𢜔。（今本作恕，從顧校）明也。

說𢜔。𢜔也者以其知論物而其知之也著若明。

校三一「𢜔」字舊本皆作「𢜔」。道藏本經文作𢜔。經說文仍作𢜔。今校正。𢜔字不見字書。疑當爲智字之古文。非攻中篇云。『此則𢜔者之道也。』𢜔者卽智者。

釋此條言知識之第三要件。須將所知者加以組織。成一明確之觀念。釋名『論。倫也。有倫理也。』僅「過物而能貌之」。猶不足以爲知識。例如照相機所得印象。雖甚眞。不能謂有知識也。必須將感覺所得之「知」。分類比較。有倫有脊。令此印象成爲一觀念。了然於胸中。則是『以其知論物而其知之也著』也。小取篇云『論求羣言之比』。卽是此論字。知之既著。則如目之見明。與瞽者所見唯暗異矣。故曰若明。荀子正名篇云『所以知之在人者謂之知。知有所合謂之智』。知之在人者。卽第三條所謂『所以知』也。知者所合。卽本條所謂『以其知論物』也。

以上第一條第三四五六條。皆以見性舉例爲喻。佛典多如此。

七

經仁。體愛也。

說仁。愛己者非爲用己也。不若愛馬者【若明】者字舊譌作著若明二字舊衍

校舊本馬字下有「著若明」三字。孫云。疑著當爲者。屬上讀。涉上條而誤作著。並衍若明二字。啓超案孫說是也。

釋仁者『相人偶』之謂。見禮記鄭注個人爲人類之一體。體分於兼。人之愛人。若手足之捍頭目也。

此體愛之義。愛己者非爲用己也。愛馬者爲用馬也。因其足供吾利用也。然後愛之。則是以愛爲手段也。墨家之言仁也不然。因人與我同出於一體。故愛人如愛己。愛己非爲用己。則愛人亦非爲用人明矣。大取篇云『愛人不外己。己在所愛之中』與本條相發明。

八

經 義。利也。

說 義。志以天下爲愛（舊作芬）而能能利之。（孫云『漢書百官公卿表顏注云「能善也」』能能利之言能善利之也）不必周。（舊作用）

校「愛」舊作「芬」。義難通。孫云疑當爲嵩之譌。芬篆文作岑與嵩形近。啓超案孫說近是。「周」舊作「用」。孫釋云言不必人之用其義。啓超案孫氏所釋乃根據「正其誼不謀其利」之觀念與經文「義利也」之旨不合。疑當作「周」。損泐成譌耳。

釋 儒家言多以義利爲對待名詞。一若義與利性質不相容。獨易文言謂『利者義之和』。言利與義有關係。此經直以利訓義。是墨家根本精神。墨子恆言『兼相愛交相利』。兼相愛仁也。交相利義也。兼愛篇云『焉有善而不可用者』。墨子之意。能適用即是善。不適用則非善。有利則義。不利等於不義。此近世歐美實用主義之精神也。

周偏也。仁以「周愛」爲鵠。故言兼相愛。義不必以「周利」爲鵠。故言交相利。小取篇云『愛人待周愛人而後爲愛人。……乘馬不待周乘馬然後爲乘馬。……此一周而一不周也』。義者其志務欲「能善利人」而已。利之所及。勢固不能周徧。抑亦不必周徧也。故言愛以兼爲尙。言利以交爲尙。

九　**經**禮。敬也。

說禮。貴者公(?)賤者名(?)而俱有敬僈焉。等異倫也。倫舊作論

校「公」字「名」字疑有譌。張云『公君也。名當作民。』孫云『言賤者稱貴者爲公而自名。』義皆未安。但應作何字無從臆校。

「倫」舊作「論」。張云當讀爲倫。

釋言禮以敬慢爲標準。而敬慢並不繫所遇者之貴賤。貴賤不過倫理上等差之名詞耳。

一〇　**經**行。爲也。

說行。所爲不善名。行也。所爲善名。巧也。若爲盜。

校孫云。巧疑當作竊。竊俗書作窃下半與巧相似。啓超案孫說近是。但「善名」二字有誤否。仍未敢斷。

釋張云。善名。求善其名也。所爲求善名。其巧如爲盜。畢沅云言所爲之事無善名。是躬行也。有善名是巧於盜名也。

一一　**經**實。榮也。

說實．其志氣之見也使之〔舊作人〕如己．不若金聲玉服．

校「使之」舊作「使人」疑因形近而譌．今以意校改．

「不若」之「不」字孫云疑衍．啓超案孫說非也．

釋志氣二字不甚得其解．不審有誤否．己如莊子『使其自己』之己．謂實也者．志氣所表現．當使之恰如自己之本來面目也．金聲玉服．則徒飾其外．與實之義相反．

一二　經忠以爲利而强君〔舊作低〕也．

說忠．不利弱子亥足將入止容．

校君．今本作低．孫云君與氏篆書相似．因而致誤．氏誤爲氐．氐復誤爲低耳．經說文譌舛太多．無從校釋．弱字必與經文之强字有關．入止容．或當爲不必容．與次條不必得對文．但未敢武斷．

一三　經孝利親也．

說孝．以親爲愛〔舊作芬〕而能能利親．不必得．

校愛舊作芬．校語詳第八條．

釋言忠孝皆以利爲標準．是墨家功利主義根本精神．大取篇云『知親之一利．未爲孝也．』能善利親．必盡知所以利者而權其輕重也．

一四 **經** 信言合於意也。

說 信。必（舊作不）以其言之當也。使人視。誠（舊作城）得金。

校「必」舊作「不」。孫云當作「必」。甚是。「誠」舊作「城」。孫以城上有金釋之。張謂使人視之如城得之如金。啓超案皆非是。誠字偏旁譌爲城耳。

釋意當讀如『億則屢中』『不億不信』之億。經下云『意未可知』即是此義。（看經下五八條）言合於億。謂所億度者不謬也。告人以某處有金。視而果得之。即合於億也。儒家言道德。多重動機。墨家言道德。多重結果。故儒家言忠孝。忠孝之心誠發於內斯足矣。墨家則必須忠孝之結果能利其君親。儒家言信。但不欺其志足矣。（張氏即以此解『言合於意』誤也。）墨家則謂所言必合於事實。乃得爲信。故墨家道德之實踐。與智識問題有密切關係。

一五 **經** 侔。（舊作佴）自佌也。（「佌」舊作「作」）

說 侔。與人遇。人衆惛（？）。

校本經釋佴字者凡兩條。竊疑皆侔字之譌。小取篇云『侔也者。比辭而俱行也。』此經「自佌」即是此意。說疑有譌脫。不敢强解。

「自佌」舊作「自作」。孫云涉下三條之作字而譌。

經說之「遇」字或當作「偶」。即相人偶之意。但「衆惛」兩字仍不可解。

一六 經 狷。舊作調 作嗛也。

說 狷。 爲是【爲是】二字舊衍 之詒舊作台 彼也。弗爲也。

校 調字不見字書。孫云狷字之假借。今從之。「爲是」二字重衍。從孫校删。台讀爲詒。從顧千里說。

釋 孫云國策魏策高注云『嗛快也』。言狷者潔己心自快足。又云說文言部云『詒相欺詒也』。謂狷者不爲欺人之言。

一七 經 慊。舊作廉 怍舊作作 非也。

說 慊。 己雖舊作惟 爲之知其諰舊作思 也。

校 廉當作慊。惟當作雖。思當作諰。並從孫校。經文舊作『作非也』以經說意釋之。「作」當爲「怍」。涉上條而譌其偏旁耳。

釋 孫云禮記坊記注云『慊恨不滿之貌』。「作非」謂所爲不必無非。啓超案孫校慊字甚是。但據經說所釋則「作」疑當爲「怍」。謂自慚怍其所爲之非也。荀子楊注云『諰懼也』。即葸之借字。

一八 經 令不爲所作也。

說 【所】令。 非身所舊作弗 行。

校 舊本作『所令非身弗行』孫校謂弗當爲所是矣但以「所令」連讀爲句仍誤本書之例凡說皆牒舉經之一字爲標題此文令字本爲標題傳寫者誤將下文所字移冠其首又妄改原文所字爲弗耳今悉校改

一九 經 任士損己而益所爲也（爲讀去聲）

說 任 爲身之所惡以成人之所急

釋 莊子天下篇論墨子謂『以繩墨自矯而備世之急』孟子論墨子謂『摩頂放踵利天下爲之』即本條之所謂任也

二〇 經 勇志之所以敢也

說 勇 以其敢於是也命之不以其不敢於彼也害之

釋 命猶名也言因敢得勇名人有敢亦有不敢就其敢於此即命曰勇雖不敢於彼仍不害其爲勇也例如不敢擅殺人於勇何害

二一 經 力形（舊作刑）之所以奮也

說 力 重之謂下舉（舊作與）重奮也

校 形舊作刑畢云同形啓超案是也古書刑形二字通用甚多下條同舉舊作與從孫校改但孫以「重之謂下」四字爲句非是

釋 形之所以奮在力。深合物理。奮動也。物質恆動不已以成衆形。

二二 經 生。形(舊作刑)與知處也。

說 生。形(舊作楹)之生。常(舊作商)不可必也。

校 楹當作形。商當作常。並從孫校。

釋 形骸與知識合幷同居。斯名有生之物。二者離則非生。故生常不可必也。此與佛說無常義頗相合。

二三 經 臥。知無知也。

說 臥。

校 此兩條經說皆有題無釋。當有脫文。張氏將兩條合爲一。謂以夢釋臥。非是。

釋 上知字爲「知材也」之知。下知字爲「知接也」之知。

二四 經 夢。臥而以爲然也。

說 夢。

釋 夢者知無知而自以爲有知也。

此諸條皆屬心理學範圍。雖無特別奧義。而界說甚精確。

二五 **經** 平。知無欲惡也。

說 平。 惔然。

釋 此卽中庸所謂『喜怒哀樂之未發謂之中』其實此亦不過心理現象之一種。並無特別可貴處。墨家不從此間討生活。

二六 **經** 利。所得而喜也。

說 利。 得是而喜。則是利也。其害也。非是也。

二七 **經** 害。所得而惡也。

說 害。 得是而惡。則是害也。其利也。非是也。

二八 **經** 治。求得也。

說 治。 吾事治矣。人治在利害。舊作有南北

校 今本作人治有南北。舊注强爲之解。皆不可通。疑南字與害字。北字與利字。篆書形略相近。或因此致譌。而寫者更以意顚倒之也。在字譌作有。亦因形近。張氏以末五字屬下條。大謬。

釋『慮。求也。而不必得。』見第四條 求而得之。斯爲治矣。所求者何。所得者何。人求利不求害。得者。得「所得而喜」之「利」也。故曰。『人治在利害』。此條校釋破字太多未敢自信

墨家以利害爲善惡之標準，言道德皆推本於人情之欲惡，而教人以求得所欲，使道德與生活問題益加密切，與近世學風極相近，觀此數條可見。

二九 **經** 譽，明美也。

說 譽。 譽之（舊脫一譽字）必其行也，其言之使人忻。【督之】

校 經說舊本脫一譽字，依文例當有之，今校補。

舊本作『其言之忻使人督之』，「使人督之」四字，孫以屬本條，張以屬下條，啓超案皆非也。「使人」二字當在「忻」字上，「督之」二字當屬下條。

釋 譽者，表示吾之美之也。譽之使行善者益自信，故曰『必其行』。第八十三條云『必也者可勿疑』，是其義也。凡譽之言，使人聞而忻。

三〇 **經** 誹，明惡也。（惡去聲）

說 誹。 督之（舊本此二字在誹字之上）非（舊作必）其行也，其言之使人（此二字舊脫）怍（舊作忻）。

校 督之二字，舊在誹字上，故孫以屬前條，張則並前條使人兩字亦屬本條，皆非是。此「督之」與前條「譽之」文正相對。

舊本誹字下作『必其行也其言之忻』，與前條全同，不易一字。啓超案：譽誹義相反，不應用同文爲釋，此必涉前條而譌，應作「非其行也，其言之使人怍」。非與必，怍與忻，皆形近成譌。

釋 誹者，表示吾之惡之也。誹所以督責之，使爲惡者有所慚怍以止其行。

經下云『非誹者諄說在弗非』說云『非之誹也』（看經下第七十八條）即此文『非其行也』之義本經第十七條『慊怍非也』即此文「使怍」之義墨家以「誹」爲辨別眞理之重要作用謂若以人所行爲非則當以「誹」督之不如是無以明是非也故非樂非命常採嚴正的攻擊態度。

三一 **經** 舉擬實也。

說 舉。告以之（舊作文）名舉彼實也。

校 之舊作文從孫校改本書中之字譌爲文者甚多之卽是也言以是名舉彼實

釋 擬實者模擬其實相也小取篇云『以名舉實』經說上云『所以謂名也所謂實也』（一八條）以此名舉彼實者例如云『此人是聖人』或云『墨子是聖人』「此人」「墨子」皆所謂也實也「聖人」所以謂也名也「實」卽主詞「名」卽表詞

三二 **經** 言出舉也。

說 【故】（故字舊衍）言也者（舊作「也者諸」）口態（舊作能）之出名（舊作民下同）者也名若畫虎（舊作俿）也言謂也（舊作也謂）言由（舊作猶猶與由通）名（舊作石）致也。

校 舊本云『故言也者諸口能之出民者也民若畫俿也言也謂言猶石致也』孫謂兩民字一石字皆名字之譌畢謂俿字爲虎

字異文皆甚是今從之但文義仍不可解今案以經說首字必爲牒經標題之例校之「故」字當爲衍文「言」字卽牒經之文也此下當疊一「言」字傳寫者不明此例妄將「言者」兩字合爲一「諸」字又錯倒之耳「能」字當爲「態」字之譌經說下第二十五條「貌態黑白」今本亦譌作「貌能」「謂也」二字錯倒也

釋「出舉」者「舉」卽前條所訓之「擬實」小取篇云『以說出故』書秦誓云『不啻若自其口出』欲以名舉實必須用言語以表示所舉者故曰『言出舉也』

以口之姿態表出所欲舉之名謂之言凡實可指凡名不可指實者如虎有虎於此吾得指之以示意雖無言可耳名者如畫虎不過一種概念非以言表而出之則人莫喻吾所指也例如吾言『此書謂之墨經』「此書」二字實也雖不出諸口亦可以手指此書足矣「墨經」二字名也非以口態出之則不可矣何以故『言謂也』『名所以謂也』故言由名而生也

此條論語言之起原最爲精到亦卽論理學之根本觀念

三三 **經**且言然也

說且　自前曰且自後曰已方然亦且【若石者也】四字舊衍

校「若石者也」四字兪樾云涉下條「若名者也」而衍又誤名爲石耳啓超案兪說是

釋此論語法中過去現在將來之用字「且」字從事前言之臨事言之皆可用惟自後言之則爲「已然」與且義相反也小取云『且入井非入井也止且入井止入井也』卽釋此條

三四 **經** 君臣萌（同氓）通約也。

說 君。以（？）若名者也。（若疑當作約，音近而譌）

釋 倘同中云『明夫民之無正長……而天下亂也。是故選擇天下賢良立以爲天子……天子既已立矣……選擇天下賢良置以爲三公……諸侯……遠至乎鄉里之長……』言國家之起原。由於人民相約置君，君乃命臣，與西方近世民約說頗相類。

三五 **經** 功，利民也。

說 功。必（舊作不）待時，若衣裘。【功不待時若衣裘】

校 必字從孫校改。舊本經說七字重出，從畢校刪。

釋 利民乃得名功，利君只謂之忠，不謂之功也。（看第十二條）不適時則不爲功，例如裘之衣，唯冬乃利也。

三六 **經** 賞，上報下之功也。

說 賞，（舊錯入下條）上報下之功也。

校 賞字乃本條牒經標題之文，舊本錯在下條「罪不在禁」上，今從孫校移補。

三七 **經** 罪，犯禁也。

說【賞】（此字錯簡衍）罪。不在禁。雖（舊作惟）害無罪。若殆。（舊作殆姑）

校舊本作『惟害無罪殆姑』孫氏不得其解乃謂殆與逮通姑與辜通釋爲『罪不必犯禁惟害無罪則及罪』此說殊謬經文明云『罪犯禁也』安得云罪不必犯禁且安有法令而不禁害無罪者「罪」字乃牒經標題此經說通例孫氏於此例未瞭往往將標題之字連下成句遂多不可通此條亦其一也「雖」字誤爲「惟」篇中甚多經孫校正者亦不少今校作『雖害無罪。若殆』全文了然『若殆』譌爲「殆姑」者殆形近譌爲姑校者或將原字注於上遂疊一殆字再校者或又因殆若形近遂改若爲殆耳。

釋犯禁謂之罪事苟不在禁令中雖妨害人亦無罰例如「殆」「殆」者何行路相擠也經下云『無不讓也不可說在殆』說云『若殆於城門』（第三七條）荀子榮辱篇云『巨涂則讓小涂則殆』是其義也「殆」雖妨害他人然非法所禁不能加罰也。

三八 經罰。上報下之罪也。

說罰。　上報下之罪也。

釋本條與第三十六條說與經文全同是篇中異例。

三九 經同。異而俱於之（之訓此）一也。

說侗。（疑當作同）　二【人】而俱【見】是相盈（舊本此二字合爲一字作「楹」）也（?）。若事君。

校舊本作『二人而俱見是楹也』張云『一楹也二人俱見俱謂之楹是同也』義殊膚淺孫破「楹」作「形」亦未得其解。

今據六五六六兩條，校楹字當爲相盈二字分寫之譌。人字疑涉上人旁而衍。見字疑涉下是字形近而衍。或作『二而俱於一』文義更瞭，但事君二字不可解，疑有誤。

釋 取彼之異者而俱之於此之一，斯謂同。例如孔子、墨子，異也，而俱爲人，一也。堅、白，二也，而俱爲石性所含，一也。二何以能俱？以其相盈也。相盈義見第六五六六條。物之同相有四，見第八七條。

疑此條當在第八八條之下，未敢擅移。

四〇 經 久，彌異時也。

說 久。合（舊作今在久字上）古今旦（舊作且）莫。

校 舊作『今久古今且莫』。張以今字屬上條，王引之謂今字屬下而衍，皆非是。此從胡校。且字，張校作旦，是也。

四一 經 宇（舊作守），彌異所也。

說 宇。冡（古蒙字，舊作家在西字下）東西【家】南北。

校 經文「宇」字舊譌作「守」，王據經說校正，甚是。

經說舊作「東西家南北」，顧王校皆謂家字爲衍文，孫校謂以家所處爲中，並誤。胡校以蒙東西南北與合古今旦暮對舉成文，甚是。

此兩條舊本併爲一條。啓超案：前文『利所得而喜也，害所得而惡也』、『譽明美也，誹明惡也』、『賞上報下之功也』、『罰上報下之罪也』，皆兩義對舉，分爲兩條。此處亦應爾。竊疑第三十九條本應在下行，不知何時錯入上行，遂將此兩條擠併爲一耳。

因此遂生下行衍文兩條。說詳旁行表。

釋此兩條言「異而俱之於一」之兩種重要關鍵。一曰「久」。則時間觀念也。二曰「宇」。則空間觀念也。「彌」。周徧也。即上條相盈之義。古今旦暮雖異。合而俱之於一。則「久」之觀念成。東西南北雖異。蒙而俱之於一。則「宇」之觀念成。有此兩種觀念然後知識得有聯絡。經上第四四條第五〇條經下第一六條第四七條第六三條皆釋「久」義。經下第一五條第一六條第六二條皆釋「宇」義。當參觀。

四二 **經** 窮。或有前不容尺也。

說 窮。　或不容尺。有窮。莫不容尺。無窮也。

釋「或」即「域」之本字。謂區域也。尺即線。空間區域極於邊際。其前更不容一線。可謂有窮矣。然線可以析至極微。與邊際之線鄰者。仍線也。與其鄰鄰者。又仍線也。是莫不容尺也。可謂無窮矣。莊子天下篇述惠施說『南方無窮而有窮』即是此意。

四三 **經** 盡。莫不然也。

說 盡。　但止動。

釋 盡。全稱也。如言『凡人皆必死。』則主詞表詞兩皆盡也。故曰。『莫不然。』動相全止。即圓成之義。故說以此爲釋。

四四 **經** 始。當時也。

說 始。 時。或有久。或無久。始當無久。

釋 常人所謂時間的觀念。墨經不謂之時而謂之久。墨經所謂時。乃兼有久無久兩者而言。有久之時人所易明。如萬年千年一年一月一日一時一刻一分一秒皆是也。無久之時。則非常識可見。將時間析至極微極微。終不能不謂之時。（例如菩薩處胎經云『一剎那翻爲一念百二十剎那爲一怛剎翻爲一瞬六十怛剎爲一息……一日夜計有六百三十八萬剎那』）此時也。若云有間。則尚可析。若不可析。則謂之無久也。所謂始者則與此無久之時相當也。莊子庚桑楚篇云『有長而無本剽者宙也』有長即有久之義。無本剽即無久之義。

四五 **經** 化。徵易也。

說 化。 若鼃爲鶉。

釋 徵驗也。謂驗其變易。荀子正名篇云『狀變而實無易而爲異者。謂之化。有化而無別。謂之一實。』即徵易之義。淮南子齊俗訓云『夫蝦蟆爲鶉。生非其類。唯聖人知其化。』此當時物理學之發軔也。

四六 **經** 損。偏去也。

說 損。 偏也者。兼之體也。其體或去或存。謂其存者損。

校 王氏於經說偏字下校增一去字。又將第二存字改爲去。皆非是。今依原本。

釋『體分於兼也』見第二條 從總體中去其一部分則所存之部分損矣。

四七 經 儇(?)稘秖。

說 儇(?) 昫(?)民也。

校 此條譌脫不能索解孫校經文謂當作「環俱氐」言環無端互相爲底似未愜姑存一說。

四八 經 𢉖。舊作庫 易也。

說 𢉖。 所視𢉖若區穴。

校 舊作『庫區穴若斯貌常』孫校「斯貌常」當爲「所視𢉖」從之「區穴若」三字疑錯倒。

釋 𢉖卽障字下文云『方不𢉖』第八十條 義同易似有傾斜之義參看經下第十九條彼文言光學以易與正對舉 區穴似指幾何學之平面參看本經第六三條 所視𢉖者言視爲物障若在平而上不能覩物之體也此釋亦自覺未安姑存之

四九 經 動。或域本字 徙舊作從 也。

說 動。 偏際徙。舊作祭從 偏 若舊作者 戶樞它蠶。舊作免瑟

校 經文「徙」字舊作「從」說文「偏際徙」舊作「偏祭從」今並從孫校「它蠶」舊作「免瑟」孫云『疑免瑟當作它蠶它卽蛇正字……蠶俗作蠺它蠶與免瑟形近而譌戶樞它蠶皆常動之物』啓超案孫校確否未敢斷大旨蓋不謬但舊本「者」字當爲「若」字之譌『若戶樞它蠶』擧例以明動相也孫以「者」字屬上爲句非是。

【釋】經下有『宇或徙』一條、（第十五條）與此條之『動或徙』文義皆同。或、域之本字也。域、區域也。「或徙」者、言在空間移動也。故說以「偏際徙」釋之。「際」指空間、「偏際」即「彌異所」（看第四一條）

戶樞者、戶之樞也。呂氏春秋盡數篇云、『戶樞不螻動也。』

經上之下

經說上之下

五〇 **經** 止以久也。

說 止。無久之不止。當牛馬(舊脫)非馬。若矢(舊作夫)過楹。有久之不止。當牛(舊作馬)非馬。若人過梁。

校「矢」舊作「夫」。張云。疑亦當爲「人」。王云。夫當作矢。鄉射禮記曰。射自楹間。故以矢過楹爲喻。啓超案。王說是也。

舊本『當牛非馬當馬非馬』兩句。孫云。與上下文不相蒙。疑爲錯簡。啓超案。孫說非是。但文有譌奪耳。今以意校爲今本。說詳釋中。

釋 停與不停。因時間觀念而得名。故曰止以久也。(看第四一條)

無久有久義見第四十四條。無久者。將時間分至極微而不能再分之謂。若矢過楹者。莊子天下篇云『鏃矢之疾而有不行不止之時』。蓋矢行必經時而始至。所行遠則需時長。所行近則需時短。然則矢之行於空間。必不能無停留。就此極微不能再分之一點觀之。則矢必曾止於此點也。然使矢已止。則必不能自此點更移於彼點。今彼能移。則不止也。太陽之光本經若干時之行始接於吾目而吾輩以爲彼發光而我立見焉是未知此爲無久之不止其理若矢之過楹也此理頗與衍非常識所易辨故與「牛馬非馬」之義相當（義詳經下第十四條）有久者卽常識所謂時間也人行過橋且止且行經若干時此理甚淺故與「牛非馬」之義相當

五一 **經** 必不已也

說 必 謂臺執者也若弟兄(?)

校 舊注皆將下文『一然者一不然者必不必也是非必也』十五字歸入此條與『若弟兄』連讀爲句謂『若弟兄一然一不然」義同「非必」此大誤也「弟兄一然一不然」固已不詞且此與非必義何關若謂一然一不然爲一必一不必或勉強可通謂爲非必無此文義矣『必不必也是非必也』亦複沓不成語不知此十五字乃次條『平同高也』之解釋傳寫者將「平」字誤作「必」字後人因以此條釋「必」之文相連不復深思乃附會而益失其義耳弟兄二字疑亦有誤未敢擅改疑「弟」字或弓字之譌「兄」字則衍文弓正可以持執者也但無別證未敢校改

釋 釋名云『臺持也』必然之事理可以持執故以臺執訓必「若弟兄」者弟必後生兄必先生此必之義也

五二 **經** 平同高也

說 平（舊本脫） 一然者一不然者必不平（舊作必）也(?)同（舊作是）然（舊作非）平（舊作必）也

校 舊本無句首之平字惟下文有「心中」二字其心字卽此平字也先譌作必又由必譌作心又錯移於下耳今據文例校補

「必不平也」舊本作「必不必也」平必二字皆「從八八亦聲」古無輕脣音平與必爲一聲之轉篆字形亦相近故涉上文而譌

「同然平也」舊本作「是非必也」然字與非字草書形近而譌平譌必與前句同惟「是」字不得其解釋文義當爲同或傳寫者臆改耶

舊注將此十五字屬上條因謂本條有經無說誤也

釋 一然一不然例如一高一下必不平矣同然則平也陳澧引海島算經「兩表齊高」一語釋「平同高」甚是其引幾何原本則太鑿矣「平同高」者謂高度相同斯謂平耳

五三 經 同【長】此字舊衍以正相盡也

說 同 攖(?)異得之同【長】也舊作「捷與狂之同長也」

校 經經說兩長字疑皆涉下條而衍

經說文舊作「捷與狂之同長也」啓超案捷字疑當作攖攖因形近譌爲接接又因音近譌爲捷也與疑當作異經說下第二條兩異字皆譌爲與是其證得字譌爲狂或因草書形近所校未敢自信存之以待來哲

釋 相盡者兩物內容適相若彼此互相函而俱盡也攖者物與物相遇之謂本經第六七條云「攖相得也」彼條經說卽以相盡不相盡爲解參看彼條異物相攖而能相得是之謂「以正相盡」是之謂同

五四 經 中同長也

【說】【心】中。自是往相若也。

【校】心字為必字之損。必字又為平字之譌。本第五二條牒經標題之字。錯入此處。今刪。畢氏以前條經說與此條併而為一。謂為合釋五二五三五四之三條經文。張孫皆沿之。啓超案本書無數經共一說之例。且說中每條首一字。必牒經之首一字以為題。則此說文自「同」字以下釋第五十三條。自「中」字以下釋第五十四條。最明白可信。據張孫皆不明此例。故引說就經。往往失次。孫氏既不知此文「中」字為牒經標題。又不知「心」字為譌文。乃將「心中」二字連讀。謂『以中一表為心外四表為邊。規晝其邊……』云云。又將前條之「捷與狂」改為「插與往」。亦以割圜之理附會之。不知割圜乃五十八條所論。與此文無關也。

【釋】『中同長』者。兩邊相距長度適同謂之中。『自是往相若』者。「是」指「中」。言自中往左其長與右相若。自中往右其長與左相若。故曰「同長」。此條與第五十八條不同。彼條之同長以面言。此條之同長以綫言。舊注混之。非是。

五五【經】厚。有所大也。

【說】厚。區（舊作惟）無所大。

【校】「區」舊作「惟」。因形近譌「區」為「唯」。又轉譌為「惟」耳。畢云『唯其大無所加。是所謂大也。』孫云『積無成厚。其厚不可極也。與經文相反而實相成。』啓超案兩說皆非。此由誤讀「惟」字曲為之解耳。

【釋】以幾何學名詞釋墨經。點謂之端。線謂之尺。面謂之區。體謂之厚。體有長短廣狹厚薄。其有厚薄。所以別於面也。以厚得名。故謂之厚。體有容積。故曰『有所大』。經說以『區無所大』爲釋者。正以明體之所以異於面也。

五六 經 日中。正南也。

無說

五七 經 直。參也。

無說。

五八 經 圜。一中同長也。

說 圜。 規寫交也。

㳄交舊作文。從孫校。下條同。

釋 綫何原本云『圜者。一形於平地居一界之間。自界至中心作直綫俱等。若甲乙丙爲圜。丁爲中心。則自甲至丁與乙至丁丙至丁。其綫俱等。』卽「同長」之義。又云『圜之中處爲圜心。一圜惟一心。無二心。』卽「一中」之義。

『規寫交』者。孫詒讓云『凡以規寫圜形。其邊綫周匝相蕣。謂之交。或爲直綫以湊圜心。中交午成十字形。亦謂之交。』

五九 **經** 方柱隅四雜也。

說 方。矩見(?)交也。

校 雜舊作讙或作驩從孫校。

釋 孫詒讓云呂氏春秋論人篇云『圓周復雜』高注云『雜猶匝』周易乾鑿度鄭注云『方者徑一而匝四也』此釋方形爲柱隅四雜者謂方柱隅角四出而方羃則四圍周匝亦卽算術方一周四之義方周謂之雜猶呂覽謂圜周爲雜矣。

六〇 **經** 倍爲二也。

說 倍。二尺與尺俱去一得二。

校 舊作『二尺與尺但去二』但字當爲俱字之譌「得二」兩字錯入第六六條今以意校正舊因「得二」二字錯入第六六條遂使彼條異說支離而本條亦終不可解各家皆將「二尺」兩字連讀又不解尺之卽爲線乃謂二尺與一尺相較但去其一卽名爲倍此何可通耶。

釋 「倍」字牒經標題「二」字復牒經文「二」字而釋之尺者幾何學所謂綫也綫與綫並綫失其一而此綫所得者乃實二也故曰「爲二」

六一 **說** 端。體之無厚舊作序而最前者也。

說 端。是無間也。間舊作同

校「厚」舊作「序」。從王校。「間」舊作「同」。疑因形近而譌。

釋端者幾何學所謂點也。體卽『體分於兼』之體。與幾何之體異。點無長短廣狹厚薄。故云無厚。凡形皆起於點。故云最前。說文云『耑物初生之題也』。耑。端之原字。與此文最前義同。說中「無間」二字舊作「無同」。形近而譌耳。無同不足爲點之界說。張云『若有同之卽非最前』。義膚淺不愜。幾何原本云『點者無分』。蓋點者不可分者也。不可分則無間也。莊子養生主篇云『以無厚入有間』。無厚無間者。惟點耳。中庸云『造端乎夫婦』。造端卽起點也。物理學上之「極微」。卽端也。凡質礙之物。皆得析之爲分子。分子更析爲原子。更析爲電子。電子則在今以爲不可析。幾於端矣。端不可析。故無間。無質礙。故無厚。爲一切物質之原。故云在前。

六二 經 有間。中也。

說 有間。 謂夾之者也。

六三 經 間。不及旁也。

說 間。 謂夾者也。尺前於區【穴】此字疑衍而後於端。不夾於端與區間。舊作內

及。 及非齊之及也。

校「區內」疑「區間」之譌。「穴」字疑衍。因下旣譌間爲內。此文涉下衍內字。又涉形近譌爲穴耳。

『及及非齊之及也』七字疑爲後學案識之語羼入本文。

釋惟點無間。線面體皆有間矣。故續釋間義。

間者猶隙穴也。凡形之可分析者皆有間。物之受熱而漲。受冷而縮。皆「間」之作用也。以至粗者言之。則太陽與地球相距之間謂之間。以至細者言之。則兩電子相距之間謂之間。此以夾者訓間。以夾之者訓有間。間者所間也。有間者能間也。「有間」指本隙。「間」則構成本隙之物也。能所合然後間義明。

區者幾何學所謂面也。有長有廣。成一界域。故謂之區。先有點而後有線。先有線而後有面。故曰『尺前於區而後於端』。尺旣在端前區後。則似尺在端與區之間矣。而其實不然。蓋間之義不如此也。經說恐人誤會。故舉『尺不夾於端與區間』作反證也。

及卽夾也。以同音互訓。(粵語此兩字音讀全同)「不及旁」者言旁夾中。中不夾旁。說恐人誤以到字訓及。故特牒經文及字另標一題。而申言非齊及之及。

六四　經　櫨。(舊作纑)間虛也。

說　櫨。虛也者。兩木之間。謂其無木者也。

附　櫨字從孫校。

釋　此舉纑跡以明間義也。孫詒讓云。『櫨柱上小方木。』(據衆經音義引三倉文)張惠言云。『與夾者相及則謂之間。但就其虛處則謂之櫨』兩木之間無木。猶兩恆星之間無恆星。兩電子之間無電子。

故命之曰「閒虛。」

六五 **經** 盈。莫不有也。

說 盈。 無盈。無厚。於尺無所往而不得。【得二】

校「得二」兩字乃第六十二條『倍爲二也』經說之文錯簡入此。今校刪。移歸彼條。

孫破此文之尺字爲石字。而以堅白石爲之釋，蓋因此下錯入「得二」兩字。次條之經有『堅白不相外』一語。再次條之說又有『堅白之攖相盡』一語。因誤將三條經說混而爲一。謂「得二」兩字之解。指石得堅白之二。引公孫龍子『無堅得白其舉也二無白得堅其舉也二』爲證。用心可謂極細，不知此條『得二』兩字全屬錯衍。下兩條之「白」字亦是傳寫者妄加耳。（說詳彼條）石中堅白相盈。與此文無盈無厚之義全不相涉。如孫氏說。則「於尺」一句成枝辭矣。

釋盈。函也。例如體函面。面函線。線函點。凡函者必盡函其所函。故曰『莫不有。』『無盈無厚』者。謂無盈則無厚。例如點不函他點。則終不能積而成體。『於尺無所往而不得』者。端（點）不函他端（點）。故無盈無厚。引端（點）爲尺（線）。則尺（線）函端（點）無數。縱橫曲折以成區（面）。則函尺（線）無數。積疊以成厚（體）。則函區（面）。尺（線）端（點）無數。隨所引而皆有函（有盈）。則無論若何引法皆可以成體（有厚）也。

六六 **經** 堅。【白不】相外也。（白不二字舊衍）

說 堅。 異處不相盈。相非（同排）。是相外也。

校經文「白不」二字疑衍。經上篇體例。每條皆首一字爲句。此條之『堅相外也』與次條之『攖相得也。』以反對兩義相次。與『譽明美誹明惡』「平同高中高長」諸條。文例正同。且經說正釋相外之義。與「堅白」義無涉。故知此文必衍也。經文既衍『白不』二字。「堅白不相外。」與經說下第十六條『無堅得白。必相盈也。』語意似互相發明。孫詒讓因謂經說之堅字下脫一白字。當云。『堅白異處不相盈。』啓超案。孫說誤也。凡經說每條之首一字。皆牒舉經文而標爲題。此字萬不容與下文連讀成句。此是讀墨經當嚴守之公例。此例本孫氏所發明。然彼不能嚴守。間詁中句讀。將首一字連下文讀者過半。其致誤之原多由此。即如此條。若如孫說以「堅白異處不相盈」成句。則不惟脫一白字。當並脫一堅字矣。何也。此文堅字乃由經標題。例應獨立成句。然則「白異處不相盈。」尙成文耶。且如孫說。則經言「堅白不相外。」而說言「堅白不相盈。」兩義正反。何以成解。推孫氏致誤之由。(一)因經文作『堅白不相外。』(二)因下條有『堅白之攖相盡』一語。(三)因此處「堅」字上舊本錯入「得二」兩字。(四)因經說下第十六條有『堅白相盈』之文。將此四文參伍之。以與公孫龍之堅白異同說相結合。殊不知「得二」兩字乃錯簡。與此文無關。(詳第六〇條第六五條)「堅白之攖」實當作「兼之攖。」(詳第六七條)此條經文下條說文之兩白字。皆妄人所加耳。妄人所以加此字者。亦由不得其解，覩一堅字。則以爲是必論「堅白異同」也。輒加一白字於其下。以譌傳譌。而孫氏受之。其實經上經說上全未討論到「堅白石」問題。「堅白石」乃後世墨者觭偶不仵之辭耳。

經說「堅」字上有「得二」兩字。乃六十二條之錯簡。張氏以冠本條。大誤。

釋堅。即佛典所謂「質礙。」凡物之形質在空間占一位置者也。凡質礙皆有其所占之空間。此所占互不相容。此空間既爲甲質礙所占。即不能爲乙質礙所占。故曰『相外。』相外者何相排也。說所云「相非。」即相排也。『異處不相盈』者。「處」即位置。「相盈。」相函也。質礙之爲性。各自占一特異之位置。不能相函。此其所以相排也。

六七 **經** 攖。相得也。

說 攖。尺與尺俱不盡。（舊注以俱不盡之字連讀成句非是）端與端俱盡。尺與端。（舊脫）或盡或不盡。兼（舊作堅）【白】（舊衍）之攖相盡。體攖不相盡。【端】（舊衍）

校 舊本「不相盡」之下有一「端」字。而「尺與」之下「或盡」之上脫一「端」字。孫氏移彼補此。是也。『兼之攖相盡』舊作『堅白之攖相盡』。孫以經說下「堅白相盈」之義釋之。驟讀若無以易矣。其解『體攖不相盡』以物體爲解。忘卻凡墨經中之體字。皆指「分於兼」者而言。不能以一獨立之物體目之也。上文以尺與端對舉。故知此文之「體」字。必當與「兼」對舉。「兼」譌爲「堅」者因音相近。而上條又有堅字。傳寫涉筆成譌。後之校者。因「堅攖」義不可通。忽想到經下有「堅白相盈」一語。遂竄筆加一「白」字於其下。亦如孫氏將前條之「堅異處」改爲「堅白異處」。而後之讀者且據爲定本以校改他條矣。其實此條專就幾何學上之等量不等量而言。與論理學上所辨堅白異同。渺不相涉。而近似之譌。能使誤讀者持之有故言之成理。甚矣校書之難也。

釋 攖。相接觸也。相得。相吸受相銜接也。攖有盡與不盡之別。本經第四十三條云『盡莫不然也』。兩形接觸。構一新形。其新形內容與舊形適脗合者。相盡也。反是則不相盡也。端與端俱。何以能盡。以點加點爲點。新點與舊點之內容必脗合也。尺與尺俱。何故不盡？線之種類甚多。失之豪釐。則差之千里。甲線與乙線攖。內容必不能脗合也。「尺與端或盡或不盡」者。線與點相攖。其一部分與原點相盡。其一部分與原點不相盡也。『兼之攖相盡體攖不相盡』二句。卽說明『尺與端或盡或不盡』之理。尺者端之兼。端者尺之體也。就其兼之攖言之。一線函各點。各點內容之和與全線內容適相若。故曰『兼之攖相盡』也。就其體之攖言之。線中甲點之內容非乙點之內容。故曰「體攖不相盡」也。

六八 **經** 仳。舊作似有【以】此字疑衍相攖有不相攖也。

說 仳。兩有端而后可。

校 經文「仳」舊譌作「似」。孫氏據經說標題校改之。是也。畢張據經改說。非是。有以相攖之「以」字。亦疑涉上文「似」字而衍。

釋 仳與比通。凡形或相攖或不相攖。皆可相比。如兩平行線兩交角線。皆可比其長度也。然必雙方各皆有相比之點。然後可。如不相攖之兩平行線。必須齊其起點。乃能相比。相攖之角線。必以共同之頂點相比。「一中同長」之圜線。必以共同之圜心點相比也。

六九 **經** 次。無間而不相舊作攖攖也。

說 次。無厚而後可。

校 「不相攖」舊作「不攖攖」。從孫校改。

釋 次。排列也。排列而不相接觸。則爲不相攖。次何以必須無間無厚。未得其解。

七〇 **經** 法。所若而然也。

說法。　意規員三也俱可以爲法。（舊註以「三也」斷句「俱」屬下讀非是）

釋若順也似也肖也說文法字下云『法刑也』刑字下云『荆……从井。井法也』型字下云。『型鑄器之法也』模字下云『模法也』笵字下云『笵法也』足證法之本義爲模型模範。『所若而然』者謂依此型範作一物事所結果與原範同也。（例如一錢笵所鑄出之錢其形相等）『意規員三也俱』者謂心識中所意（舊億）度之圓的觀念與畫圓之規與所畫出之圓形三者和合如此則可以制成一圓模矣故曰『可以爲法』

七一　**經**侔。（舊作佴）所然也。

說侔。　然也者名（舊作民）若法也。

校「侔」舊作「佴」據小取篇校改。「名」舊作「民」。從孫校改。

釋本經釋「佴」字者兩條。「佴」無意義疑皆「侔」之譌。「侔」乃墨家論理學所用辯法之一。小取篇云『辟之侔也有所至而正其然也有所以然也』卽本經「所然」之義。說以「名若法」釋「然」字。卽前條「法所若而然」之義。前條就幾何學上說本條就論理學上說。故加以申明。

七二　**經**說所以明也。

無說

釋此條無說殆因文義自明不復爲之說也.小取篇云.『以說出故』用言語以說明「所得而後成」之故即「說」也故曰『所以明也』

七三 經 彼.（舊作攸） 不可兩【不可】也.（下不可二字舊衍）

說 彼.（此舊作凡） 牛樞（?）（疑渠字之假借） 非牛兩也無以非也.

釋本條經文舊本作『攸不可兩不可也』.經說文舊本作『彼凡牛樞非牛……』文義並難通.故釋者皆支離不愜.今案經文之攸字當爲彼字.據經說標題可證.（張孫並已校正）「彼」者何?指所研究之對象也.能研究之主體爲我.故所研究之對象對「我」而名「彼」也.『不可兩不可也』當爲『不可兩也』.下「不可」二字傳寫複衍耳.『彼不可兩』者.凡研究一對象必先確定其範圍.範圍兩歧則無以爲辯論之地.故不可兩也.經說即說明此義.舊本「凡」字當是「此」字之損泐.「樞」字疑即「渠」字之同音假借.（今粵語謂「彼」爲佢其音讀如Kü。「樞」字之讀正與相同.此文變「彼」爲「樞」者.因所釋正爲「彼」字.慮文意相混.故以俗語代之）「此」與「樞」猶言此與彼耳.猶言甲與乙耳.例如有兩人爭辯.一人云『甲牛也』.一人云『乙非牛也』.此在論理學上不成問題.何也.以甲乙本是兩物.所研究之對象不同.不足成是非之爭點也.故曰『兩也無以非也』.此條言正名第一步工夫.荀子正名篇云『異物名實互紐.則志必有不喻之患』.正謂『兩彼』之不可也.（經說下第六十七條云『正名者彼此彼彼止於彼此此止於此……』與本條可相發明）

七四 **經**辯。爭彼也。辯勝。當也。

說辯。或謂之牛。謂之非牛。是爭彼也。是不俱當。不俱當。必或不當。不當若犬。當若舊作若當

校「當若」舊作「若當」。張謂『不若兩不辯而當之犬』。孫謂『不若謂狗爲犬之當』。皆曲解也。此從胡校義詳釋中。

釋論理學之應用謂之辯。辯者何。對於所研究之對象。辯論以求其是也。故曰『爭彼』。有兩人於此。一人曰『甲牛也』。一人曰『甲非牛也』。於是爭論起焉。此兩說不能俱是。必有一是有一非。例如甲實犬也。則謂之非牛者是也。謂之牛者非也。故曰『辯勝。當也。』若前條之例一人云甲牛也一人云乙非牛也此則可以兩俱當或兩俱不當此則非論理學上之問題矣

經下第三十六條云『辯無勝。必不當。說在辯。』說云『辯也者。或謂之是。或謂之非。當者勝也。』本條云『勝者當』。彼條云『當者勝』。互相發明。

墨子認論理學爲知識之源泉。故最重視之。非命上篇云『言必立儀。言而毋儀。譬猶運鈞之上而言朝夕者也。是非利害之辨。不可得而明知也。』墨經兩篇及經說什九皆爲正名之用。大取小取則言其應用之法也。故魯勝名經爲墨辯。本條與經下第三十六條可謂墨辯之提綱矣。

七五 **經**爲。窮知而縣於欲也。

說爲。欲壅舊作雝不成字今以意校改下同其智。舊作指以意校改以智不知其害。是智之罪也。若智

之愼之（舊作文從孫校）也．無遺於其害也．而欲猶（舊作猶欲）甕之．則離（?）（此字有誤）之．「是猶食脯也．（?）騷之利害未可知也．欲而騷（?）是不以所疑（?）（此字疑當作知下同）正（舊作止）所欲也．廧外之利害未可知也．趨之而得力（?）（此字有誤）是以所疑（?）正所欲也．觀爲窮知而縣於理．甕脯（?）（此字有誤）而非恕也．甕智而非（?）（此字有誤）愚也．所爲與不（?）所與（此四字有錯倒或衍）爲相疑也．非謀也．

校經說此條與全篇文體不類．他條文皆極簡．無此冗沓．（經說下文雖較長．仍無冗語．）竊疑原文至『則離之』句而止．自『是猶食脯也』至末．皆後世讀者所加案語．羼入本文．（或出漢代以後．亦未可知．）仍有譌字不甚可讀．姑從闕疑．

釋經文之意．蓋言行爲爲智識之結果．而又常爲欲惡之念所拘牽也．說自『欲甕其智』至『則離之』皆釋此義．循文可明．

七六 **經**己成亡．

說己．爲衣成也．治病亡也．

釋張惠言云『爲衣以成爲己．治病以亡爲已．』孫詒讓云『亡猶言無病也．』

七七 **經**使謂故．

說使．令【謂】（此字疑衍）謂也．不必成濕（?）（此字有誤）故也．必待所爲之成也．

校舊注皆以「不必成濕」爲句釋「濕」字各有異說孫氏又於「故也」下加一「者」字啓超案「令謂也濕故也」相對成文「濕」字不應屬上讀但此字有譌誤無從校改

釋「使」有謂與故之兩義謂者命令之使如是不必問事之成與否只須已發此令即謂之「使」故也者『所得而後成也』（見第一條）因此故而致彼如是必所爲已成乃得名「使」也

七八

經名．達．類．私．

說名．物．達也．有實必得（舊作待）之（舊作文與此通）之名（舊作多）也．命之馬．類也．若實也者．必以是名也．命之「臧」．私也．是名也．止於是實也．聲出口．俱有名．若姓字麗．（字舊作宇　麗舊作灑）

校「必得之名」猶言必得此名也．舊作「必待文多」孫校「文」當作「之」．「多」當作「名」．甚是．待字義亦可通．但不如得字之完．恐涉形近而譌．

「若姓字麗」舊作「若姓宇灑」張校「宇」爲「字」是已．但以「灑」字屬下條讀．則大謬．下條首一字爲「謂」字．卽牒經之文．其上安容更有他字．「灑」字乃「麗」之譌．謂姓字與本人相麗．若名與出口之聲相麗耳．

釋正名第二步工夫在辨別名之種類．此言名有三種．（一）達名（二）類名（三）私名．達．通也．達名．物之通名也．例如「物」凡有物質之實者皆共得此名也．荀子正名篇云『萬物雖衆．有時而欲偏舉之．故謂之物．物也者．大共名也』．大共名卽本經之達名也．類名者以同類得名也。例如「馬」。凡有馬之實者皆名之爲馬也。正名篇云。『有時而欲徧舉之。故謂之鳥獸。鳥獸也者大別名也。』大別名卽本經之類名也。私名專有之名也。例如服役之人名之爲臧。臧之名僅限於此人也。正名篇云。『推而別之。別則有別。至於無別然後止。』如人爲最大別名。中國人爲次大別名。中國古代人爲次大別名。皆類名也。墨子爲小別名。則私名矣。凡聲不出於口則已。一出口則必有名隨之。若姓字之與本人相麗而不可去也。

七九　**經**　謂。命。舊作移　舉。加。

說　謂。狗犬命也。狗犬舉也。叱「狗」加也。

校　經文「命」舊作「移」。涉前條之「私」字而譌耳。今據經說校改。孫據經改說。非是。「謂」字上有「灑」字。乃前條之文。舊注皆誤以入本條。張云。『灑卽移。意移狗而謂之犬。』孫云。『灑鹿形近。移他名謂此物。猶言指鹿爲馬。』兩說皆附會可笑。此「謂」字乃本條牒經標題之文。其上更不容有字也。

釋　下條云。『所以謂。名也。』此條卽釋「所以謂」之「謂」。「謂」有三種。(一)命而謂之。如謂狗爲犬。爾雅犬未成豪曰狗　此命狗以犬之名也。(二)舉而謂之。如云『此狗也。彼犬也。』是「以此名舉彼實」也。第三十一條文　(三)加而謂之。有狗於此。叱而呼之曰「狗」。是所謂者加於其身也。

八〇　**經**　知。聞。舊作間。畢據經說校改　說。親。名。實。合。爲。

說　知。傳受之聞也。方不㢓。說也。身觀焉。親也。所以謂。名也。所謂。實也。名實耦。

合也。志（？）疑當作知行。爲也。

校孫將此條析爲二條。非是。凡經說每條首字必牒經標題。此文「所以謂」之上無牒經字。知當合爲一條。且以旁行之上下行對照。此處不應有兩條也。

釋此條論知識之由來。爲墨經中最精要之語。今詳釋之。

人之所以能得有智識者恃三術焉（一）聞知（二）說知（三）親知。親知最凡近而最確實。說知次之。聞知又次之。今例釋如下。

「身觀焉親也」者。謂由五官親歷所得之經驗而成智識也。荀子正名篇云「然則何緣而以同異。曰緣天官。（案天官即五官）凡同類同情者其天官之意（案同億謂億度也）物也同……形體色理以目異。聲音清濁以耳異。甘苦鹹淡以口異。香臭芬鬱以鼻異。滄熱滑鈹輕重以形體異。喜怒哀愛惡欲以心異。」（案此六者正與佛典之眼耳鼻舌身意合）此所謂身親焉者也。兒童翫火而狎之。手觸熾炭。乃得灼焉。此身親焉而知其熱也。芻豢親嘗而知其美。芝蘭親齅而知其馥。桃李親覩而知其豔。笙歌親聽而知其和。身親焉者。知識之基本。而又其最可恃者也。故近世泰西之知識論咸趨重經驗。而名學以歸納爲極詣。誠以身親焉之可恃也。

「方不庫說也」者。謂由推論而得之智識也。說所以明也。（本經第七十二條文）庫。即障字。方。如史記「見垣一方」之方。身親所得之知識最近於正確固也。然身所能親者其限域至狹。非親莫知。則知之塗滯矣。據其所已知以推見其所未知。是之謂「所以明」。是之謂「說」。隔牆見角而知有牛犢不障也。隔岸見煙而知有火。岸不障也。遊峨眉見積雪焉。須彌落機。所未歷也。知其高與峨眉齊也。或更高於峨眉也。則知其有積雪也。兒童觸火而得灼。所觸此火也。他火非待一一觸之。而莫敢或狎者。能推焉而知不障也。此爲得知識之第二塗徑。演繹的論理學卽此術也。

『傳受焉聞也』者。謂由傳聞而得之智識也。吾謂昔者嘗有墨子其人也。子謂昔者未始有其人也。吾何恃而證吾說之眞也。恃親知耶。末由起墨子於九原而與之覿也。恃說知耶。不能謂嘗有孔子。而推知必有墨子也。且又何據而知嘗有孔子也。不惟時間之相去爲然也。空間之相去亦然。未親登落機。何以知世必有落機也。寧能謂蜀有峨眉。而推知美之必有落機也。若是者。親知與說知兩窮。非恃聞知無以爲也。墨子書傳焉。吾受之。知有墨子也。落機之名。地志傳焉。吾受之。知有落機也。此爲得知識之第三塗徑。讀書之所受。講堂聽講之所受。皆此類也。

人類最幼稚之智識。多得自親知。其最精密之知識。亦多得自親知。人類最博深之智識。多得自聞知。其最謬誤之智識。亦多得自聞知。而說知則在兩者之間焉。中國秦漢以後學者。最尊聞知。次則說知。而親知幾在所蔑焉。此學之所以日衰下也。墨家則於此三者無畸輕畸重也。

『所以謂名也所謂實也』者。如云『此書是墨經』。「此書」云者。是所謂也。有「實」可指。故言實也。「墨經」云者。是所以謂也。用此名以表之。故言名也。如云『墨經是難讀之古書』。「墨經」所謂也。實也。「難讀之古書」所以謂也。名也。用一「是」字以明名實之關係。而辭成焉。所謂『名實耦』也。「合」也。凡智識之成立。自至淺者逮至深者。自至簡者逮至繁者。皆

「名實耦」之結果而已。墨家以知行合一爲教。謂行爲須由智識生。無行爲則無以表示智識。故「名實合」謂之「爲」。「知而行之」則是「爲」也。文中「志行爲也」「志行」疑當作「知行」。凡經說中「知」字皆作「智」。「智」智志音同。或傳寫者不解「智行」之義。妄改之耳。

「知行」者謂知之而行之也。

八一 **經** 聞。傳。親。

說 聞。或告之。傳也。身親（舊作觀）焉。親也。

校 親舊作觀。疑涉上條而譌。上條釋知。可以觀爲喻。此條釋聞。不當言觀也。

釋 此言聞亦有兩種。（一）傳聞。（二）親聞。參看經下第六九條

八二 **經** 見。體。盡。

說 見。特（舊作時。從孫校改）者。體也。二者。盡也。

釋 此言見亦有二種。（一）體見。（二）盡見。特者奇也。二者耦也。體者分於兼也。第二條文 盡者莫不然也。第四十三條文 體見者若見廬山之一面。盡見者登泰山而小天下也。智識之謬誤多由體見生。若盲人摸象。得其一節。謂爲全象。則蔽而自信也。然體見之爲用亦至宏。專研究事理之一部分而得眞知。愈於博涉而僅游其樊者矣。

八三 **經** 合正宜必。

說 合（舊作古）（兵立反中志工(?)。此六字疑有譌誤）正也。臧(?)（此字疑有誤）之爲宜也。非彼必不有。必也。【聖者用而勿必】（此六字下條之文錯入此處今校刪）必也者可勿疑。

校 此文自「古兵立反」至「兩而勿偏」凡三十九字譌錯甚多。畢謂此三十九字合釋八三八四兩條。本書無合釋之例。畢說自不足取。張謂三十九字皆釋本條。而次條無說。孫謂末六字釋次條。餘皆釋本條。亦未盡愜。竊疑「聖者用而勿必」六字亦當屬下條。錯入此處耳。

每條首一字皆牒經標題。則此文「古」字。必爲「合」字形近之譌無疑。舊注以「古兵立」連讀成句。曲爲之解。皆無益費精神也。但「兵立反中志工」六字終不可解。只得闕疑。「臧之爲」三字亦難解。張謂『臧奉主命無不宜爲』。孫又改「臧」爲「義」。皆未愜。並闕之以待來哲。

釋 此蒙第八十條『名實合』之文而釋『合』義。言「合」函正。宜。必三義。

八四 **經** 正。（舊作且又錯在兩句之間）欲正權利。【且】（句首正字之錯誤）惡正權害。

說 正(?)（舊無此字）正（舊作聖）者用而勿必。（此六字錯入上條）權（舊作仗）者兩而勿偏。

校 經文舊作『欲正權利且惡正權害』。孫謂且字爲衍文。啓超案。且字與正字形近。此當爲正字。但應在句首耳。乃譌錯文。非衍文也。

舊本「正者」作「聖者」。「權者」作「仗者」。今並從孫校改。但「正者用而勿必」六字。舊本錯在「必也者可勿疑」六字之上。今案正與權之義皆在經文本條。則此六字當爲本條之說。又據文例。說之首字。皆牒經標題。則當疊一正字。今並以意校補。

釋 小取篇云『於所體之中而權輕重之謂權。權正也。斷指以存擥。利之中取大。害之中取小也。』即釋此經之義。

八五 經 爲。存亡易蕩治化。

說 爲。甲(?)舊作早(?)從孫校臺存也。病亡也。買鬻易也。消舊作宵從孫校盡蕩也。順長上聲治也。鼃鼠舊作買從孫校化也。

釋 此言「爲」字有六義。(一)以存爲爲。(二)以亡爲爲。(三)以易爲爲。(四)以蕩爲爲。(五)以治爲爲。(六)以化爲爲。如製甲築臺。此以存爲爲也。如治病。此以亡爲爲也。如買賣。此以易爲爲也。如消滅之罄盡之。此以蕩爲爲也。如順之長養之。此以治爲爲也。如鼃鼠之變爲鶉。此以化爲爲也。

八六 經 同。重體合類。

說 同。 二名一實。重同也。不外於兼。體同也。俱處於室。合同也。有以同。類同也。

釋 名家言莫要於辨同異。以下諸條。皆明斯義。

同有四種。(一)因重而同。(二)因體分於兼而同。(三)因集合而同。(四)以類相從而同。重同者。例如仲尼同於孔子。體同者。例如孔子墨子同於中國人。合同者。例如合多人謂之軍。合多木謂之林。

類同者例如四足獸中有角者牛有齒者馬

八七 **經** 異二不（舊說此字畢據說校增）體不合不類

說 異二畢（舊作必從孫校改）異二也不連屬不體也不同所不合也不有同不類也

釋 二畢異者孫詒讓云『謂名實俱異是較然爲二物也餘文易明』大取小取兩篇言同異多與此兩條相發明但苦其文譌脫不甚可讀耳大取篇云『重同具（當爲俱）同連同同類之同同名之同同根之同丘同鮒（當爲附）同是之同然之同有非之異有不然之異』彼文重同卽此文之重同彼文具同卽此文之合同彼文連同卽此文之體同彼文同類之同卽此文之類同惟尙有同名同根丘同鮒同等視此文更精密矣其言異則比此文較簡略互相發也大取篇又云『小圜之圜與大圜之圜同方至尺之不至也與不至鍾之不至不異』又云『苟是石也白取是石也盡與白同是石也雖大不與大同』並函名理惜不甚可解小取篇云『夫物有以同而不率遂同……其然也同其所以然不必同……其取之也同其所以取之不必同』此皆言論理學上求同求異之法也

八八 **經** 同異交得知（舊作放）有無

說 同異交得於福家良（？）（此四字當有譌）知（舊作恕）有無也……

釋 兩「知」字經文舊作「放」說文舊作「恕」並從孫校改「於福家良」四字有譌未敢臆改孫謂當作「於富家食」附

會不足採。

此處經文離合排列。頗滋疑竇。今直行本此條正在第三十九條『同異而俱於之一也』之下。其文緊相銜接。驟視若可合爲一條。但依旁行讀法。則彼文宜排在上行。在『罰上報下之罪也』條之後。『久彌異時也』條之前。按彼經說次序亦然。似無庸置疑矣。但細考義例。本篇經文首一字皆斷句。（除「有間中也」一條爲例外。但應以「有間」斷句。抑應以「有」斷句。尙屬疑問）本條經文之「同異交得」同字不能斷句。乃與第八十條之「名實合」同句法。似非獨立成條。其可疑一也。經說首一字例皆牒經標題。本條經說文「同異交得」之上並未複疊一「同」字。似非獨立成條。其可疑二也。上行之『久彌異時也宇彌異所也』照全篇通例。決應分爲兩條。其經說中「久」字「宇」字亦各牒經標題。更可爲本屬兩條之確證。而今本乃合爲一。其可疑三也。經文雖每條獨立。然陳義亦往往相次。第三十九條論由異求同之法。正應在八六八七論同異兩條之次。以廁諸上行。太覺不倫。其可疑四也。以此四竇竊疑『同異而俱於之一也同異交得知有無』十五字宜合爲一條。排在下行。而『久彌異時也宇彌異所也』十字分爲兩條。排在上行。若所臆測不謬。則直行本當改訂如下。

『異二不體不合不類久彌異時也同異而俱於之一也同異交得知有無宇彌異所也聞耳之聰也』

其旁行排列式則應如下。

罰上報下之罪也	異二不體不合不類
久彌異時也	同異而俱於之一也同異交得知有無
宇彌異所也	聞耳之聰也

但以此移易。非特改經文次第。並經說次第亦須改。不敢自信爲當。姑存一說以待來哲。

本條經說下接『比度多少也』至『買宜貴賤也』八十三字。孫氏謂皆釋此條。但其文譌舛甚多。不能系辨。姑以屬下條。

釋同異交得爲歸納論理所用最要之法。經說譌脫。不能得其眞解。深可慨惜。小取篇云。『推也者以其所不取之同。於其所取者予之也……其取之也同。其所以取之不必同。』大取篇云。『長人之異。短人之同。其貌同者也。故同指之人與首之人也。異人之體非一貌者也。故異。將劍與挺劍異。劍以形貌命者也。其形不一。故異。楊木之木與桃木之木也同。諸非以擧量數命者取之盡是也』此皆言同中求異。異中求同。卽同異交得之理也。泰西論理學歸納法所用五術。(一)求同。(二)求異。(三)同異交得。(四)共變。(五)求餘。共變卽求異之附庸。求餘卽求同之附庸。三足賅五矣。而此三皆墨經中所曾導發也。

八九 經聞。耳之聽也。

九〇 經循所聞而得其意。心之察也。

說比度。多少也。免蚓還園。去就也。鳥折用桐。堅柔也。劍尤早。死生也。處室子子母。長少也。兩絕勝。白黑也。中央。旁也。論行行行學實。是非也。雖宿成未也。兄弟俱敵也。身處志往。存亡也。霍爲姓。故也。買宜貴賤也。(?)

校此條字多譌奪。不可讀。文亦宂沓。與他條不類。疑是後世讀者所加案語。非原文也。(與第七五條同)孫詒讓謂爲釋同異交得之義。列於第八十八條之下。而謂自第八十九至九十二四條皆有經無說。竊疑此爲釋第九十條所引者皆方言。故『循所聞而得其意』頗不易易。但此條既無牒經標題之文。不能確指其何屬。文既難校。且皆引例無關宏旨。故不復校也。

九一 經 言口之利也。

說 言。舊本作諸涉言口兩字而譌 超城(?)員止也(?)超城員止四字有誤無從校正 相從相去先知是可五也。舊本作色從孫校 長短前後輕重援。

案孫以此條爲『諸不一利用』經文之說。今案『諸不一利用』實譌衍。此條當爲『言口之利也』經文之說。但譌奪太多。不能校釋。

九二 經 執所言而意得見心之辯也。

說 執。服(?)難成言務成之九則求執之(?)

案孫以此條爲『服執說』經文之說。今案『服執說』實譌衍。此條當爲『執所言……』經文之說。但譌奪太多。不能校釋。

【諸不一利用】

【服執說音利】

【巧轉則求其故大益】

案經文有此三條而皆無說。孫氏因以九一九二兩條之說分隸之。而謂彼兩條無說。今案『諸不一利用』純是『言口之利也』之譌。將「言口」二字合寫。遂變爲「諸」字。第四字之「利」字仍原文。「之」字變爲「不一」兩字。「也」字變爲「用」字。其譌複之痕跡。歷歷可尋。『服執說音利』純是『執所言而意得見』一條之譌。將「所」字譌爲「服」字。又將此兩字倒寫則變爲「服執」。將「言」字譌爲偏旁。將「而」字譌爲同音之「兒」字。又將兩字合寫變爲不成字之「說」「意」字損泐成「音」字。「得」字草書形近。又涉上文遂譌爲「利」字。其跡亦歷歷可尋。推原所以致譌之由。實因第三十七條『同異而俱於之一也』本在下行。不知以何時錯入上行。後來傳寫者因上下行列不齊。見下行有空格。不審九一九二兩條應列何格。姑兩存之。在當時必有符號爲識別。再後來傳寫者不得其解。加以舊鈔字體或有損泐。遂致添出兩條。注家因諾字屢見。釋爲唯諾之諾。乃言應諾有五法。曲爲之解。眞鼠璞舉燭之類矣。『巧轉則求其故大益』八字亦涉下文而衍。本經實祇有九十六條。傳寫者以譌傳譌。强增爲一百條。亦致譌之一端也。要之本篇末數簡上下兩行皆譌脫不可讀。祇當闕疑。不可强作解事也。

九三 **經** 法同則觀其同。

說 法。 法取同。觀巧(?)轉。（此二字有誤未敢妄校）

九四 **經** 法異則觀其宜。

說 法。 取此擇彼。問故觀宜。「以人之有黑者有不黑者也正（舊作止）黑人。與以有愛於人有不愛於人正（舊作心）愛人。是孰宜。」

校 此條經文胡氏以之與次條合併爲一讀作『法異則觀其宜止因以別道』。非也。『止因以別道』上今直行本尙有『動或從也』四字隔斷。其文本不銜接。安能牽合。張氏謂經說自『比度多少也』至篇末皆不知所屬。然此兩條有兩法字牒經標題。其所屬仍甚明。孫引以就此經是已。惟孫以『觀巧傳法』斷句非是。說中第三法字乃第九四條牒經之文也。

「者也」下之「正」字舊作「止」。「於人」下「正」字舊作「心」。「執宜」下舊亦有「心」字。兩「心」字孫皆校爲「止」。啓超案：疑皆當作「正」，損泐成「止」，「止」又譌爲「心」耳。但「宜」字下一字孫以屬本條，讀爲「是執宜止」，非是。「彼」字乃次條之牒經標題之文也。

自「以人之有黑者」至「是執宜」，疑爲讀者所加案語，羼入正文。

釋 此兩條皆申說同異交得之術。

九五

經 正。（舊作止）因此別道。

說 正。（舊作心）彼舉然者以爲此其然也，則舉不然者而問之。【若聖人有非而不非】（此八字疑當屬下條）

校 經文「正」字舊作「止」，疑損泐成譌。說文「正」字舊作「心」，損泐後又重譌也。孫以屬上條，非。

釋 論事之蔽，莫甚於僅見其一面而不見其他面。彼舉其然者，我舉其不然者而問之，則能正其失也。

九六

經 正。無非。

說 正。若正（舊作聖，孫校改，從）人有非而不非。【五諸皆人於知有說過五諸若負無直無說用五諸若自然矣】

校 「正」字乃牒經標題之文，錯倒在下句。孫讀「正五諸」爲句，誤也。自五諸以下，疑皆「若正人有非而不非」句之複寫衍文「五」字卽「正」字之譌。「諸」字卽「若」字之譌。人有等字皆原文。所以複出者。因旁行本下行有空格。傳寫者輒思補滿之。乃將前條複寫。而又譌衍百出。舊注强索五諸二字之意義。甚無謂也。

【釋】謂人有非。從而正之。則非者可使不非也。

讀此書旁行

【校】此五字直行本在「止因以別道」之下「正無非」之上。蓋傳寫者所加案語。錯入正文。因此五字。吾輩乃能得此經之讀法。其功不少也。但因此益可見本書之文。非盡原本。吾言七十五九十四兩條。皆有案語羼入。並不足爲異也。

經下之上

經說下之上

一　**經**正。（舊作止）類以行之。（舊作人從孫校）說在同。

說正。（舊作止）彼以此其然也。說是其然也。我以此其不然也。疑是其然也。此然是必然。則俱。（此七字舊錯在下條）

校經經說兩「正」字舊皆作「止」與全條文義不相屬。張云『不可止也。故宜以類。』孫引左傳哀十二年杜注『止。執也。』謂是各執一辭。啓超案兩說皆非。止字乃正字之損泐耳。

『此然是必然則俱』七字舊本在次條『大小也』三字之下。疑屬錯簡。蓋此七字正釋『說在同』之義。以入下條。則在彼條為無着落。在本條為語意不完也。

釋經說上第九十五條釋正字之義云。『彼舉然者以此為其然也。則舉不然者而問之。』此條之意。正與彼條相蒙。言此種辯難方法。當以類行之。其類同者則「異而俱於此一。」（經上三十九條文）甲然則乙亦必然也。故曰。『說在同。』

小取篇云。『言多方。殊類。』又云。『以類取。以類予。』大取篇云。『夫言以類行者也。立言而不明於其類則必困矣。』非攻篇云『子未察吾言之類也。』此皆言類之作用。蓋歸納論理法第一要件矣。與本條義相發明。

二

經 謂……推類之難說在【之】大小。

說 謂。四足獸與牛馬舊作生鳥異。舊作與物盡異舊作與大小也。【此然是必然則俱】此七字上條之文錯入此

校 此數節譌舛甚多。校讀不易本條經文。語意似有未完。今本「推」字上存「駟異說」三字。孫氏謂當屬此條。乃將「駟」字破爲「四足牛馬」四字。依孫說則此條經文爲『四足牛馬異說推類之難說在名之大小。』但所破太多而義仍不愜。張氏謂「駟」字爲衍文。而「異說」二字當屬下行之第一排。（詳第四十三條）較爲近眞。惟「推」字上必仍有闕文，則可斷言。所闕何文。無從校補。但經說牒經標題之首字爲「謂」字。則知經文首一字亦當爲「謂」字也。

經文「之」字上。孫謂脫一「名」字。啓超案。或非脫。不過「之」字涉上而衍耳。

「牛馬」舊作「生鳥」。兩「異」字舊皆作「與」。並從孫校改。

『此然是不然則俱』七字。當是上條文錯簡。今以意校删。

釋 前條既言推類之要。本條即繼言推類之不易。舉名有大小之一例而可知矣。如牛馬雖皆爲四足獸之一種。然四足獸不限於牛馬。四足獸其大名。牛馬則其小名。以此言之則物盡異也。

三

經 物盡(?)此字疑有誤同名。二與鬭。愛食與招。白與視。麗與暴。舊脫此字孫據經說補夫與履。

說物。（舊作爲）盡（舊作麋）同名。俱鬥不俱二。二與鬬也。包肝肺（？？）（三字有誤疑）子。愛也。橘茅。食與招也。白馬多白。視馬不多視。白與視也。爲麗不必麗。【不必】（孫云此二字衍）麗與暴也。爲非以是不爲非。若爲夫勇不爲夫。爲屨以買不（舊作衣從孫校改）爲屨。夫與履也。

校此條經及說皆難讀。經下每條皆有『說在……』一句。獨本條與次條無有。知必譌脫矣。大意言同辭異實之事物甚多。不可混也。孫注刻意校解。恐亦未盡愜。今從蓋闕。首句舊本作「爲麋同名」。「爲麋」疑「物盡」之譌。

四

經一。偏棄之。……（此下疑脫『說在……』一句）

說一。一（舊本合兩字作「二」）與一亡。不與一在。偏去。

校舊本作『二與一亡。不與一在。』注家曲爲之解。皆不可通。啓超案「二」字當爲兩一字誤合成。譌上「一」字乃牒經標題之文。下「一」字則與下文連讀也。

釋「一」與「多」與「二」爲對待之名。必有二然後一乃可見。是「一」與「二」在也。「對二」而「一」之名始存在。無二之一。則等於零。故曰『一與一亡。不與一在。』言僅有一則並「一」之名不能成立也。此義極精。與經上第六十條『倍爲二也』相對見意。經說上四十六條釋「損」字云。『損偏去也者。兼之體也。』第二條釋「體分於兼」云。『體若二之一』此文「偏去」二字卽明此義。二爲一之兼。一爲二之體。（二爲全部一爲一部）今云「一」則是於兼相之中偏取其半耳。有所偏取則是有所偏去也。

五

【經】謂。【而】（舊衍）因（舊作固）是也。說在因。

【說】謂。（舊作未）有之與（此字通舊譌作文下同）名也。而後謂之。無之名也。則無謂也。【不若敷與美謂是則是固美也謂也則是非美】（此十八字乃下條之文錯入此）無謂。則假也。（假舊作報從孫校但孫義未愜）

【啓】經文舊作「謂而固是也。」固字疑當作因。而字疑衍。經說文首一字舊作「未」孫指爲衍文。又疑其當屬上條。皆非是。此乃牒經文「謂」字。音同譌爲「未」耳。

【釋】謂有命舉加三義。皆因其固有之名以謂之也。故必有此名。然後能謂。無此名則無從謂。『無謂則假』者。既無此名而窮於謂。只得假他名以謂之。此假借之字所由起也。如昔無郡縣。故無「令長」之名。乃假命令之令。長幼之長以謂之也。

六

【經】不可偏去而二。說在【見與俱】一與二。見（此字舊錯入上文）廣與脩（舊作循從孫校）俱。（此字舊錯在上文）

【說】不。若敷舉（？）（舊本作與以意校改）美（？）謂是。則是固美也。謂他。（舊本作也從孫校改）則是亦（舊本作非以意

校改

美。見不見離。一二【不】相盈。廣脩。堅白。

校 經文舊作『說在見與俱一與二廣與循』。循為脩之譌。從孫校改。但「見與俱」三字仍不詞。疑見字當在二字下。俱字當在脩字下。又衍一與字。姑臆校為今本。未敢自信也。

經說文舊本『不若敷與美』以下十八字在上條。今案。「不」字為牒經標題之文。當在本條句首。張孫等以「不若」二字連讀。誤也。但此條改動太多。未敢自信。

釋 此文蒙前條『一偏棄之』而舉其反面也。二為一之兼。一為二之體。可偏去者則一也。體也。不可偏去者則二也。兼也。何以不可偏去。其性質周徧於事物之全部。欲偏去而不能也。試泛舉一美字為例。原文「敷與美」三字不詞孫破字為「假與義」牽強而難通張解「敷與」為「汜與」汜即泛字然所解亦未愜今破「與」為「舉」如下文所釋較近是但終疑敷美二字皆譌文未敢臆改耳 如言此花甚美。指其香則香固美也。指其色則色亦美。色香同棲於此花兼體之中。不可分也。何以故。見不見離。故離麗也。謂所見者與所不見者相麗也。故舉一而與二相盈也。如一平面廣與脩俱。脩長也 不能離脩言廣。不能離廣言脩也。如石含堅白二性。既取此石。則不能云吾舍堅而取白。或舍白而取堅也。

七

經 不能而不害。說在害。

說 不。舉重舊本不舉二字倒寫不舉舊作與從孫校改鍼。舊作箴孫云鍼之假借非力之任也。為握者(?)二字疑有誤不舊作之疑誤觭偶。舊作頗。倍孫云疑當作觭偶莊子天下篇云『以觭偶不仵之辭相應』即詭辯之意非智之任也。

若耳目。

校 舊本「不舉」二字倒寫，孫將「舉不重」三字連讀成句，釋爲無重不舉，大誤也。此「不」字乃牒經標題之文，其正文則「舉重不舉鍼」，文義甚明瞭。餘並從孫校。

釋 能舉百鈞之重而不能舉鍼，不害其爲有力。何也？舉鍼非力之所有事也。不能爲觭偶不仵之辭，不害其爲智。何也？觭偶非智之所有事也。猶耳不以不能視爲害，目不以不能聽爲害，視非耳之任，聽非目之任也。故曰「不能而不害」。

八

經 異類不比（舊作吡），說在量。

說 異。木與夜孰長？智與粟孰多？爵、親、行、賈（卽價字）四者孰貴？麋與虎（舊作霍，從孫校）孰高？【麋與霍孰霍】（此五字涉上句而衍）蚤（通蚓）與蠶（舊作瑟，從孫校）孰□？（舊作瑟，必誤，但不知爲何字）

校 經說首句「異」字，張、孫皆以屬上條，讀爲「若耳目異」，非也。此字乃本條牒經標題之文。餘並從孫校。

釋 凡事物之異類者，不能持以比較。如云木長夜長，乃問此木與此夜孰長，此非所宜問也。爵言貴，所親言貴，品行言貴，價值亦言貴，若問父母之貴值錢幾何，寧非狂論？智之多寡，只當與智比，不能與粟比。麋之高下，只能與麋比，不能與虎比。皆同此理。

九

經 偏去莫加少，說在故。

說 偏。俱一無變。

【釋】加少增減也。莫猶無也。偏去者二去一。然所去者一。所存者一。兩俱爲兼體中之一體。所函之屬性無變故無增減也。兩皆如其舊故曰『說在故』。幾何公理所謂『各分之和等於其全量』也。

一〇【經】假必誖。說在不然。

【說】假。假必非也而後假。狗假虎（舊作霍下同）也。狗非（舊作猶氏）虎也。

【校】兩虎字舊皆作霍。張校爲霍。孫校爲虎。今復孫校。「狗非」二字舊作「猶氏」。孫謂狗假虎則以虎爲氏。太穿鑿可笑。猶字即狗字之譌。氏字則草書非字形近而譌耳。

【釋】小取篇云。『假也者今不然也。』必其事物本非如此。然後有假設之詞。如云『假使狗而爲虎』則狗之非虎可知也。

一一【經】物之所以然。與所以知之。與所以使人知之。不必同。說在病。

【說】物。或傷之。然也（舊注以「物或傷之」連讀成句誤）。見之。知（舊作智）也。告之。使知也。

【釋】身體有受傷處。病之所以然也。見其病所以知也。以病狀告人使人知也。

此條含義甚精。例如蒸熱之氣遇冷而降此雨之所以然也吾因偶有所見而明其理。是所以知也設種種試驗使人共明其理。是所以使人知之也所謂科學精神者。不惟知其所以然。又須使人知之我國言學問言藝術本已不甚求其所以然矣。再加以有所謂「能以意會不能以言傳」者此科學之所以不昌也。

一二　經　疑說在逢循遇過。

說　疑。逢為蠡（舊作務從孫校）則土為牛廬者夏寒逢也。舉之則輕廢之則重非有力也。柿（舊作沛從張校說文木部云柿削木札樸也）從削非巧也。若石羽循也。鬭者之蔽（舊作敝）也。以飲酒若以日中（孫云日中市也古名市為「日中」見晏子春秋）是不可知（舊作智）也。遇（舊譌作愚）也。知（舊作智）與以已為然也與過也。（過舊作愚蓋過字涉上文而譌為遇又再譌為愚也）

校　張以「疑說在逢」為本條文以「循遇過」三字屬下行之第五十一條又將經說舉之則輕以下屬次條皆誤今悉從孫校。

釋　易文言傳云『或之者疑之也』或如此或如彼未能斷定謂之疑。事物之應懷疑而不可輕下武斷者有四種。一曰逢見人搏土而弄安知其非為蠡也。見有夏寒之廬安知其非以畜牛也。在所逢而已。二曰循同一物也舉之而輕置（廢置也）之而重。（例如車）非關吾力大小在能否順循其勢而已。三曰遇吾見鬬者知其蔽矣。不知因飲酒而蔽耶。因在市中受刺激而蔽耶。是當察所遇也。四曰過以過去經驗為濕所經驗者為真知耶抑僅以已然者為然耶是未可定也。（本經第三十四條云『或過名也』說云『過而以已為然』）

一三　經　合與一或復否說在拒。

【說】合。（舊作若）數指指五而五一。

【校】本條經說八字舊本在下條首一字又作若孫因謂本條無說竊疑有錯簡姑移以質來哲。

【釋】指五不一也五而皆指一也。

一四【經】區（舊作歐）物一體也說在俱一惟是。

【說】區。（舊作俱）俱一若牛馬四足惟是當牛馬數牛數馬則牛馬二數牛馬則牛馬一【若數指指五而五一】。

【校】經文區舊作歐孫以屬下行之第五二條謂『說在宜歐』爲句張以屬本條而云歐字或誤或衍啟超案張讀是也但歐當爲區之譌耳經說牒經標題之字作俱俱區音近又涉下文而譌。

末八字疑當爲上條之說傳寫者因語氣相類錯移於此。

【釋】凡體皆分於兼『區物一體也』者謂區類萬物凡別相皆共相之一部分也自其共相言則「俱一」自其別相言則「惟是」。

一五【經】宇。或（同域）徙。說在長(?)宇久。（長字衍或字疑或譌）

【說】【長】宇。（長字衍）徙而有處。宇。宇南北在日又（舊作有）在莫。宇徙久。……

【釋】文似有譌脫不易索解大致言空間觀念乃相對的而非絕對的常因所處而有變還「或徙」者言區域移動也「徙而有處」殆謂空間位置以吾人所處爲標準「宇徙久」似言空間

與時間之關係。此下似有闕文。莊子庚桑楚篇云『有實而無乎處者宇也』與此文之『徒而有處』似相反而實相發。惟徒故可言無乎處。惟徒而有處。故可言有實也。

一六　經　無久與宇。堅白。說在因(?)（因或當作盈）

說　無。撫（此字舊脫）堅得白。必相盈也。

(校)此條及下條經文舊本皆夾在論光學諸條之中。今依經說校其位次。宜移置此處。

此條經文不可解。經說之義亦不與經相應。疑經後人點竄。嘗徧檢本經言堅白者共六條。內五條皆有疑點。(一)經上第六十六條『堅白不相外也』與經說所釋語意相反。「白不」二字當爲妄人所竄入。(二)經說上第六十九條『堅白之攖相盡』「堅」字當爲「兼」字音近之譌。「白」字當衍。(三)經說下第六條『廣脩堅白』「堅白」二字爲經文所無。與上下文亦不連貫。(四)本條經文及經說文。經文不可解。經與說義不相函。(五)經說下第二十五條『鑑團景一不堅白說在』下有闕文。原文文義不可解。經說中亦無堅白義。(六)經說下第三十八條『堅白二也而在石』惟該條義尚可通耳。墨經誠多難解處。然若此二字之屢見而皆發生疑問。寧非大奇。竊疑此諸條多非原文。或由公孫龍之徒竄入以借重其說。或後人見經中多論異同。謂所操必公孫龍輩之術。遂隨處添堅白二字以致文義不可解。或者據此等字面指此經爲龍輩所撰。則眞莠之亂苗也已。

舊本排次『鑑團景一不堅白說在』一條下隔十字便接本條。而與本條同在上行。胡適乃割彼條下半與本條合爲一條。其文曰『不堅白說在無久與宇堅白說在因』以哲學上空間時間觀念解之。其理甚精眇可喜。雖然。恐非經之本意。且非經之本文也。本經從無一條中有兩個「說在」字樣者。故此兩文之「說在」不宜糅合一也。經說「無堅得白」之「無」字明爲牒舉經文「無久與宇」之「無」字。故「無久與宇」四字不應與上文連二也。胡說恐不能成立。本條終付諸不可解而已。

經說首一字爲「無」字。乃牒經標題之文。但下文「堅得白」三字不詞。竊疑「堅」字上當脫一「撫」字。因涉上文「無」字。遂譌爲「無」。後人見無無二字連疊不通。又妄删其一耳。

【釋】此條說與經義不相屬。故經文頗難索解。說文『撫堅得白必相盈也』言石徧含堅白兩德。手撫此堅者同時卽全得其白者。故曰相盈。公孫龍子堅白篇云『無堅得白其擧也二。無白得堅其擧也二……視不得其所堅而得其所白者。無堅也。拊不得其所白而得其所堅者無白也。』意義似與此文同。然彼云得白時則無堅。得堅時卽無白。義實與此相反。此其所以爲詭辯也。此文「無」字實牒經標題之文。與下不連讀。今本作「無堅」。或後人據詭辯家言竄易古經耳。

一七【經】推（舊作在）【諸】（下文者字之譌）其所然者於未然者。（舊本此兩字倒）說在【於是】（於字當在上推文是字衍）之（疑當作說在所推）

【說】推。（舊譌作在下同）堯善治。自今推諸古也。自古推之今。則堯不能治也。

【校】經文舊作『在諸其所然未者然說在於是推之。』經說三推字。舊亦皆作「在」。張氏訓「在」爲「察」。孫氏破「在」爲「任」。啓超案。皆非也。在與推篆文相近。本是推字。損泐成譌耳。「諸」字乃「者」之譌。又錯倒在上。「未然者」錯倒爲「未者然。」「於」字又錯入下文。又衍一「是」字。遂至不可讀。今以意逐正如右。

【釋】自今推古則推之於已然者也。無所用推。故推之作用。視所推何如。此言復古思想之非。亦是墨家特色.

一八 經 景不徙.說在改爲住.

說 景.光至景亡.若在.盡古息.

校 舊本經文「住」字與此條不屬.而在次條「景二」兩字之前.據通例此條自當作『說在改爲』.次條自當作『住景二』但次條經說牒經之文乃「景」字而非「住」字.知彼條經文首字必應爲「景」矣.而本條經說所釋確有「住」義.然則住字當屬本條矣.

釋 息.即住也.盡古.猶言終古.光至景亡.言光至吾前時.其景已亡.蓋吾目中所接之影.並非原影也.若云前影猶在.則永遠在原處耳.試用照相鏡逐步照出.便知影不曾動.故曰『景不徙.說在改爲住』.莊子天下篇『飛鳥之影未嘗動也』.即此意.

校 自本條至第二十六條.皆論光學.但經文序次有錯亂.文字譌奪更多.今以經說之牒經標題.釐訂其次.某說釋某經.略可考見.至其理之說明.則當俟諸專門家也.

一九 經 景二.說在重.景到.

說 景.二光夾一光.一光者景也.景.光與（舊作之.孫云之猶與也）人煦（說文煦蒸也）.若射.下者之人也高.高者之人也下.足蔽（舊作㡚.下同）下光.故成景於上.首蔽上光.故成景於下.

校舊本本條經文當作『住景二說在重』。『景到』二字屬次條。但次條經說以「在」字牒經標題。故知彼經當從「在午」起也。本條經說。正釋「重景倒」之義。

二〇 **經** 在午有端與景長。說在端。

說 在。遠近有端與於光。故景㢓（舊譌作庫從孫校改）內也。

二一 **經** 景迎日。說在轉（舊譌作摶從孫校改）。

說 景。日之光反燭人。則景在日與人之間。

二二 **經** 景之大小。說在杝（舊譌作地孫云依說當作杝杝即迤之假借斜也）正遠近。

說 景。木杝景短大。木正景長小。大（?）（孫云當作光）小於木。則景大於木。非獨小也。遠（?）近（?）。

校遠近二字疑衍。或上文有脫。舊注以屬下條。以「遠近臨鑒」為句。非是。「臨」字為下條牒經標題之文。必為每條首字。此例當嚴守。

二三 **經** 臨鑑而立。景到（同倒）。多而若少。說在寡區（?）（二字疑有誤）。

說 臨。正鑑景寡。貌態（舊作能）黑白。遠近杝正。異於光。

校舊注將次條牒經標題之鑒字屬本條。讀為「異於光鑒」。非是。

二四 **經** 鑑位。（孫云當作立）景一小而易。一大而正。說在中之內外。

說 鑑。（此字孫以屬上條非是）景當俱。就去尒（?）（孫云當作亦）當俱。俱用北（?）（孫云當作由此）鑒者之臭（?）（孫云當作具）。於鑒無所不鑒。景之臭（?）無數。而必過正。故其同處。其體俱然。鑒分。鑒中之內。鑒者近中。則所鑒大。景亦大。遠中。則所鑒小。景亦小。而必正。起於中緣正而長其直也。中之外。鑒者近中。則所鑑大。景亦大。遠中。則所鑑小。景亦小。而必易。合於中而長其直也。

二五 **經** 鑑團景一口而口。一口而口。【不堅白】說在……。

說 鑑。 鑒者近。則所鑒大。景亦大。其遠。所鑒小。景亦小。而必正。景過正。故杝。（舊作「故招」）

圖 本條經文舊作『鑑團景一不堅白說在。』其必有譌脫無疑。孫氏分之爲兩條。云皆無說。胡氏將「不堅白說在」五字歸併第十六條。讀爲『說在無久與宇。』啓超案。皆非也。此文『鑑團景一……。』與前條之『鑑立景一……。』文例正同。前條云。『景一小而易一大而正。』本條亦應云。『景一口而口一口而口。』言立則若彼。團則若此也。「堅白」二字必爲此「一」字或「而」字下所佚字之譌文。惜經說亦有譌脫。無從據以校得耳。

經說與前條文什同八九．疑有誤．末句「故」字下一字．舊作「招」．畢張孫皆以屬下條．讀『招負橫木』為句．啓超案．非是．「招」乃「柂」之譌耳．

釋右八條皆論光學．

二六 經 貟（舊作貞）而不撓．說在勝．

說 貟．衡（同橫）木．加重焉而不撓．極勝重也．（說文云『極棟也』．屋棟為橫木．引申之．凡橫木通謂之極）右校（？）（孫云疑當作權）交繩．無加焉而撓．極不勝重也．

校經文「負」．舊使「貞」．孫據經說校改．是也．經說「負」字上．舊有一「招」字．孫破為「橋」．訓為橫木．大誤．「招」乃「柂」之譌．應屬上條．「負」字乃本條牒經標題之文也．

二七 經 囗（此字原文作「天」．必誤．據說似當作衡．但天與衡形聲俱遠．未敢臆改）而必正．說在得．

說 衡．加重於其一旁．必垂（舊作捶）．權重相若也．相衡．則本短標（末也）長．兩加焉．重相若．則標必下．標得權也．

二八 經 挈與收反．（舊作契與枝板．從孫校改）說在薄．

說 挈．有力也．引無力也．不正．所挈之止（？）（孫云疑當作正）於施（？）（孫云疑當作柂）也．繩制（同掣）挈之也．若以錐刺之．挈長重者下．短輕者上．上者愈得．下【下】（此字衍）者愈亡．繩直．權重相若則正矣．收上者愈喪．下者愈得．上者權重盡則遂（孫云同墜）挈．

二九 **經** 倚者不可正．說在梯．（舊作剃從孫校改）

說 倚．倍拒堅䑦倚焉則不正．（此十字舊本在本條之末今按例當移於此但文亦譌脫難校倍字當爲倚字之譌拒堅䑦三字皆當有誤）兩輪高兩輪爲輲．車梯也．重其前引（舊作弦從孫校下同）其前載引其前載引弦其軲．而縣重於其前．是梯挈且挈則行．凡重上弗挈．下弗收．旁弗𠠮則下直杝．或害之也．㳅（古流字）梯者不能㳅直也．今也廢（置也）石（舊譌作尺從孫校改）於平地．重不下．無踦（舊作𨃰從孫校）若夫繩之引軲也．是猶自舟中引橫也．【倚倍拒堅䑦倚焉則不正】（此十字當移前）

三〇 **經** 柱（舊作推從孫校）之必住．（舊作往從孫校）說在廢材．（廢置也材木也言置木於地）

說 柱．（舊譌作誰以意校改）𢎘石絫石耳（?）（此六字舊注皆以屬前條非是絫石正與下文相銜柱字乃牒經標題耳字疑有誤）夾𡩋者柱（舊作法從孫校）也．方不去地尺．關石於其下．縣絲於其上使適至方石不下．柱也．膠絲去石．挈也．絲絕引也．未變而石（舊譌作名以意校改）易．收也．

囡末七字，孫氏以屬下條，非是。孫蓋因有變易等字，疑爲指物價耳。不知收也、與杜也、挈也文法正同。名字乃石字之譌耳。經說之例，每條首字必爲牒經標題，故必自「買」字以下乃屬下條，無可疑也。

釋右四條皆言重學。

右十八條，自審學力不足以釋之，故不強爲釋。所校亦未精，僅采舊說耳。世有達者，疏通證明，實愜所望。

三一 經買無貴，說在仮（同反）。其賈（同價）。

說買，刀糴相爲賈。刀輕則糴必（舊譌作不，以意校改，下同）貴，刀重則糴必易。王刀無變，糴有變。歲變糴，則歲變刀。若鬻子。

釋以下兩條皆論經濟學。此條論價格之眞義。刀指泉刀，王刀謂國家所定之貨幣。易，輕也。輕也者，賤也。刀糴相爲賈者，謂貨幣與穀物互相爲價也。一方面以貨幣易穀物，則見爲穀物之價；一方面以穀物爲貨幣，則見爲貨幣之價。常人只知有物價，不知有幣價，陋也。幣價賤則物價必貴，幣價貴則物價必賤。常人但言百物騰踴，不知爲幣之損其值也。貨幣之名價雖無變，而物價隨時而變。物價遞年不同，卽貨幣之實價遞年有升降也。「若鬻子」者，張云如子母相鬻，子常權母是也。

三二 經買宜則讎（同售），說在盡。

說賈。盡也者盡去其所（舊脫此字據下文補）以不讎也其所以不讎去則讎正賈也宜不宜在（舊作正疑涉上文而譌）欲不欲若敗邦（？）（此二字疑有誤）鬻室嫁子。

釋此論價值之所以成立。

物之正價以何為標準亦視主觀的需要之程度何如耳或對於貨幣之需要不甚迫切或對於所有物不肯割捨此所以不售之原因也此種原因去則售之故價之宜不宜不存乎所售之物之本身而存乎售者之欲與不欲若賣屋若嫁女（古代婚嫁多含買賣性質今僻鄉陋俗猶然）既自願售之則所售之價即價之宜者矣。

右兩條雖未能需價值之原理然所發明者已極深邃二千年前之經濟學說能如此求諸他書未之見也。

三三 **經**無說而懼說在弗必。（舊譌作心從孫校改）

說無。子在軍不必其【死】（此字涉下而衍）生。聞戰亦不必其死。（舊作生涉上而譌）前也不懼。今也懼。

校張孫皆以在軍以下屬本條以無子二字屬上條上條「嫁子無子」既不成文此條在字上無主詞語意亦不完兩君蓋未知凡經說每條首一字必為牒經標題之文不許與下連讀但覺「無子在軍」不可解耳今照此句讀豁然適當餘從孫校。

釋此條論心理作用頗極精到。

三四 經 或（同惑）過名也。說在實。

說 或。知是之非此也。有（同又）知是之不在此也。然而謂此曰此（舊作南北，北字因形近而譌，南字涉下條而譌）過。而以已爲然。始也謂此南方。故今也謂此南方。

校 「謂此曰此」舊作「謂此南北」。北字形近而譌南，字又涉下文而譌也。

釋 或迷惑也。過錯誤也。名實舛錯謂之惑。故曰『或過名也』。公孫龍子名實篇云『夫名實謂也。知此之非此也。知此之不在此也。則不謂也』。義正與此同。知此非此。而猶謂此曰此。是過也。過者不自知其過。恆以已事爲然。故謂之惑。如本非南方。始旣謂爲南。則習非成是矣。

三五 經 知知之。名（舊作否）之所（舊作足）用（訓以）謂也。【諄】（謂也，舊作也諄）說在無以。【也】（舊衍）

說 知（舊作智，下同）論之非知無以也。

校 「名之所用謂也」舊作「否之足用也諄」。皆涉形近而譌。復有倒置。末「也」字涉經說而衍。

釋 此條言名稱由經驗而得。吾人智識之所知則名之所由起也。經說上云『所以謂。名也。』（第十八條）即其義。『論之非知無以』即經說上第六條『以其知論物』之義。

三六 經 謂辯無勝。必不當。說在辯。

說 謂。所謂非同也。則異也。同則或謂之狗。其或謂之犬也。異則或謂之牛。其舊譌作牛或謂之馬也．俱無勝．是不辯也．辯也者．或謂之是．或謂之非．當者勝也．

釋此條文義易明．

辯之有勝無勝．在當時成為學術界一重要問題．若莊子．卽主張「辯無勝」者也．齊物論篇云．『辯也者有不見也．』又云『我與若辯．若勝我．我果非也耶．我勝若．而果非也耶．其或是或非也耶．其俱是俱非也耶．……吾誰使正之．使同乎若者正之．旣與若同矣．惡能正之．使同乎我者正之．旣同乎我矣．惡能正之．使異乎我與若者正之．旣異乎我與若矣．惡能正之．』此卽絕對懷疑派的論調．謂天下無眞是非．辯徒枉用耳．荀子正名篇云『夫辯執焉用也哉』亦卽此意．莊子所談名理．多屬於智識範圍以外．墨子乃實用主義派．以智識為道德之標準．故認辯為必要．且謂辯之效力必能得眞是非．此與近世之科學精神最近矣．

『說在辯』云者．謂主張「辯無勝」之人．先自與人辯矣．卽如莊子持此義以難墨子．莊子之言而當．則莊子勝矣．安得謂辯無勝耶．

三七 經 無不讓也．不可．說在殆．舊作始下同

說 無．讓者酒．不讓．殆也．不可讓也．若殆於城門與於臧也．此九字今本錯在第五四條之後

校 兩殆字舊皆作始．孫據荀子楊注釋明「殆」義而校正之．且將「若殆於城」句校移此處．是已．但孫以「無讓者酒」為句．非是．孫忘卻「無」字為牒經標題之文耳．今校正句讀如右．

釋雖好讓者。其於酒則不讓。然則非無不讓也。殆者。荀子榮辱篇云『巨涂則讓。小涂則殆。』楊注云『殆近也。』行而爭先曰殆。行路以讓爲禮。城門狹斯殆矣。與臧僕偕行則亦殆矣。皆以不可讓故也。經說上第三十八條云『不在禁。雖害無罪。若殆。』即此義。

三八 經 於一。有知焉有不知焉。說在在。（舊作存亦通）

說 於。 石一也。堅白二也。而在石。故有知（舊作智下同）有不知焉。可。【有指】（此二字下條之文錯入此）子知是。有（同又）知是吾所先舉。重則子知是。而不知是（此字今本錯在下）吾所先舉也。【是】一。

校 說首「於」字牒經標題。張孫皆讀「於石」爲句。誤也。張以「有指」下二十七字皆屬下條。似非。此文正申說「有知焉有不知焉可」也。但「有指」二字則錯文耳。

釋 石一物也。堅與白二物也。而皆爲石所函。手拊堅而不得白。目視白而不得堅。故謂有知有不知。其說可成立也。子知此白者是石。又知吾前此所舉之堅者即此石。所謂重也。（經說上第八十七條云『二名一實重同也』）子知白者此石。而不知吾先所舉堅者即此石。所謂一也。

三九 經 有指於二而不可逃。說在以二參。（舊作絫孫云當作參參三也）

說 有。 指。（此二字舊錯入上條）謂『指』。（『指謂』猶言『指者謂也』）【有智焉有不智焉可】（此八字涉上條而衍）若知

（舊作智下同）之．則當指之（訓此）知告我．則我知之．兼指之．以二也．衡指之．參直之也．若曰．『必獨指吾所舉．毋指（舊作舉涉上下文而譌）吾所不舉．』則是（舊作者）固不能獨指．所欲指（舊作相形近而譌）不傳．意若未恔（舊作校形近而譌）．且其所知是也．所不知是也．則是知是【之】不知也．惡得爲一．謂而有知焉．有不知焉．

釋指者何．指而謂之也．子知白．則請指出此所知之白以告我．此所謂指也．今指此白物耶．然堅卽函於其中．是指一而及二也．且所指爲白而堅之石．是指一而及三也．（所謂『參直也』）若曰吾只許汝指白．不許汝指堅．則堅白本相盈．離堅而白．不能以獨指焉．是所欲指者爲何．卒不能傳出於意．終不慊也．且所知者白．而所不知者堅．則是一已知一未知也．明明二也．惡得爲一．故曰『以二三』．

四〇 **經**所知而弗能指．說在【春也】（此二字涉經說而衍）逃臣狗犬貴（?）（依經說當作遺）者．

說所．知（舊作春乃智之譌）也．其埶（卽勢字舊作執形近而譌）固不可指也．逃臣不知（舊作智下同）其處．狗犬不知其名．遺者．巧弗能兩（?）（孫云當作罔卽網羅之網）罔也．

校經說首三字舊作「所春也」．張引第五十一條「春也得之又死」爲釋．彼文已自有譌．安足徵引．啓超案經說知字皆作智．此春字乃智字之譌耳．所字乃牒經標題之文．經文中「春也」二字又涉經說而衍耳．餘並從孫校．

釋明明知之而無從指之．如知有逃臣．而不能指其逃在何處．知有狗犬．而不能指出其名．知有遺失之物。然雖巧亦不能網羅而求索之也。

四一 **經** 知狗而自謂不知犬過也。說在重。

說 知。（舊作智下同）知狗者（吳鈔本有者字孫刪之非是）重知犬則過。不重則不過。

釋 犬未成豪曰狗。（爾雅文）既知此物爲狗則必已先知何物爲犬。然後在犬之中別出其未成豪者命之曰狗也。今曰吾知狗矣而不知犬。是知狗之後須重新再加研究乃知犬。安有是理。是過也。何也。狗犬二名一實。重也。（經說上八十六條文）若知牛而自謂不知馬。則不過。何以故。不重故。

四二 **經** 通意後對。說在不知其誰謂也。

說 通。問者曰。『子知驘（畢云卽驘字說文云『驘驢父馬母者也』）乎。』應之曰。『驘何謂也。』彼曰。『驘施（？）。』『驘施』謂『驘者施也』（「施」字疑有誤或是俗語）則知（舊作智下同）之。若不問『驘何謂。』徑應以『弗知。』則過。且應（？）必應問之時若應長應有深淺大常中在兵人長（？）【所】

校 舊注以「通問」連讀。非是。「通」字乃牒經標題也。自且字至長字。中間譌衍甚多。無從校釋。張氏以「長所」斷句。孫氏以「大常中在」斷句。孫氏以「大常中」斷句。皆誤。「所」字乃下行第四十三條「所存與存者」之說。「所」字乃牒經標題之文。故知本條之說。應至長字而止。但其文義未能索辨耳。

【釋】此亦教人以求智識之法。言當對於所研究之對象。先求知其所謂。然後研究乃可得施也。

經下之下

經說下之下

四三 **經** 所存與存（此字舊脫從張校補）者。於（音烏）存與孰存。【駟】（此字衍）異。說在主。（此二字舊脫從張校補）

說 所。室堂所存也。其子存者也。據存（舊作在）者以問室堂惡（音烏即經文之「於」字）【可】存也主室堂以問存者孰存也。是一主存者以問所存。一主所存以問存者。（此字衍）

校 孫氏謂本條經文僅「所存與存者於存與孰存」十字。而將「駟異說」三字屬諸上行第二條。又將「駟」字破爲「四足牛馬」四字。啓超案孫說大誤。本篇每條皆有「說在……」一句。張氏謂「駟」字衍。「異」字屬上讀。而「說」字下脫「在主」二字。甚是。今從之。

經說「室堂」前有一「所」字。爲牒經標題之文。據此可知本條之說確從此字起。上文譌脫太多。諸家任意割截。未達此例耳。

釋 此條論主詞之用法。如云『其子在室』。「其子」在者也。「室」所在地也。問「其子安在」是「惡存」也。問「在此室者何人」是「孰存」也。所主異而辭因之以異。

四四 **經** 五行毋（同無）常勝。說在宜。

【說】五。合水(?)土火。火離然。火鑠金。火多也。金靡炭。金多也。合之府水。木離木。若識麋與魚之數無所利。(?)末十字孫以屬下條非是

【校】經說句首「五」字牒經標題。舊注皆以與下「合」字連讀。非是。

【釋】經說本條有譌奪。未敢强校。勝者貴也。或以五行生剋說解之。非是。生剋說出鄒衍以後。墨子時無有。孫子虛實篇云『故五行無常勝』。卽引此經之文。古書除公孫龍子外引墨經者絕少。因此亦可證孫子非孫武著也。

四五【經】無欲惡之爲損益也。說在宜。(?)此字疑涉上條而譌

【說】無。欲惡。傷生損壽。說(?)以少連。是誰愛也。嘗多粟。或者欲有不能傷也。若酒之於人也。且恕人利人。愛也。則唯恕弗治也。(?)

【校】張孫皆以前文「若識麋與魚之數無所利」十字屬本條。誤也。「無」字牒經標題。故此條必應從此字起。自「說以少連」至末中多譌文。未敢强校。

【釋】經上第二十五條云『平。知無欲惡也』。損如老子『爲道日損』之損。無欲惡者。將人性所本有之欲惡而去之。則是損也。而不知正所以爲益也。此條頗近道家言。在墨經中爲別義。

四六【經】損而不害。說在餘。

說損. 飽者去餘. 適足不害飽能(舊作能飽錯倒)害. 若傷(?)麇(?)之無脾(?)也(?)(傷麇脾三字疑有誤)且有損而后益【智】(此字涉下者字而衍)者. 若⿸疒虎(即瘧字)病人(舊作之)之於⿸疒虎也.

校舊讀「損飽者」爲句. 誤. 「損」字牒經標題. 不應連讀. 舊本「飽能害」作「能飽害」. 孫破「能」爲「而」. 啓超謂此錯倒耳. 不必破字. 餘並從孫校. 章炳麟以末句屬下條. 非是. 下條當以牒經標題之「知」字爲斷.

釋此條申前條之義. 以明損實非損.

四七經知而不以五路說在久.

說知(舊作智下同). 以目見. 而目以火見. 而火不見. 惟以五路知. 久不當以目見. 若以火見.

校此文末句見下有火字. 孫讀「以火見火」爲句. 張讀「若以火」爲句. 皆非是. 彼火字乃下條之牒經標題.

釋五路者. 五官也. 官而名以路者. 謂感覺所經由之路. 若佛典以眼耳鼻舌身爲五入矣. 人之得知識. 多恃五路. 荀子所謂「緣天官」者是也. 例如見火. 目爲能見. 火爲所見. 火與目離. 火不能獨成見也. 此之謂『惟以五路知』. 雖然. 亦有不以五路知者. 例如「久」. 是久者時間也. (經說上第四十條云久合古今且暮)吾人之得有時間觀念. 全不恃五官之感受. 與以目見火不相當. 時間觀念. 純由時間相續而得. 來吾人因時間而知有時間. 若以火見火也.

四八 **經** 火（舊作必） 熱。說在頓（？）（頓字疑有誤孫云當作覩）

說 火（此字舊注以屬上條非） 謂火熱也。非以火之熱我有若視白。（舊作曰）

校 經文「火」字舊作「必」。孫謂形近而譌是也。但彼又謂火上仍脫「不」字則非。今直行本經說「若以火見火謂火熱也」九字連寫。諸家讀法互異。張以「見火」二字屬本條。孫以「見火」二字屬上條。皆未明牒經標題之例耳。今校正。末五字諸家皆以屬下條。非是。下條牒經之字。必當爲「知」也。「白」舊作「曰」。損泐成譌。

釋 吾人謂火爲熱。不必以手觸火身受之（我有卽身受之意）而始知其熱也。亦若視白卽知爲白耳。此條言兩種觀念之連絡。全恃記憶。

四九 **經** 知其所【以】（此字涉下而衍）不知。說在以名取。

說 知（舊作智下同） 雜所知與所不知而問之。則必曰『是所知也。是所不知也。』取去俱能之。是兩知之也。

釋 能知事物之某部分爲我所不知。則是自知其所不知矣。能自知其所不知。是求智識之一要諦也。本書貴義篇云。今瞽者曰『鉅者白也。黔者黑也。』雖明目者無以易之。兼白黑使瞽取焉。不能知也。故我曰瞽者不知白黑者。非以其名也。以其取也。』可作本經注腳。觀此亦可知「知其所不知」之非易易矣。

五〇 經 無不待有.說在所謂.

說 無.若無馬(舊譌作焉從孫校改)則有之而后無.無天陷.則無之而無.

釋 「無」有待有者有不待有者.如云「無馬」.必先曾有馬也.如云「無天陷」.則本來絕無此事也.

五一 經 擢(?)慮不疑.說在有無.

說 擢.疑無謂(?)也(無謂二字疑有誤).臧也今死.而春(?)(疑有誤)也得之又(?)(舊作「文文」)死也可.

校 此條有譌誤不易解.疑「擢」字或爲「推」字之譌.「之又」二字舊作「文文」從胡校改.但仍未愜.

釋 慮.求也(經上第四條文).「擢」或爲「推」之譌.「推慮不疑」者言推所以求不疑也.但似亦未愜.胡適引說文『擢.引也』謂「擢」卽小取篇之所謂「援」.卽推論之意.亦可通.

五二 經 且然不可正.而不害用工(?)(此二字有誤).說在宜.

說 且.猶是也.且然.必然.且已.必已.且用工而后已者.必用工而後已.

五三 經 均之絕不(同否).說在所均.

釋 有難解處.但似無甚精義.

說 均.髮均縣輕重而髮絕.不均也.均其絕也莫絕.

釋此條言力學之理。列子湯問篇亦有此文。張湛注云『髮甚微脃而不至絕者。至均故也。今所以絕者。由輕重相傾。有不均處也。若其均也。寧有絕理』。所釋甚當。

五四 經 堯之義（同儀）也。生於今而處於古。而異時。說在所義。

說 堯。【霍】（此字衍）或以名視（同示）人。或以實視人。舉彼（舊作友）堯（舊作「富商」二字）也。是以名視人也。指是虎（舊作臛凡本書虎字皆譌為霍又加月旁成重譌耳）也。是以實視人也。堯之義也。是聲生（舊作也涉上文而譌）於今。所義之實處於古。【若殆於城門與於臧也】

校堯字牒經標題。霍字涉下文而衍。「舉彼堯也」舊作「舉友富商也」。「友」字乃「彼」字損泐成譌。「堯」字上半與「畐」近。下半與商字之「儿」近。故譌而成兩字。霍當作虎。從孫校。

末九字乃三十七條之文。錯在此。從孫校刪移。

釋「義」同儀。儀。法也。模也。象也。非命篇云『不可不先立儀而言』。明鬼篇云『察知有與無之為儀者也』。詩之『儀刑文王』。易繫辭之『擬儀以成其變化』。皆卽此儀字。是抽象的概念之意。持以讀本條。全文可解。

五五 經 狗。犬也。而殺狗非殺犬也。可。說在重。

說 狗。狗。犬也。謂之殺犬。可。若兩䐩。

【釋】狗不過犬之一種．故殺狗可謂之非殺犬．狗爲犬之一種．故殺狗可謂之殺犬．兩朧義未詳．

五六 【經】使殷美(?)說在使．殷美二字有誤

【說】使．令使也．我使(?)我我不使亦使我殿戈亦使殿不美亦使殿(?)此條譌誤不可讀

五七 【經】荊之大其沈(?)淺也．說在具(?)

【說】荊．沈．荊之貝(?)也．則沈(?)淺非荊淺也．若易(?)五之一．此條亦難校釋

五八 【經】以檻爲摶於以爲無知也．說在意．

【說】以．檻之摶也而見之．其於意也不易．先智意相也．若檻輕於秋．其於意也洋然．此條亦難校釋

五九 【經】意未可知．說在可用過仵．

【說】口應有牒經標題字今佚段椎錐俱事於履．可用也．成繪屨過椎與成椎過繪屨同．過仵也．此條亦難校釋

【釋】凡墨經意字皆當讀爲億度之億．

六〇 **經** 一少於二而多於五說在進（舊作建）

說 一 五有一五焉一十有五【焉十】二焉進前取也（此四字舊本錯入下條）

校 經文進舊作建孫云建疑進之誤是也說文舊作『五有一焉一有五焉十二焉』孫云『十二焉』疑當作『十二五焉』謂一十有二五也今以意校正如右

『進前取也』四字舊在次條「斮半」二字下今案此句正釋『說在進』之義宜移此

釋 張云五析之則有一者五是一少於二也建一以爲一十則有五者二是一多於五也啓超案張說是但建當爲進耳此言數目之觀念乃相對的而非絕對的也但其論證已鄰於詭辯矣

六一 **經** 非半不斮則不動說在端

說 非 斮半【進前取也】（「進前取也」四字前條之文錯入此處）前則中無爲半猶端也前後取則端中也斮必半無與非半不可斮也

校 首三字孫云當作『斮非半』誤也「非」字乃牒經標題

釋 莊子天下篇云『一尺之棰日取其半萬世不竭』釋文引司馬彪云『若其可析則常有兩若其不可析其一常在』卽此義也端者點也前後雙方斮取則其點必在中故斮半則中無動也無不可斮何以故其一常在故若並此一而無則無以爲斮也非半亦不可斮何以故常有兩故既斮至無兩則不復能斮也此條論物之分析陳義甚精

六二 **經**可無也有之而不可去說在嘗然。

說可。【無也】二字衍 已然舊作給 則嘗舊作當 然。不可無也。久有窮無窮。

校經說「可」字牒經標題。「無也」二字疑涉經及下文而衍舊注以「可無也」三字爲句非是。末五字孫謂當在六十四條。非是。餘並從孫校。

釋凡物自始未嘗有者。可以謂之無。既嘗有之矣。則今雖無而昔之有者不可去也。故不能謂之無。例如時間久時間也 一逝不留。似有窮矣。似無矣。然正惟因時間之過去始構成時間觀念。是過去之時間並不滅也。無窮也有也。此與科學物質不滅之理及佛典業力相續藏識常在之理皆相發明。

六三 **經**正而不可搖。舊作擔 從孫校改 說在轉。舊作摶 以意校改

說正。丸。舊作九 無所處而不中縣。縣同懸 轉也。

校經說正字牒經標題。丸舊作九。孫校爲丸是也。但孫以「正丸」爲句。「中縣」爲句。皆非是。

釋彈丸隨處皆爲中心。虛懸而轉故也。

六四 **經**宇進無近。說在敷。

說【傴】宇。 區。舊譌作傴 又錯倒 不可徧。舊作偏 字通 舉。宇舊譌作字 也。進。行者先敷近。後敷遠。

行者【行者】（此二字衍）必先近而後遠。

【釋】區者。幾何學所謂面也。充面積之量至於不可徧舉。謂之宇。進者。行也。此文兩「行者」義不同。上句指能行之人謂之行者。下句指被行之宇謂之行者。公羊傳云。『伐者爲客。伐者爲主。』上「伐者」指伐人者。下「伐者」指被伐者。與此文文例正同。凡行路者先至近而後至遠。（敷布也。即至義）故所行之路亦先近而後遠也。此言空間遠近的觀念不過相對的。其實無所謂近遠也。立乎後至之處。則强指先至者爲近耳。故曰『宇進無近。』

六五【經】行脩（舊譌作循）以久。說在先後。

【說】行。（此字錯入上條。又衍一「者」字成「行者」今刪彼移此）遠近。脩也。先後。久也。民行脩必以久也。

六六【經】一法者之相與也盡。若方之相合也。說在方。

【說】一。（此字牒經標題。舊注以「一方」連讀非是）方盡類。（舊作貌盡）俱有法而異。或木或石。不害其方之相合。（舊作台）也。盡類猶同（由）方也。物俱然。

【校】盡類字合字從王引之校。

【釋】法所若而然也。（經上第七十條文）若鑄物之有笵也。凡同出一笵者。形必盡同於其笵。故曰『一法者之相與也盡。』例如同一方形之物。或以木造。或以石造。質雖異而形必相合。

六七 經 狂舉不可以知異．說在有不可．

說 狂．牛與馬雖異．以牛有齒．馬有尾．說牛之非馬也．不可．是俱有．不偏有偏無有．牛（舊譌作曰）之與馬不類．用（猶以也）牛有角．馬無角．是類不同也．若舉牛有齒（舊譌作角）馬有尾（舊譌作無角）以爲是類之不同也．是狂舉也．猶（同由）牛有齒．馬有尾．或不非牛而非牛也可．（孫本無此字據明嘉靖癸丑本校增）則或非牛或牛而牛也可．故曰．『牛（?）馬非牛也．』未可．『牛（?）馬牛也．』未可．則或可或不可．而曰．『牛（?）馬牛也．』有（舊作未）可．有（舊作亦）不可．

校 經說首句舊本作「牛狂與馬惟異」．「惟」乃「雖」之譌．經上第十一條「己雖爲之」．「雖」亦譌作「惟」也．「牛」「狂」二字錯倒．「狂」字牒經標題．「牛」字以下乃正文也．張惠言謂「牛狂」當作「狂牛」．甚是．俞樾孫詒讓駁之乃云狂惟二字皆性字之譌．讀爲「牛性與馬性異」．眞郢書燕說矣．末段三「牛馬」字疑皆涉下條而衍．本條未論到「牛馬非牛」之問題．

釋 所舉不當．謂之「狂舉」．公孫龍子通變篇云『無以類審．是謂亂名．是謂狂舉』．即此義也．此言辨物之異．須舉其屬性特異之點．牛之所以異於馬者．非以其有齒也．以其有角也．馬之所以異於牛者．非以其有尾也．以其無角也．何也．牛固有齒．馬亦有齒也．馬固有尾．牛亦有尾也．如辨孔墨異同．而云『孔子著書．墨子講學．』是不足以明孔墨之異也．云『孔子尊樂．墨子非樂．』則足以明其異矣．

六八 【經】牛馬之非牛．其名不（舊作「與可之」疑形近而譌）同．說在兼．

【說】牛．（舊作且疑傳寫者妄改）牛不二．馬不二．而牛馬二．則牛不非牛．馬不非馬．而牛馬非牛非馬．無難．

【釋】本篇第十四條云『數牛數馬則牛馬二．數牛馬則牛馬一．』與本條互相發明．經上第二條云『體分於兼也．』「牛馬」爲兼名「牛」爲體名．故曰「牛馬非牛」其說無以難．

六九 【經】彼彼此此（舊作「循此循此」兩循字皆彼字之譌又錯倒相間）與彼此同．說在異．

【說】彼．　正名者彼此彼此可．彼（動詞）彼止於彼．此（動詞）此止於此．彼（動詞）此不可．彼且此也【彼】此亦可彼．（舊本彼字倒錯）【彼此止於彼此】（此六字疑涉上而衍）若是而彼（動詞）此也．則彼亦且此（動詞）此也．

【釋】公孫龍子名實篇云『正其所實者正其所名也．其名正則唯乎其彼此焉．謂彼而彼不唯乎彼（不唯乎彼猶言不限於彼）則彼謂不行．（彼謂不行猶言彼之名不行）謂此而此不唯乎此則此謂不行．其以當爲當也．不當而亂也．故彼彼當乎彼．（彼彼者謂指彼爲彼也）則唯乎彼．其謂行彼．（猶言其名行於彼）此此當乎此．則唯乎此．其謂行此．

其以當而當也。以當而當正也。故彼止於彼。此止於此。可彼此（言以此為彼）而彼且此（言彼變為此）此彼而此且彼不可。』是此條注腳。

七〇 **經** 唱和同患。說在功。

說 唱。無過無所周（？）（疑當作用）若粺。和無過使也。不得已。唱而不和是不學也。知（舊作智下同）少而不學。功（從孫校增）必寡。知多（從孫校增）而不教。功適息。使人奪人衣。罪或輕或重。使人予人酒。功（以意校增）或厚或薄。

釋 此條義未詳。

七一 **經** 聞所不知若所知。則兩知之。說在告。

說 聞。在外者所知也。在室者。（此六字舊本闕推語意校補）所不知也。或曰『在室者之色若是其色。』是所不知（舊作智下同）若所知也。猶白若（訓與）黑也。誰勝（訓當）若是（舊作是若）其色也。若白者必白。今也知其色之若白也。故知其白也。夫名以所明正所不知。不以所不知疑所明。若以尺度所不知長。外親知也。室中說知也。

釋『以所明正所不知。不以所不知疑所明。』此求眞智識之第一要義也。例如據達爾文之種源論可以糾正「上帝七日造成人物」之說。何也。物種嬗變。有種種事實陳乎吾前。吾所明也。卻不能據舊約全書疑生物之進化。何也。上帝之事。非我所能知也。有生必有死。吾所明也。服食求神仙。以所不知疑所明也。勤儉可以不貧。吾所明也。占命相以卜貧富。以所不知疑所明也。

此文室中室外之喻。謂求智識者當以所已知者爲基礎。而以求同求異之法。推見其所未知者。如知在外之馬其色白。聞室中之馬與此同色。則知其必亦白。若聞其不同色。則知其非白也。「親知」「說知」義詳經說上第八十條。親知用歸納法而得知識也。說知用演繹法而得知識也。本條言歸納演繹之交相爲用也。

七二 【經】以言爲盡誖。誖說在其言。

【說】以。（孫以「以誖」連讀非）誖不可也。出入（孫云此二字當從下文作「之人」非是）之言可。是不誖。則是有可也。之（同此）人之言不可以當。必不當。（舊作審從孫校）

【釋】經文之意。謂以某人之言爲盡誖者。誖也。亦視其所言何如耳。經說釋之曰。誖者何不可之謂也。言有出入者。（「出入」之意如論語『小德出入可也』之出入）其言非皆不可。此人所公認也。（是不誖）既如此。則是雖間有不可。亦間有可也。非盡誖也。今子曰『此人之言不可以當』。則謂其言盡誖也。是必不當。是子之誖也。此條論欲求眞理。當虛心別擇。不可先挾成見。

七三 【經】惟吾謂非名也。則不可。說在仮。（同反）

說惟。謂是虎。舊作霍從孫校可。而狗舊作猶以意校之非夫虎也。謂彼是是下是字訓此也。不可。謂者毋(?)此字疑衍或譌惟乎其謂。彼猶惟乎其謂。則吾謂【不】行。孫云不字衍彼若不惟其謂。則不行也。

釋此條有譌未能確解。大意或謂命物之名須以公認者爲鵠。僅吾謂之而非其本名則不可。例如吾隨指一物而謂之爲虎何嘗不可然此物實狗而非虎也吾謂彼爲此。終不可也。文意是否如此。未敢斷。

七四 經無窮不害兼。說在盈否【知】

說無。南者(?)有窮則可盡。無窮則不可盡。有窮無窮未可知。舊作智下同則可盡不可盡【不可盡】畢云此三字衍未可知。人之盈【之】孫云此字衍否未可知【而必】此二字涉下而衍人之可盡不可盡亦未可知。而必人之不此字舊本闕從孫校補可盡愛也。誖。人若不盈无舊譌作先從孫校改窮。則人有窮也。盡有窮。無難。盈無窮。則無窮盡也。盡有窮。無難。

校此條經文今本在第三十五條『知知之』之上。諸家以上知字屬此條。下知字屬彼條。非是。經說「無南者」三字諸家或以屬上條。或以爲衍文。或破南爲難。援末句之「無難」爲例。或云無南卽南無窮。皆誤也。無字乃牒經標題之文。不應連下讀。惟者字疑有譌。或當作方。或當作若。

釋此條論兼愛說與無窮說不相妨。墨家既持兼愛論，又持無窮論。本篇第六十二條『久有窮無窮。』莊子天下篇『南方無窮而有窮。』是也。或疑兩義不相容，故以此釋之。「南方無窮而有窮」是當時名家所演論題之一，故此文亦借南方為例。者字或方字之譌，或若字之譌，但不改亦可通。末段之意，謂人類若不能充滿無窮之宇宙，則宇宙雖無窮而人有窮也。兼則舉此有窮者而盡之耳。難者謂無窮害兼，其說不成。人類若能充滿無窮之宇宙，則此無窮者已為人所盡也。兼亦舉所已盡者而盡之耳。難者之義亦不成。啟超案此說殊近詭辯。文中兩言「盡有窮」，則是因其有窮始不害兼耳。若誠無窮，則終害兼也。

七五 經 不知其數而知其盡也。說在問（舊作明，據說校改）者。

說 不。一一（舊作「不二」，一一兩字併寫而譌）將一知（舊作智，下同）其數。惡知愛民（？）（此字疑衍）之盡之（舊譌作文）也。或者遺乎其問也。盡愛人則盡愛其所問。若不知其數而知愛之盡之也無難。

釋此言兼愛之義，乃愛人類之總體，非必一一校其個體而愛之也。計校個體，無論算法若何精密，終不能無所遺。孟子所謂『安得人人而濟之』也。

七六 經 不知其所處，不害愛之。說在喪子者。

無說

釋此言所愛之對境雖不存在。猶能用吾愛。說兼愛之義到深刻處。

七七 經仁義之爲外內也。非。（舊作內從孫校改）說在仵顏(?)（顏字有誤孫云當作頡呂氏春秋明理篇云「其民頡啎」高注云頡猶大啎逆也）

說仁。（張云此字衍非是此字乃牒經標題）仁愛也。義利也。愛利此也。所愛利彼也。愛利不相爲內外所愛利亦不相爲外內其謂（舊作爲爲謂古通用）仁內也。義外也。舉愛與所利也。是狂舉也。若左目出右目入。

釋能愛能利者我也。所愛所利者彼也。能愛能利俱內。不能謂能愛爲內能利爲外。所愛所利。俱外。亦不能謂所愛爲內所利爲外。今謂仁內義外者。於愛則舉能。於利則舉所。是猶謂左目司出而右目司入也。非狂舉而何。

七八 經學之益也。說在誹者。

說學。（下文衍一學字疑當在此）學也。以爲不知學之無益也。敎（舊作故疑誤）告之也。是使知。（舊作智）【學之無益也】（此五字涉上句而衍學字或首句錯文）是敎也。以學爲無益也。敎誖。

釋學所以求知也。學焉而得不知焉。則學之爲無益也。凡敎者告人以所不知也。彼不知而告之使知也．有敎者於此．遵其敎而學焉．而無益焉．則其敎誖也．何謂「學也以爲不知．」例如五歲學童．敎之以『在明明德』『天命之謂性．』必愈學而愈不知也．以是爲敎．其敎誖也．例如在學校强記課本．而於實際生活一無所接近．亦愈學而愈不知也．以是爲敎．其敎誖也．

七九 經 誹之可否．不以衆寡．說在可誹．

說【論】誹．（論字衍）誹之可不可．以理之可非．（舊作誹）雖多誹．其誹是也．其理不可非．雖少誹．非也．今也謂多誹者不可．是猶以長論短．【不誹】（此二字衍）

八〇 經 非誹者諄．（舊譌作誖）說在弗非．

說非．非（舊作已以意改）之誹也．【不】（此字應在下句）非誹．不非可非也．不可誹（舊譌作非）也．是不可（舊譌作非）非（舊譌作誹）也．

釋 有非者則非之．所謂誹也．以誹爲非．則是不非夫可非者也．敎人以不可誹．無異敎人以不可非．是以無是非之心爲敎也．誖也．

八一 經 物甚不甚．說在若是．

說物．甚長甚短．莫長於是．莫短於是．若（舊作之）是也．若（舊作非下句文錯倒）是也者．非（舊本

（作莫若字之譌又錯倒上句文）甚於是.

釋甚長甚短云者. 因莫長於是. 故謂之甚長. 因莫短於是. 故謂之甚短. 此言甚與不甚. 因舉一物爲主體相與比較而得名也. 故曰『說在若是』

八二 經 取下以求上也. 說在澤.

說 取. 高下以善不善爲度. 【不】（此字疑衍）若山澤. 處下善於處上. 下所謂（舊譌作請）上也.

釋 高非必可貴. 下非必可賤. 惟以適不適爲標準耳. 若山澤然. 山以高爲適. 澤以下爲適也. 若處下視處上爲適. 則其處下也乃正以得上也. 故曰『取下以求上』

八三 經 是是（此字疑譌）與是同. 說在不州(?)（此兩字有譌）

說 【不】（不字衍）是. 是則是且是焉. 今是之（舊作文本書文字皆之字之譌）於是而不於是. 故是不之. 是不之則是而不之焉. 今是不之於是而之與是. 故之與是不之同說也.

釋 此條譌脫難讀. 似是辨「是」字與「之」字之用法. 兩字有時可通用. 有時不可通用. 「之」字有時當「此」字解. 有時當「其」字解.

墨經校釋後序

梁任公先生近來把他十餘年來讀墨子經上下經說上下四篇隨時做的簽註。輯爲一書。寫成墨經校釋四卷。他因爲我也愛讀這幾篇書。故寫信來要我做一篇序。我曾發願要做一部墨辯新詁。不料六七年來。這書還沒有寫定。現在我見了梁先生這部校釋。心裏又慚愧又歡喜。這篇序我如何敢辭呢。

梁先生的校釋。有許多地方與張惠言孫詒讓諸人的校釋大不相同。我們看這部書。便知道梁先生在這四篇書上着實用過許多工夫。我們雖未必都能贊同他的見解。但這裏面很有許多新穎的校改。很可供治墨學的人的參考。例如經說下第六七條。『或不非牛而非牛也。則或非牛或牛而牛也可。』梁先生據明嘉靖癸丑本。於『則』字上校增『可』字。嘉靖本近始由上海涵芬樓列入四部叢刊印行。但從前校墨子的人都不曾見此本。故梁先生這一條。乃是用嘉靖本校墨子的第一次。將來一定有人繼起。把嘉靖本與他本的異同得失。一一校勘出來。

梁先生在差不多二十年前就提倡墨家的學說了。他在新民叢報裏曾有許多關於墨學的文章。在當時曾引起了許多人對於墨學的新興趣。我自己便是那許多人中的一個人。現在梁先生這部新書。一定可以引起更多更廣的新興趣。一定可以受更多讀墨子的人的歡迎。是無可疑的。但梁先生還要我在這篇序裏『是正其譌謬』。他這樣的虛心與厚意。使我不敢做一篇僅僅應酬的序。我讀了這部書。略有一點意見貢獻出來。請梁先生切實指教。

梁先生自己說他治這部書的方法中有一條重要的公例。『凡經說每條之首一字必牒擧所說經文此條之首一字以爲標題。此字在經文中可以與下文連讀成句。在經說中決不許與下文連讀成句。』梁先生用了這條公例校改了許多舊注。他自己說。『竊謂循此以讀可以無大過。』他所改的地方。如經說下第八條牒出『異』字。如經說下第四九條牒出『知』字。確然都可自立一說可供治墨學的參考。但我覺得他把這條公例定的太狹窄了。應用時確有許多困難。若太拘泥了。一定要發生很可指摘的穿鑿傅會。例如經說下第六條牒出『不』字。第七條又牒出『不』字。似乎太牽强了。牒出標題的辦法。——假令眞有此辦法。——不過是要求標題的分淸醒目。似乎不致牒出像『不』字那樣最常用的字罷。依我個人的愚見。我們至多只可說『經說每條的起首往往標出經文本條中的一字或一字以上。』但(1)不限於經說每條的首一字。(2)不限於經文每條的首一字。(3)不必說『必』。(4)不可說『此字在經說中決不許與下文連讀成句。』梁先生必欲加上這四種限制的條件。故經說下第五四條起首的『心中』梁先生只肯留下『中』字。剩下的『心』字他改爲『必』字。再改爲『平』字。然後倒移到二十三個字的前面去。作爲第五四條經說的標題。這豈不是太牽强的校勘嗎。又如經說上第三條『知材。知也者所以知也。』梁先生也讀『知材』兩字爲牒題。可見『首一字』的限制。無論是經或經說。都不可拘泥。第六條梁先生也牒『有間』兩字。與此條相同。又如經說上第一二三四五六等條。標題的字都是獨立的。不與下文連讀成句。但此項限制並非普遍的。如第二一條『力重之謂。』這一類的句子。我們就不能不把標題的字與下文連讀成句了。

況且梁先生對於他提出的這條公例。也不能完全謹守。例如經說下近篇末之處有『諸超城員止也……』

一大段．依梁先生牒題的公例．這一段應該是經文『諸不一利用……』的說了．但梁先生卻把經說的『諸』字改為『言』字．移作『言口之利也』的說的標題．並且把經文『諸不一』一段認為衍文．一齊刪去了．

以上說的是梁先生治墨經的一條主要方法．此外梁先生還有一個意見．他說．『今本之經及經說皆非盡原文．必有為後人附加者．』我是一個最愛疑古的人．但我對於墨子的經上下經說上下大取小取六篇．卻不敢懷疑．這幾篇書因為難懂的緣故．研究的人很少．但因為研究這些書的人很少．故那些作偽書的人都不願意在這幾篇上玩把戲．因此．我們覺得這幾篇書脫誤雖然不少．卻不像有後人附加的文句．經上篇末有『說』字下注『音利』二字．（孫詒讓校改作『言利』又改作經文）此二字確是很像舊注．此外．我們就不容易尋出後人附加的痕跡了．（梁先生說『讀此書旁行』五字是後人所加．此似不然．原書亦未嘗不可有這五個字）

梁先生這個意見．我覺得有點危險．因為他根據了這個意見．就把經與經說的原文刪去了好幾段．認為後人附加的案語．我且舉經文的末數行（自『諸不一利用』以下）經說末數行（自『諸超城員止也』以下．）作一個例．

（經　上）	（經說上）
諸不一利用 服執說（音利）巧轉則求其故大益 法同則觀其同	諸超城（張惠言本作成）員止也相從相去先知是可五色長短前後輕重援執服難成言務成之九則求執之法 法取同觀巧傳法取此擇彼問故觀宜以人之有黑

法異則觀其宜
止因以別道
舌無非

者有不黑者也止黑人與以有愛於人
心愛人是孰宜心彼舉然者以爲此其然也則舉不
然者而問之若聖人有非而不非
正五諸皆人於知有說過五諸若員無直無說用五
諸若自然矣

這些經與經說依我的私見看來並不很費解經文並無誤字但因原書短簡每行平均五六字爲上行所隔開誤分作六行故不可讀今合爲一條經讀如下

諸不一利用服執說舊注『音利』孫校改爲『言利』是也但孫說則無理孫引埤倉云『詁說言不同也』今檢任大椿小學鉤沈卷八據集韻類篇引埤倉作『詁說言不正』又康熙字典引埤倉亦作『不正』孫書多誤字此其一也『言利』猶言『利口』即『言不正』之意言音形似而譌巧轉則求其故大益法同則觀其同法異則觀其宜止因以別道正無非

如此便不須解說了經說一百三十五字都是說這一條的也不必分開今校讀如下

諸超城邑原作員止也相從相去无原作先知是可五色長短前後輕重援執(不)服難成言務成之執原作九乃執之壞字則求執之法法取同觀巧轉法取此擇彼問故觀宜以人之有黑者有不黑者也止黑人與以有愛於人有不愛於人止原作心依張校改愛(於)人是孰宜止原作心从張校彼舉然也以爲此其然也則舉不然者而問之若舌原作聖人有非而不非正互諸互舊譌作五形似而譌下同人皆於知有說皆字舊在人字上今改正或當在知字下則更順了過互諸若

『員無直』無說用互諾若自然矣

如此校讀幾乎不須改字而意義似更明顯最重要的乃是一個『止』字的意義此乃墨辯裏的一個重要術語試看經下與經說下的第一條便知此字的重要又可參證此兩大段墨辯用『止』字之處甚多但最重要的莫如上篇的末章與下篇的首章梁先生都改爲『正』便不好講了

墨子尙同各篇深怕『一人一義十人十義』的危險故主張『上同』之法——上之所是必皆是所非必皆非之——很帶有專制的采色墨家後人漸打破這種專制的正義觀故經上有『君臣萌通約』之說經說上釋此條道『君以若民者也』梁先生校改『若』爲『約』但『若』字向來訓『順』正不煩改字而意義更明顯末章論『諾』注重於思辨的方法眞是『別墨』的科學精神這樣折服人自然使人心服故能做到『互諾』的地位『正』並不是『上同於天』乃是『互諾』『人於知皆有說』但已經成爲公認的眞理如幾何學上的『員無直』自然沒有說話了

梁先生校讀此兩大段極重要的經與說共刪去經文十六字認爲傳寫的人所妄加又刪去經說『以人之有黑者有不黑者也』以下三十一字以爲讀者所加案語又把『若聖人有非而不非』八字搬在『正』字之下『五諾』之上又把『五諾皆人於知有說』以下二十四個一齊刪去以爲是複寫的衍文梁先生說『所以複寫者因旁行本下有空格傳者輒思補滿之乃將前條複寫而又譌衍百出』這種大膽的刪削與心理的揣測依校勘學的方法看來似乎有點牽强校勘家第一須搜求善本校勘同異若無善本可以質證而仍不能不校讎我們固然有時也可依據普通心理的可能定校勘的範圍與規律如『形似而誤』『涉上下文而衍』

』等等.但此項校勘的程度至多不過是一種比較的『機數』(Probability).故校勘家當向機數最大的方面做去.例如韓非子說的『舉燭』一件故事.那種心理上的錯誤便不在校勘學的範圍之內了.因爲一個人寫字時.他的心理上可能的變化是無窮數的.他也許想到舉燭.也許想到喝酒.也許想到洗腳……校勘家如何揣測得定呢.但這樣一兩個字的誤衍.我們有時還勉強可以用『誤衍』兩字去辦理.至於整幾十個字的誤衍.那種事實的機數.在心理學上看來.差不多近於零點.更不能列在校勘學的範圍之內了.梁先生以爲如何.

這幾點都是關於梁先生著書方法的討論.至於梁先生校釋墨辯各條的是非得失.那就不是這篇短序裏能討論的了.此外.梁先生和我對於墨辯的時代和著者等等問題的見解不同.我也不願在這裏答辯.我很感謝梁先生使我得先讀這部書的稿本.梁先生這部書的出版.把我對於墨辯的興趣又重新引起來了.倘我竟能因此把我的墨辯新詁的稿本整理出來.寫定付印.我就更應該感謝梁先生了.

十.二.二六.胡適.